# Innere Führung

## Finde zur Wahrheit in Dir

## Wo die Liebe ist, da ist auch Gott

AUTOR und VERFASSER
Jordi Campos, Arzt, Naturheilverfahren, Ganzheitsmedizin

VERLAG
Bücher für Herzensdenker

**Hinweise zur Rechtslage**

Alle Hinweise in diesem Buch sind vom Autor sorgfältig geprüft und erprobt worden. Eine Garantie kann dennoch nicht übernommen werden. Eine Haftung des Autors für Personen-, Sach- und Vermögensschäden ist daher ausgeschlossen.

AUTOR und VERFASSER:
Jordi Campos, Arzt, Naturheilverfahren, Ganzheitsmedizin

FOTOS:
www.fotolia.de

1. Auflage – August 2016

ISBN  978-3-00-053672-4

# BESTELLADRESSE

**VERLAG Bücher für Herzensdenker**

**ARZTPRAXIS für Naturheilverfahren & Augentraining**
Jordi Campos, Arzt, Naturheilverfahren, Ganzheitsmedizin
Eichholzstrasse 11
D-97839 Esselbach - OT Kredenbach
DEUTSCHLAND
☎ 0049 (0) 9394 / 995 227  oder - 229
FAX: - 228
info@jc-vita-sana.com
www.jc-vita-sana.de

# INHALTSVERZEICHNIS

## KAPITEL I – EINFÜHRUNG

Seite

Vorwort ........... 11
Wie dieses Buch entstanden ist ............. 13
Die Schule des Lebens und ihre Gesetze ............. 15
Wo ist die Wahrheit ............ 17
Wie ist die Bibel entstanden? ............ 19
Welcher Bibel sollen wir glauben ............ 21
Bibel, Thora, Koran sind nicht Gottes Wort ............ 23
Martin Luther - Hassprediger oder Verbrecher? ............ 25
Haben die Weltreligionen versagt? ............ 27
Die Gefahren von Esoterik, Okkultismus, Channeling, Engelarbeit, Geistheilung ... 29
Welches ist die beste Religion? ............ 31

## KAPITEL II – DAS GEISTWESEN CHRISTUS IST GEGENWÄRTIG

Ist der Glaube an Jesus Christus noch zeitgemäß? ............ 35
Wer war Jesus? Wer ist Christus? ............ 35
Jesus kannte die Lehre der Reinkarnation ............ 38
Was Jesus wirklich gesagt hat ............ 39
War Jesus Vegetarier? ............ 41
Seine Worte gegen das Fleisch essen und die Jagd ............ 42
Christus erklärt die Vermehrung der Fische ............ 45

Was lehrte Jesus von Nazareth wirklich? ............ 47
Was bewirkte das Erlöserlicht Christi? ............ 48
Das Herz Jesu in der Kunst ............ 50
Das Christuszentrum - Das vierte Chakra ............ 51
Die sieben Energiezentren der Seele ............ 51

Ist Christus und Gott-Vater nicht dasselbe? ............ 52
Die Christuskraft, der innere Arzt und Heiler ............ 52
Christus-Bewusstsein - Die Christus-Matrix ............ 53
Lebensmeisterung mit Christus ............ 53
Im Christus-Bewusstsein leben ............ 56
Jesus, dem Christus nachfolgen bedeutet, positiv Senden ............ 57

## KAPITEL III – DER DÄMONENSTAAT

Der Dämonenstaat ............ 61
Der Kampf zwischen Gut und Böse ............ 63
Die Entstehung des Dämonenstaates - Der Engelsturz oder Fall ............ 63
Ein himmlischer Plan:
Das Werk der Erlösung und Rückführung aller Menschen und Seelen ............ 65
Wer sind die Dämonen? ............ 66
Christus selbst entlarvt die Strategie des Dämonenstaates ............ 69
Der Dämonenstaat und der Plan der Finsternis ............ 69
Das Satanische Prinzip „Trenne, binde und herrsche" ............ 72
Die Grundregeln der Dämonen ............ 75
Wirkungsweise der Dämonen ............ 75

Die sieben Prinzipien des Dämonenstaates ................................... 77
1. Schaffe Unordnung, Geräusche, Herrschaftsstrukturen und äußere Formen 77
2. Fördere den Eigenwillen und die Uneinigkeit unter den Menschen ............... 78
3. Vergiss ethische Grundsätze, strebe nach Wissen ...................... 80
4. Sei unnachgiebig, setzte dich durch, verteidige dein Ich mit Hartnäckigkeit 85
5. Sei unzufrieden, sieh das Schlechte deiner Mitmenschen ......................... 87
6. Eigenliebe und Lustbefriedigung machen glücklich ...................... 88
7. Sei unbarmherzig; Töte, morde für das Recht; Wer recht behält, ist stärker 90

## KAPITEL IV – DIE ZEHN GEBOTE GOTTES

Was sind die Zehn Gebote Gottes? ............................................. 95
Warum gab uns Gott die Zehn Gebote? ....................................... 95

### I. DAS ERSTE GEBOT

„Ich bin der Herr, dein Gott" „Du sollst keine anderen Götter haben neben Mir" 97
Wer ist Gott? ................................................................. 97
Was sind die anderen Götter? ................................................ 98
Welchen Gott studieren Priester und Theologen? ........................ 100
Sollen wir Maria verehren? ................................................. 101
Sollen wir Engel-Arbeit oder Channeling praktizieren? .................. 101
Was ist der Sinn dieses Gebotes? ......................................... 102

### II. DAS ZWEITE GEBOT

„Du sollst den Namen des Herrn, deines Gottes nicht missbrauchen" ............... 103
Was ist der Sinn dieses Gebotes? ......................................... 103

### III. DAS DRITTE GEBOT

„Du sollst den Tag des Herrn heiligen" ...................................... 105
Was ist der Sinn dieses Gebotes? ......................................... 105

### IV. DAS VIERTE GEBOT

„Du sollst deinen Vater und deine Mutter ehren" ......................... 107
Was ist der Sinn dieses Gebotes? ......................................... 107
Wie können wir uns mit unseren Eltern versöhnen? ...................... 109

### V. DAS FÜNFTE GEBOT

„Du sollst nicht töten" ..................................................... 111
Was ist der Sinn dieses Gebotes? ......................................... 111
Was würde Jesus zu Militärdienst, Anti-Terror-Einsatz, Waffenverkauf sagen? 113
Haben wir ein Recht auf Selbstverteidigung? ............................... 115
Du sollst - mit Worten - nicht töten! ....................................... 115
Das V. Gebot gilt auch für Tiere! Wir sollten kein Fleisch und Fisch essen ........ 116
Die Natur an sich ist nicht grausam - Der Mensch hat sie grausam gemacht! .... 117
Jesus war Vegetarier ....................................................... 118

### VI. DAS SECHSTE GEBOT

„Du sollst nicht ehebrechen" ............................................... 119
Was ist der Sinn dieses Gebotes? ......................................... 119
Was sagte Jesus in der Bergpredigt? ...................................... 119
Kann man in der jetzigen Zeit das VI. Gebot halten? ...................... 120
Warum sind Menschen untreu? Was hilft gegen Untreue? ............... 122
Selbstanalyse, Achtsamkeit und bewusstes Leben ....................... 123
Treue, Respekt und den Anderen frei lassen ............................. 124

Glücklich sein in einer Partnerschaft ist möglich .......................... 125
Jesus wollte kein Zölibat ......................... 126
War Jesus in einer Partnerschaft? ..................... 127

## VII. DAS SIEBTE GEBOT
*„Du sollst nicht stehlen"* ............................ 129
Was ist der Sinn dieses Gebotes? ..................... 129
Beispiele von Diebstahl auf materieller Ebene? ........................ 129
Beispiele von Diebstahl auf energetischer Ebene? ..................... 130
Die Gedanken sind Kräfte .......................... 131
Diebstahl an der Natur ......................... 132

## VIII. DAS ACHTE GEBOT
*„Du sollst nicht falsch Zeugnis reden wider deinen Nächsten"* ..................... 135
Was ist der Sinn dieses Gebotes? ..................... 135
Wir sollten niemals schlecht über Dritte sprechen ..................... 136
Meinungsbildner können großen Schaden anrichten ..................... 137

## IX und X. DAS NEUNTE und ZEHNTE GEBOT
*„Du sollst nicht begehren deines Nächsten Gut"* ..................... 139
Was ist der Sinn dieses Gebotes? ..................... 139
Begehren ist gleich „entwenden" ..................... 141

## KAPITEL V – DIE BERGPREDIGT

Die Bergpredigt Jesu ......................... 145
Wenige haben die Bergpredigt verstanden ..................... 145
Zitate von Gandhi, Leo Tolstoi, Albert Schweitzer über die Bergpredigt ........... 145
Warum ist die Bergpredigt so wichtig? ..................... 147
Gibt es eine zuverlässige Quelle für die Bergpredigt? ..................... 148
Die Seligpreisungen ......................... 149
Die Wehrufe ......................... 154

Die Bergpredigt ......................... 157
Ihr seid das Salz der Erde - Ihr seid das Licht der Welt ..................... 157
Vergib und bitte um Vergebung - Versöhne dich mit deinem Nächsten ........... 157
Liebet eure Feinde, tut Gutes denen, die euch hassen ..................... 159
Segnet, die euch fluchen, und betet für die, die euch aus Bosheit missbrauchen 161
Nimm deinen Nächsten in deinem Herzen an und auf ..................... 162

Binde dich nicht an Menschen oder Dinge ..................... 163
Verstricke dich nicht in Besitzen-, Sein und Habenwollen ..................... 163
Seid also vollkommen wie euer Vater im Himmel vollkommen ist ..................... 165
Gehe den Weg nach Innen - Kontrolliere deine Gedanken und werde selbstlos 167
Lerne rechtes Beten ......................... 169
Das Vaterunser ......................... 170

Finde zur Wahrheit in dir ......................... 172
Vergib deinen Nächsten und tue den ersten Schritt zum inneren Leben hin ...... 173
Klagt und trauert nicht über eure Toten - Alle Seelen stehen in der Hand Gottes 175
Wo euer Schatz ist, dort ist auch euer Herz ..................... 181
Trachtet zuerst nach dem Reiche Gottes und nach Seiner Gerechtigkeit ........... 185
Richtet nicht über euren Nächsten ..................... 191
Erkenne den Balken in deinem Auge - Beginne bei dir selbst ..................... 192

Seid gute Vorbilder in eurem Glauben und keine Missionierenden .................. 193
Das Reich Gottes ist inwendig in euch - Kehre ein in dein Inneres .................. 195
Was ihr dem Geringsten eurer Brüder antut, das tut ihr Mir an, und euch selbst 197
Reinige deinen Tempel - Widerstehe der Versuchung - Entscheide dich für Gott 199
Hütet euch vor falschen Propheten - An ihren Früchten sollt ihr sie erkennen ... 201
Erfülle den Willen Gottes - Tue selbstlose Werke der Liebe ........................... 203
Baue auf den Felsen - Christus - Lerne alles auf Mich zu setzen ..................... 205

## KAPITEL VI – DER WEG zur GESUNDHEIT und inneren SICHERHEIT

Der Weg zur Gesundheit ........................................................... 209
Die innere Sicherheit .............................................................. 213
Frei werden von Angst ............................................................. 213
Wie finden wir die innere Sicherheit in unsicheren Zeiten? ........................... 215
Was hilft bei gefährlichen Situationen? ............................................. 217
Hilfen im Äußeren - Hilfen im Inneren .............................................. 217
Friedfertigkeit - Schutz von Innen ................................................. 220
Schutz durch ein Leben nach dem Gesetz der Liebe ................................. 220
Was bedeutet wahre Liebe? ........................................................ 221
Innere Sicherheit durch eine innige lebendige Beziehung zu Gott und Christus 222
Liebe deine Feinde - Tue Gutes denen, die dich hassen .............................. 223

Die Atmung aus der geistigen Sicht ................................................ 231
Unsere Gene und Gehirnzellen für ein höheres Bewusstsein programmieren ..... 237
Innere Stille und Gedankenruhe anstreben ......................................... 239
Auf Mental-Hygiene achten! ....................................................... 240
Gottes Erfahrungen ............................................................... 241

## KAPITEL VII – DER WEG DER VERVOLLKOMMNUNG – DER WEG NACH INNEN

Der Weg der geistigen Evolution ................................................... 245
Der Weg nach Innen - Der Innere Weg zurück zu Gott .............................. 249
Entscheidung ..................................................................... 249
Schaffe Ordnung in deinem Leben - Lasse die Gottes- und Nächstenliebe walten 250
Gottes Wille ...................................................................... 251
Die innere Weisheit ............................................................... 252

Christus führt uns auf dem Inneren Weg ........................................... 253
Ernsthaftigkeit aus Liebe zu Gott ................................................. 254
Geduld und innere Ruhe anstreben ................................................ 256
Die Nächstenliebe und die Liebe zu Gott .......................................... 257
Dankbarkeit und Vertrauen ....................................................... 259
Innere Freiheit ................................................................... 259

Eine bewusste Hingabe an Gott schenkt uns innere Stärke .......................... 260
Übergebe Gott alles, was dich belastet ............................................. 261
Seine Antwort und Führung ....................................................... 262
Das Innere Wort - Dauerkontakt mit Christus und Gott ............................. 263
Bleibe ein Vorbild - Werde zum Handschuh-Gottes ................................. 265
Barmherzigkeit - Güte - Sanftmut ................................................. 265
Die Innere Führung ............................................................... 267

Ein Göttlicher Plan ............................................................... 271
Die Zeit des Christus, Meine Zeit ist angebrochen ................................. 273
Schlussgedanken .................................................................. 275

# KAPITEL I

# Einführung

# Vorwort

Vielleicht, liebe Leser wundert es sie, dass ein Arzt ein Buch über solche Themen verfasst. Warum nicht?
Schon in meiner Jugend war ich ein wahrheitssuchender und spiritueller Mensch. In meiner Familie haben wir keine Tiere gegessen, denn meine Großmütter seitens beider Elternteile haben aus gesundheitlichen Gründen schon vor vielen Jahren mit Vegetarismus in Barcelona begonnen und so wurde ich Vegetarier. Dafür bin ich meinen Eltern sehr dankbar, auch dass sie mich, trotz katholisch geprägtem Land, in religiöser Freiheit erzogen haben.

In unserer Familie haben wir uns oft mit existenziellen Fragen und geistigen Themen beschäftigt.
So haben wir mehrmals den Dorfpfarrer zum vegetarischen Abendessen eingeladen, um ihm Fragen über spirituelle Lebensweise und Glaubensfragen zu stellen, die übrigens, für uns nicht befriedigend beantwortet worden sind.

Da meine Schwester Yogalehrerin war, habe ich während meines Medizin-Studiums in der vedischen und hinduistischen Religion nach Informationen gesucht, z.B. über den Sinn der Krankheit, gibt es ein Leben nach dem Tod oder warum kommen Kinder krank auf diese Welt.
Ich habe begonnen Bücher zu lesen über den Sinn des Lebens, die Kraft der Gedanken, seelische Ursachen von Krankheiten, ein Leben nach dem Tod, das Gesetz von Ursache und Wirkung, Reinkarnation und Wiedergeburt.
Und so erweiterte sich mein Horizont und ich begann als angehender Arzt, den Sinn der Krankheiten und die geistigen Zusammenhänge des Lebens immer mehr zu verstehen.
Nach mehreren Jahren spiritueller Suche in verschiedenen Gruppen bin ich endlich angekommen: Ich suche nicht mehr. Ich habe meine Lebensaufgabe als Arzt für Ganzheitsmedizin – Körper und Seele – gefunden.

Ich habe Gott in mir gefunden und strebe, Seinen Willen zu erfüllen.

Täglich meditatives Wandern, seit 2007, bereichert mein Leben sehr. Ich halte mich gerne in der Natur auf.

Dort genieße und übe ich fast täglich die Verbindung mit der Schöpferkraft, Tieren, Pflanzen und Mutter Erde.

Diese Momente der Ruhe in der Natur sind für mich eine Quelle der Entspannung, Energie, inneren Klarheit, neuer Ideen und Inspiration.

Mein Gehirn mit Tagebuch durch „Gespräche mit Gott und Christus" von Altem zu befreien und neu zu programmieren, war eine interessante und wertvolle Ergänzung.

So bekomme ich täglich neue Impulse für die nächsten Schritte meines Lebensweges – in allen Lebensbereichen.

Als Arzt beobachte ich, dass viele Krankheiten einen seelischen Anteil haben und ihre Ursache negative Gedankenmuster und Fehlhaltungen sind. Ich beobachte, dass „das Gefangensein im Gehirn" durch materialistisches Denken, Negativität, Streit, Wünsche, Sorgen und Probleme, uns Menschen krank macht.

Deswegen ist es mein Ziel, Menschen den Weg zur wahren Gesundheit und inneren Freiheit aufzuzeigen. Dieser beginnt mit einer pflanzenbetonten, veganen Ernährung, ergänzt mit Gedankenkontrolle und gelebter Spiritualität.

Ich bin zu dem Ergebnis gekommen, dass, wenn wir Menschen gesund, glücklich und frei werden wollen, wir uns mit dem Sinn des Lebens beschäftigen sollten und den Weg zurück zur Natur und zu Gott beschreiten.

Das „Gesetz Gottes", das in den „Zehn Geboten" und der „Bergpredigt" enthalten ist, gibt uns Menschen Lebenshinweise, deren Erfüllung der Weg zur Gesundheit, Freiheit und Vervollkommnung ist.

Mit diesem Buch habe ich mir zur Aufgabe gemacht, den tieferen Sinn und die Anwendung dieser Lebenshinweise und Gottes Gesetze weiter zu geben.

# Wie dieses Buch entstanden ist

Ich bin kein Bibelkundiger, kein Wissenschaftler und habe keine Theologie studiert.
Ich gehöre keiner Kirche oder religiösen Gemeinschaft an.
Ich bin nur ein spiritueller Mensch und Herzensdenker.

Der Sinn meines Lebens ist, Gottes Wille zu erfüllen.
Ich lebe intuitiv und bitte Gott sehr oft um Führung.

2015 bekam ich – inspiriert durch besondere Erlebnisse und Träume – den Impuls oder Aufgabe, ein Buch zu schreiben, das Menschen auf dem Weg zu Gesundheit, Glück, Freiheit und geistiger Evolution begleitet.
Ein Buch, das das Gesetz Gottes Menschen aller Religionen aufzeigt.
Ein Buch, für Menschen, die das Friedensreich im Inneren und im Äußeren aufbauen wollen.
Ein Buch, das den „tieferen Sinn" der Gesetze Gottes in der Bergpredigt und in den Zehn Geboten erklärt.
Ein Buch, das die Strategien des Gegenspielers Gottes – des Dämonenstaates – entlarvt.
Ein Buch, das uns dem Gott der Liebe – dem Vater-Mutter-Gott – näher bringt.
Ein Buch, das Christus rehabilitiert und zeigt, wer Er wirklich ist und was Seine Ziele sind.

Da ich in den handelsüblichen Bibeln durch die Zensur, Fehlübersetzungen, Fehlinterpretationen und Fälschungen, keine zuverlässigen Informationen fand, musste ich die Wahrheit aus „reinen Quellen", außerhalb der kirchlichen Institutionen suchen.
Meine Haupt-Quellen sind Botschaften aus der Göttlichen Weisheit, Apokryphenschriften und Neuoffenbarungen.
Werke, die ich mit meinem Herzen, Intuition und meinen eigenen Lebenserfahrungen geprüft habe, und der Wahrheit entsprechen.

Ich sehe mich nicht als Autor, sondern als Verfasser, denn einige Themen und Original-Texte sind nicht von mir.
Dieses Buch zu schreiben war für mich nicht einfach, oft verbunden mit einem inneren Kampf, ist es richtig über diese Thematik ein Buch zu verfassen, ja oder nein.
Manchmal kamen Ängste hoch, z.B. vor möglicher Kritik, wenn ich Original-Christusworte zitiere oder über die Zukunft spreche.
Parallel kamen diverse Lebens-Probleme und dadurch einige Momente der Verzweiflung, die mich gezwungen haben, die Zehn Gebote und die Bergpredigt intensiver anzuwenden.
Und mich Gott und Christus ganz anzuvertrauen.

Ich erlebte harte Prüfungen und Erschütterungen: Ich „musste" meine scheinbaren Feinde lieben lernen; das Positive und die Lernaufgabe in Problemen und Niederlagen entdecken.
Dadurch bekam ich neue Ideen, die ich als Stoff in diesem Buch verwendet habe.

Das Buch zu schreiben hat mir viel Seelen-Freude bereitet: Es war eine sehr intensive Zeit und ich habe für mein Leben viel gelernt.

Während des Schreibens war meine Grundhaltung, die Hingabe an Gott und die Bitte um Führung: Ich habe mich führen lassen und gebeten, dass Er durch mein Gehirn wirkt.

Ich bat Christus um Inspiration, damit Sein Wille geschieht.

So ist ein Buch für Herzensdenker und Menschen der Neuen Zeit entstanden.

Eine Empfehlung zu diesem Buch: Lesen sie mit den „Augen der Wahrheit" und nicht mit dem Verstand. Denn der Verstand und der Intellekt trüben das Auge und den Sinn für die Wahrheit.
Lassen sie ihr geistiges Bewusstsein über die Texte gleiten.

# Die Schule des Lebens und ihre Gesetze

Inkarniert sein auf dieser Erde ist eine große Chance!
Unser Leben ist eine Schule, in der wir lernen, uns geistig weiter zu entwickeln.
Leider wissen die meisten Menschen – auch die Priesterkaste – nicht, wie das in der Praxis vor sich geht.

Dazu gebe ich einen Vergleich zwischen einer Fahrschule und der Schule des Lebens.

Wenn wir Auto fahren wollen, lernen wir in der Fahrschule die Gesetze des Straßenverkehrs und erwerben den Führerschein. Nach der Erfüllung dieser Voraussetzungen, können wir uns dann auf den Straßen und Autobahnen frei bewegen, ohne Unfälle zu verursachen.

Was passiert, wenn wir es nicht machen?
Ohne diese Gesetze des Straßenverkehrs wären Unfälle an der Tagesordnung.

Wir Menschen sind nicht nur ein materieller Körper, wir haben einen Energiekörper, unsere Seele.
Unser Körper ist das Fahrzeug für die Seele. Wenn wir auf diese Welt kommen, schlüpft die Seele in den Körper.

Wenn wir sterben verlässt sie den Körper und geht in andere Bereiche oder Dimensionen, je nach ihrem Bewusstseinsstand.

Viele Menschen kennen die Gesetze des Lebens nicht und leiden unter den „Unfällen des Lebens": Stress, Schmerz, Krankheiten, Schicksalsschlägen, Sorgen, Probleme, Streit, Gewalt, Leid, Not, Hunger, Naturkatastrophen uvm.

Die meisten Erdbewohner denken, dass alles Zufall sei und leben dadurch in einer geistigen Blindheit, Unwissenheit oder Ignoranz, weil sie die kosmischen Gesetze des Lebens nicht kennen.

Sie wissen nicht, dass alles was uns geschieht, wir selbst angezogen oder verursacht haben und alles eine Botschaft, eine Lernaufgabe für uns beinhaltet.

### Welche Gesetzmäßigkeiten steuern unser Leben?

- Die Gedanken und Worte sind Energien:
  Keine Energie geht verloren!
- Wir sollen auf unsere Gedanken, Worte und Taten achten.
- Was wir senden und tun kommt auf uns zurück.
- Wir sollen Tieren und Natur keinen Schaden oder Leid zufügen – wir sollen kein Tier essen.
- Das Gesetz der Resonanz – Gleiches zieht Gleiches an.
- Das Gesetz von Ursache und Wirkung – Das Kausal-Gesetz.
- Das Gesetz Gottes befindet sich in den Zehn Geboten und der Bergpredigt.
- Wir haben eine unsterbliche Seele.
- Reinkarnation: Wir leben nicht nur einmal.
- Wir sollen anstreben, aus dem Rad der Wiedergeburt herauszufinden.
- Wir sind nicht von dieser Welt: Wir sind Wesen der Liebe, gefallene Engel, in einem materiellen Körper.
- Sinn des Lebens ist, wieder diese selbstlose Liebe zu entfalten, uns zu verfeinern und veredeln, die geistige Evolution anzustreben: Zurück zu Gott – die Kraft der Liebe –, und zu unserer Heimat, die Himmlischen Bereiche.

Das alles ist keine Esoterik oder Okkultismus sondern geistige kosmische Gesetzmäßigkeiten.
Das zu vermitteln wäre die Aufgabe der Religionen und spirituellen Lehren, jedoch die meisten vermitteln nur Teilwahrheiten. Und durch diese Unwissenheit leidet die Menschheit, die Tiere, der Planet Erde.

Genauso wie wir für das Autofahren die Gesetze des Straßenverkehrs lernen, sollten wir auch die Gesetze des Lebens lernen, um ein „unfallfreies Leben" zu führen.

ZIEL dieses Buches ist aufzuzeigen, wo die „Gesetze des Lebens" sich befinden, damit wir gesund, glücklich und frei leben können.

Die Gesetze des Lebens – die Gottes Gesetze – befinden sich in den Zehn Geboten und in der Bergpredigt.
Sie sind klar, jedoch die meisten Menschen – auch in den Religionen – haben sie vergessen oder leben nicht danach.
Sie kennen nicht die Lehre über das Gesetz von Ursache und Wirkung und die Reinkarnation. Sie denken, wir leben nur einmal.

Ich bin zu dem Ergebnis gekommen, dass man ohne die „Lehre der Reinkarnation" die Zehn Gebote und die Bergpredigt Jesu nicht richtig verstehen kann.

## Wo ist die Wahrheit?

Die reine geistige Welt hat immer versucht, uns Menschen – den gefallenen Engeln – zu helfen. So sind immer wieder Aspekte der Wahrheit gegeben worden, die wir in jeder Religion und spirituellen Lehre finden können.
Leider hat die Priesterkaste die Teile der Wahrheit deformiert und verfälscht zu ihren Gunsten und Vorteilen.

Viele Welt-Religionen sind eine Institution geworden, mit Macht und Reichtum, veräußerlicht in Ritualen, Dogmen, Zeremonien, Liturgien, Sakramenten, Traditionen uvm.

Die christlichen Konfessionen und Gemeinschaften, sowie viele Bibelkundige haben ihre Bibel, die sie für die alleinige und reine Wahrheit halten, zu ihrem Eigentum erklärt.

Sie irren sich in der Überzeugung, dass das Wort Gottes in ihrer Bibel einmalig und für alle Zeiten gegeben und abgeschlossen ist.

Christus und die reine geistige Welt haben nicht nur einmal gesprochen und sind danach verstummt.

Nein, die reine geistige Welt spricht und wirkt immer wieder durch Menschen, die Reinheit, innere Freiheit, Liebe und ein offenes Bewusstsein besitzen.

Das sehen wir am Lauf der Geschichte, den vielen Mystikern und erleuchteten Menschen, die Impulse und Inspirationen aus der Wahrheit – die Göttliche Weisheit – bekommen haben: Wache Seelen, die immer wieder in Konflikte mit den dogmatischen Strukturen der kirchlichen Institutionen und ihren Schriftgelehrten geraten sind.

Die Geistige Welt hat immer wieder versucht, durch erleuchtete Männer und Frauen, die starren Strukturen der Institutionen zu brechen, zu reformieren oder aktualisieren.

Wer mit seinem Intellekt und Verstand auf das geschriebene Wort der Bibel oder Heiligen Schriften fixiert bleibt, der verschließt sich für neue Impulse von Gott und kann die ganze Wahrheit nicht erfahren.

Der lebendige Geist kann nur Menschen erreichen, die in der Frequenz – dem Gesetz der Liebe und Weisheit – schwingen und entsprechend leben.

In den meisten Religionen fehlt Toleranz, das bedeutet, es fehlt an Weisheit und Liebe.

Deshalb geht die Geistige Welt immer wieder andere Wege und offenbarte und offenbart die Wahrheit außerhalb der christlichen Konfessionen und bindenden Gemeinschaften. Denn alle Seelen und Menschen dürfen Gott, das ewige Licht, die unbegrenzte Wahrheit, erfahren.

# Wie ist die Bibel entstanden?

Der Kirchenvater, Gelehrte und Theologe Hieronymus (347-420) erhielt im Jahre 383 den Auftrag vom Papst Damasus I, aus ca. 5000 griechischen Handschriften des Testamentes, einen einheitlichen lateinischen Bibeltext zu erstellen.

Hieronymus galt als ein eifriger Arbeiter und literarisch sehr gebildeter Mann, der seine Auslegung und Theologie äußerst ernst nahm. Er stand unter großem Druck der Politik und Machtkirche und musste entscheiden und kanonisieren (Kanon = Richtschnur), was als normatives Wort Gottes galt oder nicht.

Hieronymus schrieb später dem Papst:
„Wird sich auch nur einer finden, der mich nicht ... lauthals einen Fälscher und Religionsfrevler schilt, weil ich die Kühnheit besaß, einiges in den alten Büchern, den Evangelien zuzufügen, abzuändern oder wegzulassen?"

Kein Mensch weiß mehr, was Hieronymus abgeändert, hinzugefügt oder weggelassen hat.
Das Ergebnis war die lateinische Bibel „Vulgata", die als „fehlerloses Wort Gottes" betrachtet wird und das Fundament für alle anderen aktuellen Bibeln ist.

Im Laufe der Jahrhunderte entstanden eine Reihe von Bibel-Übersetzungen, wie z.B. „Wulfilabibel", „Luther Bibel", „Zürcher Bibel" und später die modernen Bibelübersetzungen wie „Schlachter-Bibel", „King-James-Bibel", „Scofield Bibel", „Gute Nachricht Bibel", „Hoffnung für Alle" und „Neues Leben" uvm.

Jede kirchliche Institution oder religiöse Gruppe hat ihre eigene Bibel mit verschiedenen Interpretationen und Übersetzungen nach ihren Vorstellungen. In der jetzigen Zeit gibt es Hunderte von Bibeln und jeder denkt, seine entspricht der Wahrheit, und seine wäre die Richtige!

„Über das, was Jesus gesagt und gelehrt hat, sind die meisten Bücher aller Zeiten geschrieben und verkauft worden: Etwa 3,5 Milliarden Mal wurde das Neue Testament bis heute gedruckt.

2010 wurden mehr als 29 Millionen Bibeln gedruckt, und 2011 waren es 32 Millionen – vor allem in den afrikanischen und lateinamerikanischen Ländern.

Das Jesus-Testament ist das Buch aller Bücher, der Bestseller aller Bestseller.

Die Bibel ist in über 1000 Sprachen übersetzt.

Aber wie oft wird sie auch gelesen?"

Quelle: Buch von Franz Alt »Was Jesus wirklich gesagt hat«

## FRAGEN

Die Welt wird immer chaotischer:

Was haben die Religionen und die vielen Bibeln und Heiligen Schriften, wie Thora oder Koran bis jetzt gebracht?

Warum gibt es seit Jahrzehnten so viele Religions-Kriege und Gewalt in Namen Gottes, auch unter Christen?

Wie erklärt man die vielen Widersprüche in der Bibel?

Welchem Gott sollen wir nachfolgen, dem „strafenden Gott des Alten Testaments", oder dem „Gott der Liebe vom Neuen Testament", so wie es uns Jesus beigebracht hat?

Ist die Bibel Gottes-Wort oder Menschen-Werk?

Welcher Bibel sollen wir glauben?

# Welcher Bibel sollen wir glauben?

Rein intellektuelles Denken macht blind für die Wahrheit!

Viele Theologen und Schriftgelehrte haben sich mit der Bibel und allen historischen Ereignissen intensiv über ihren Verstand beschäftigt, jedoch, wenige haben die wahre Botschaft von Gott und Jesus verstanden und umgesetzt.

Die Bibel beinhaltet schon Aspekte der Wahrheit, jedoch muss man lernen zu unterscheiden, was von Gott kommt und was Menschen-Werk ist.

Die vielen Bibelfälschungen haben „gravierende Folgen" für die Menschheit und haben sie in den Abgrund geführt! Denn Themen, wie Wiedergeburt, das Gesetz von Ursache und Wirkung, Vegetarismus und die Lehren des Jesus über einen friedfertigen Umgang des Menschen mit den Tieren und der Natur, fanden in der Kirchenbibel keinen Platz mehr.

Die Weltgeschichte wäre anders verlaufen, wenn die Menschheit gewusst hätte, dass negative Taten in diesem oder in einem weiteren Erdenleben auf den Urheber zurückfallen können.
Dann hätten wir nicht so viele Verbrechen, Korruption, Gewalt und Kriege auf dieser Erde gehabt. Auch der Umgang mit den Tieren und der Natur wäre anders gewesen.

Hieronymus war Vegetarier und in einem seiner Briefe schreibt er:
„Der Genuss des Tierfleisches war bis zur Sintflut unbekannt; aber seit der Sintflut hat man uns die Fasern und stinkenden Säfte des Tierfleisches in den Mund gestopft.

Jesus Christus, welcher erschien, als die Zeit erfüllt war, hat das Ende wieder mit dem Anfang verknüpft, so dass es uns jetzt nicht mehr erlaubt ist, Tierfleisch zu essen.
Wenn ihr vollkommen sein wollt, dann ist es förderlich, kein Fleisch zu essen."

# FAZIT

Theologen und Bibelkundige beschäftigen sich zu sehr mit dem Verstand und sehr intellektuell mit der Deutung der Bibel und dem historischen Ereignis von Jesus Leben.

Nicht der Buchstabe ist die Wahrheit, sondern der Sinn!

Viele Menschen sprechen zu sehr mit dem Verstand von Gott und haben Gott noch nie selbst erfahren.
Viel geistiges Wissen ist in der Welt, doch wenig Weisheit.

Ohne Kenntnisse über das Gesetz von Ursache und Wirkung und Reinkarnation kann man die Aspekte der Wahrheit im Alten und Neuen Testament der Bibel nicht verstehen.

Ein wichtiges Kriterium, um die Wahrheit zu erkennen, ist:

Wie leben oder wie verhalten sich die Menschen, die diese Religionen oder spirituellen Gruppen führen oder ihnen angehören?
Denn, wenn eine spirituelle Lehre oder geistige Gruppe Verheerung oder Bindung an einen Meister und Heilige Bücher fördert, wenn sie Krieg, Hass, Rache, Vergeltung, Gewalt predigt oder führt, dann steht sie im Widerspruch mit dem wahren Gott der Liebe.

Wer bestrebt ist, ein Leben nach den Zehn Geboten Gottes und der Lehre der Bergpredigt zu führen, der erkennt den tieferen Sinn und lernt in der Bibel zu unterscheiden, was Menschen-Werk ist und was von Gott kommt.

>>Wo die Liebe ist, da ist auch Gott.<<

Leo Tolstoi (1828-1910), russischer Schriftsteller, Vegetarier

# Bibel, Thora, Koran sind nicht Gottes Wort

Viele sogenannte Heilige Schriften, die als Gottes Wort gesehen werden, beinhalten Aspekte der Wahrheit. Jedoch sind sie mit viel Menschen-Werk vermischt.

Die Anhänger vieler religiöser Gruppen werden in die Irre geführt, denn sie binden sich an Menschen-Werke, mit Fälschungen, Fehlübersetzungen und Fehlinterpretationen.

Sie werden an Dogmas, Rituale, Zeremonien und an eine äußere Institution und ihre Priesterkaste gebunden.

Sie bleiben dem geschriebenen Wort verhaftet und verschließen sich für aktuelle neue Impulse von einem lebendigen Gott.

Die Bibel ist eine Schriftensammlung, die im Christentum und Judentum als Heilige Schrift gesehen wird. Fraglich ist, ob die Widersprüche, Grausamkeit und Brutalität vieler Passagen, als Heilige Schrift, als Wahrheit und als Gottes Botschaft betrachtet werden können.

Die Bibel des Judentums und später des Christentums wurde aus alten Schriften, beginnend ab 1200 v. Chr., auf Hebräisch und Aramäisch in dem dreiteiligen Buch „Tanach" aus der Thora, Nevi'im und Ketuvim verfasst.

Alle christlichen Konfessionen haben später diese drei Bücher übernommen, anders angeordnet und als Bibel mit Altem und Neuem Testament gegliedert, jedoch mit zahlreichen Kanon-Unterschieden.

Die Bibel wurde über einen Zeitraum von 1600 Jahren geschrieben und besteht aus insgesamt 66 Büchern und Briefen.

Das Neue Testament besteht aus 27 Büchern, die überwiegend zwischen 70 und 100 n. Chr. im Urchristentum entstanden sind.

Sie sind in der damaligen Umgangssprache, der griechischen Koiné, mit einigen aramäischen Begriffen, verfasst.

Aramäisch war die damalige Sprache in Palästina und die Muttersprache Jesus von Nazareth.

Die Texte der Bibel sind im Laufe von Jahrhunderten entstanden und früher gab es weder Wörterbücher noch Computer. Auch keine Tonaufnahmegeräte!
Wie sollen Texte – Jahrzehnte nach Jesu Tod – originalgetreu übersetzt worden sein?

Schriftgelehrte und Mönche schrieben auf, was überliefert wurde und was ihren eigenen Vorstellungen entsprach, was oft mit einem Gott der Liebe wenig vereinbar war.

Zum Beispiel, die „Anweisungen Gottes" zu Kindsmord, Vergewaltigung, Raubmord und sogar Völkermord im Alten Testament, so dass sich sogar Martin Luther für seine Sprüche und später die Nazis für ihre Taten problemlos auf die Bibel berufen konnten.

# Luther – Hassprediger oder Verbrecher?

Als Martin Luther begonnen hat, die Bibel zu übersetzen, gab es schon damals ca. 18 Bibeln.
Dank der Entdeckung der Druckerei, gerade in seiner Zeit, hat die Luther-Bibel eine große Verbreitung gefunden.

In dem von der evangelischen Kirche mitfinanzierten Film mit dem Titel „Luther", wird er als  braver Reformator der römisch-katholischen Kirchenlehre gezeigt. Was im Film nicht gezeigt wird ist, dass er ein Frauenhasser, Sozialrassist und Antisemit war.

Über **Frauen** hatte er respektlose Ansichten:

„Die größte Ehre, die das Weib hat, ist allzumal, dass die Männer durch sie geboren werden."
„Der Tod im Kindbett ist nichts weiter, als ein Sterben im edlen Werk und Gehorsam Gottes. Ob die Frauen sich aber auch müde und zuletzt tot tragen, das schadet nichts.
Lass sie nur tot tragen, sie sind darum da."
„Drängt die Frauen von ihrer Hausarbeit, und sie taugen zu nichts."
„Will die Frau nicht, so komm' die Magd."
„Die Zauberinnen und Hexen sollst du nicht leben lassen: Es ist ein gerechtes Gesetz, dass sie getötet werden."

Über **Kinder** sagte er:

„Wer sein Kind liebt, der züchtigt es."
„Wer seine Rute schont, der hasst seinen Sohn; wer ihn aber liebhat, der züchtigt ihn bald."
„Wer mit seinem Stecken kargt, hasst seinen Sohn, wer ihn liebt, bereitet ihm Zucht."
„Torheit steckt dem Knaben im Herzen; aber die Rute der Zucht wird sie fern von ihm treiben."
„Rute und Strafe gibt Weisheit; aber einen Knaben sich selbst überlassen, macht seiner Mutter Schande."

Andere Texte zeigen, dass für ihn behinderte Kinder eine seelenlose Masse, Werke des Teufels waren, die in der Gosse ersäuft werden müssten.

So ist Martin Luther durch seine Aussagen verantwortlich, für chaotische Zustände in den Familien, sowie falsche Erziehungsmethoden mit Autorität, Angst, Leid und Schmerz von Millionen verprügelter Kinder, seit Jahrhunderten.

Über **Bauern**:

Aufständische Bauern sollten nach seiner Meinung ermordet werden, gemeinsam mit Prostituierten und Ehebrechern.

Über **Juden**:

„Ein solch verzweifeltes, durchböstes, durchgiftetes, durchteufeltes Ding ist's um diese Juden, so diese 1400 Jahre unsere Plage, Pestilenz und alles Unglück gewesen sind und noch sind. Summa, wir haben rechte Teufel an ihnen. Wenn ich könnte, wo würde ich ihn (den Juden) niederstrecken und in meinem Zorn mit dem Schwert durchbohren."

„Erstlich, das man ihre Synagoge oder Schule mit Feuer anstecke und, was nicht verbrennen will, mit erden überhäufe und beschütte, das kein Mensch ein Stein oder Schlacke davon sehe ewiglich."

Eigentlich war Luther mit seinen Aussagen ein Wegbereiter für den Nationalsozialismus, den Holocaust und die Vernichtung der Juden durch Zwangsarbeit und Grausamkeiten in den Konzentrationslagern der Nazis.

Adolf Hitler hat sich immer auf Martin Luther berufen und sagte sogar über ihn:

„Luther war ein großer Mann, ein Riese. Mit einem Ruck durchbrach er die Dämmerung, sah den Juden, wie wir ihn erst heute zu sehen beginnen."

In der Nacht vom 9. auf den 10. November 1938 – die Reichskristallnacht – brannten in ganz Deutschland jüdische Synagogen, Schaufenster jüdischer Geschäfte wurden zertrümmert, und über 1000 deutsche jüdische Mitbürger wurden ermordet.
Zufall: Am 10. November war Luthers Geburtstag.

Julius Streicher, der Herausgeber des antisemitischen Hetzblatts „Der Stürmer" sagte in den Nürnberger Kriegsverbrecherprozessen am 29. April 1946:
„Wenn Martin Luther heute lebte, dann säße er hier an meiner Stelle als Angeklagter."

Es stimmt! Wenn Martin Luther heute leben würde, dann würde er wegen Volksverhetzung zu einer langjährigen Gefängnisstrafe verurteilt.
Und die Evangelisch-Lutherische Kirche, die sich immer noch auf Martin Luther beruft, würde das Wort „Lutherisch" aus ihrem Namen streichen müssen.

## Haben die Weltreligionen versagt?

Die Welt wird immer chaotischer! Was haben die Welt-Religionen und Bibel, Thora oder Koran bis jetzt gebracht?

Eigentlich sollte eine Religion eine Hilfe für ein besseres Leben, den Frieden in der Welt und für unsere geistige Evolution sein. Leider, das Gegenteil ist die Realität und die Welt wird immer chaotischer.

In jeder Religion findet man Aspekte der Wahrheit. Jedoch die Welt-Religionen haben mit dem wahren Gott und dem Gesetz der Liebe wenig gemeinsam, denn sie vermitteln ein falsches Bild von Ihm und führen die Menschen in die Irre, zu äußeren Ritualen, Zeremonien, Traditionen, Heiligen Schriften und letzten Endes zu Bewusstseinsenge und Unfreiheit.

Immer mehr Menschen sind von ihrer Religion enttäuscht und wenden sich ab, andere bleiben ihren Traditionen und dem geschriebenen Wort in alten Schriften verhaftet.

Ein großes Problem bei den Religionen ist der Absolutheitsanspruch: „Was in meiner Bibel steht, ist die Wahrheit." „Meine Religion ist die beste, die anderen sind schlecht."

Solche Ansichten sind ein Zeichen von Ichbezogenheit, Mangel an Toleranz, Respekt, Weisheit und letztlich an Liebe.

Die meisten Religionen mit ihren Dogmen, Zeremonien, Ritualen uvm., führen uns in die Irre, weg vom wahren Gott und dem Gesetz der Liebe.

Die Geschichte vieler Religionen, z.B. die der katholischen Kirche, wurde mit Blut geschrieben: Warum die vielen Religionskriege, Zwangschristianisierung, Kreuzzüge, Judenhass, Hexenverfolgung und Inquisition?

Das alles hat mit GOTT – dem Leben, Schöpferkraft, Energie der Liebe – nichts zu tun.

Wir brauchen keine Religion im „Äußeren", die an Rituale, Traditionen, Zölibat, Zeremonien, Liturgien, Sakramente, oder Reliquien haftet.

Wir brauchen keine Vermittler oder Stellvertreter Gottes, wie Pfarrer, Priester, Militär-Seelsorger, Bischöfe, Kardinäle oder Päpste, denn sie sind oft „Diener des Irrtums".

Wir brauchen auch keine Esoterik, Okkultismus, Engelarbeit, Channeling oder Spiritismus.

# Die Gefahren von Okkultismus, Esoterik, Channeling, Engelarbeit, Geistheilung

Viele Menschen sind von den kirchlichen Institutionen enttäuscht, treten aus und suchen neue Wege.
Die Esoterik und Okkultismus sind ein Religionsersatz für viele spirituelle Menschen, jedoch diese „anderen" Wege bergen viele Gefahren.
Ständig werden neue Methoden erfunden, die mit Teil-Wahrheiten arbeiten, die Heilung, Erfolg, Entfaltung hellseherischer Fähigkeiten, Bewusstseinserweiterung oder ein besseres Liebes-Leben versprechen.

Viele geistigen Lehrer, mediale Menschen und Hellseher, dienen ihrem Ego, und parallel den niederen Astralwelten als Energielieferanten. Sie führen den Menschen zu ihrer Person und ihrer Methode, jedoch nicht zu einem geistigen Leben oder zu dem wahren Gott oder Christus.

Das Ego, der Wunsch nach Anerkennung und Ruhm durch hellseherische Fähigkeiten machen Menschen zu Sklaven der Astralwelt. Im Astralbereich tummeln sich viele Wesenheiten, die es alles andere als gut mit uns Menschen meinen. Sie „verkleiden" sich als Außerirdische, Erzengel, Jesus, Maria oder Meister.

Sie legen sich klangvolle Namen zu, wollen verherrlicht werden und unsere Energie stehlen.
Sie sprechen viel von Liebe und Licht, übermitteln pseudo-göttliche Botschaften, doch oft ist es nur Manipulation im Dienst des Dämonenstaates, sie binden uns an einen Geist oder Mensch, Guru, Meister, und führen uns nicht zu Gott.

Für diese Wesenheiten der Astralwelt ist es nicht schwierig, uns zu manipulieren.
Eine ihrer Strategien ist, unserem Ego zu schmeicheln, manchmal sogar brauchbare Ratschläge zu geben.

Die Praktiken von Channeling, Medialität, geistigem Heilen, Licht-Arbeit, Engel-Arbeit, Tarot, Pendeln, Quija-Board, Tisch- oder Gläserrücken, automatisches Schreiben, Tonbandstimmen, Drogenkonsum, sind bevorzugte Kontaktwege der niederen Astralebenen und die Eintrittspforten für Astralwesen.

All diese Praktiken, aber auch Spiritismus, Voodoo, schwarze Magie, Satanismus, machen unsere Seele „porös und durchlässig" für Astraleinflüsse, die nicht der höchsten göttlichen Quelle entsprechen.

Viele Meister, Geistheiler und Hellseher leben gefährlich, sowie die Menschen, die zu ihnen gehen. Sie behaupten, dass sie aus der höchsten Quelle heilen und wirken. Die Realität ist, dass die meisten von ihnen mit Seelen aus niedrigen Bereichen der Astralwelt in Verbindung stehen.

Gefährlich leben Menschen mit medialen Fähigkeiten, die ihren Körper an Seelen von Verstorbenen oder Astralwesen „ausleihen" und durch sich heilen oder sprechen lassen. Ähnliches gilt bei Menschen, die sich dem Voodoo oder satanischem Kult widmen.
Sie riskieren die Beeinflussung durch fremde Astral-Seelen.

Viele Heiler, Hellseher und Mediums leiden irgendwann im Leben stark an Energieverlust, Psychosen, schweren Krankheiten oder einem tragischen Tod. Viele lassen sich auf Grund ihrer hellseherischen, heilenden, medialen Fähigkeiten feiern und gerne als „besondere Menschen" aufwerten.

Es ist nicht gesetzmäßig, durch geistiges Heilen eine Krankheit „wegzuradieren" oder sie zu „heilen", ohne dass der Betroffene sein Karma getilgt, etwas gelernt oder in seinem Leben geändert hat. Auf diese Weise wird eine Krankheit, die in den Körper fließt, wieder zurück in die Seele gedrängt. Der Mensch wird anscheinend geheilt, aber dadurch belastet sich der Heiler, weil er in ein geistiges Geschehen eingegriffen hat und bleibt sowohl an das Karma als auch an den Klienten gebunden.

# Welches ist dann die beste Religion?

Das Wort Religion kommt ursprünglich aus dem Latein „religio" und bedeutet: „re" und „ligare" = wieder binden.
Das wäre eigentlich, die Aufgabe der Religionen, die Verbindung Mensch und Gott wieder herzustellen.
Leider binden die meisten Religionen und spirituellen Lehren die Menschen an Priester, Regeln, Dogmen, Rituale, Zeremonien, an eine veräußerlichte Institution, die geprägt ist von den Vorstellungen der Priesterkaste, spirituellen Lehrern oder Meister, und so werden Menschen in die Irre geführt.

„In den konventionellen Religionen herrscht oft eine Kultur der Autorität.
In der jetzigen Zeit ist die Überzeugungskraft und Macht des Klerus bedroht und es herrscht ein Trend zur Entkirchlichung. Jedoch sich von Institutionen zu distanzieren bedeutet nicht, den Abschied vom Christentum. Vor 100 Jahren gab es 1.800 und heute gibt es ca. 30.000 christliche Gemeinschaften.
Enttäuschte Menschen bekennen sich zum Atheismus und bauen sich eine Glaubenswelt nach ihrem Geschmack und Vorstellungen." QUELLE: GEO 04/2016 „Was die Bibel uns verschweigt"

Der Dalai Lama sagte einmal:

„Ich denke an manchen Tagen, dass es besser wäre, wenn wir gar keine Religionen mehr hätten. Alle Religionen und alle Heiligen Schriften bergen Gewaltpotenzial in sich.
Deshalb brauchen wir eine säkulare oder weltliche Ethik jenseits aller Religionen."

„Gandhi war ein großer Freund von Jesus und seinem Pazifismus der Bergpredigt. Er ist mein Vorbild, weil er religiöse Toleranz geradezu verkörperte."

Dalai Lama

Das Herz vieler Religionen ist die Nächstenliebe, jedoch sie wird kaum gelebt. Das Dogmatische und die Intoleranz in den Religionen trennen uns Menschen.

Gott – die Schöpferkraft, das Leben, die Energie der Liebe – hat keine äußere Religion. Gott wünscht sich die Einheit aller Menschen und spirituellen Lehren.
Das Haften an äußeren Traditionen verhindert diese Einheit.

Wenn die Menschen die Innere Führung gefunden haben, dann brauchen sie keine äußere Religion mehr.

Der Innere Weg der Bergpredigt, die gelebte selbstlose Liebe, verbindet: Es ist eine innere Revolution der Brüderlichkeit, Gleichheit, Freiheit, Einheit und Gerechtigkeit.

Die Innere Führung verbindet Menschen aller Religionen, Konfessionen, Lehren und spirituellen Gruppen.

Die Christen sollten Vorbilder werden und sich auf ihre wertvollen Wurzeln besinnen, die Achtung der Schöpfung, Gleichheit aller Menschen, Nächstenliebe, Jesus Nachfolge und eine innige lebendige Beziehung zu Gott.

Die beste und höchste Ethik finden wir in den Zehn Gebote Gottes und der Bergpredigt des Jesus von Nazareth.
Die beste Religion wäre eine, die alle Menschen verbindet.

Sie ist frei von Dogmen, Angst, ewiger Verdammnis, Kulten, Ritualen, Zeremonien, Sakramenten, der Priesterkaste, Macht, Hierarchie und Institution.
Sie führt die Menschen zum Weg der Vervollkommnung und zur Verbindung mit Gott.

Die beste Religion wäre eine, die das Gesetz der Liebe, Güte, inneren Freiheit, Naturverbundenheit, Tierliebe, Einheit, Toleranz und des Respekts predigt und vorlebt:
Ja, die gelebte Nächstenliebe, so wie Christus in Jesus von Nazareth sie uns vorgelebt hat.

# KAPITEL II

# Das Geistwesen CHRISTUS ist gegenwärtig

# Ist der Glaube an Jesus Christus noch zeitgemäß?

Die christlichen Werte im Glauben haben sich verändert und verlieren in der Gesellschaft immer mehr an Bedeutung.

Sehr wenige Christen kennen die Zehn Gebote und die Bergpredigt und noch weniger wenden sie in ihrem Leben an.

Wir leben in einer materialistischen Zeitepoche, einer nach außen orientierten, christlichen Konsum-Gesellschaft, die zu sehr um das Goldene Kalb tanzt - die vielen Götter - dieser Zeit. Für viele Gott und Christus sind etwas Fernes und Abstraktes.

## Wer war Jesus? Wer ist Christus?

Durch die kirchlichen Institutionen haben die Menschen ein falsches Bild von Christus und denken irrtümlicherweise an einen toten Mann am Kreuz.

Christus ist in Wirklichkeit ein hohes Geistwesen aus den reinen himmlischen Bereichen, und ähnlich wie Gott, allgegenwärtig in allem und in jedem von uns.

Christus war als Jesus von Nazareth inkarniert.

Er sagte:
>»Ich und der Vater, wir sind eins.«

>»Ich bin der Weg, die Wahrheit und das Leben; niemand kommt zum Vater außer durch Mich.«

Er ist der erstgeschaute Sohn Gottes und wurde von Gott, unserem Vater, als Jesus von Nazareth in diese Welt gesandt, um den Menschen den Weg zurück in die ewige Heimat zu weisen.

Das Leben von Jesus von Nazareth ist ein Symbol und ein Vorbild für uns Menschen.

Er hat das Gesetz der Liebe verkörpert, Er hat uns gezeigt, wie wir durch die Verwirklichung der göttlichen Gesetze, gesund, glücklich und frei werden können.

Christus in Jesus hat uns, in Seiner Bergpredigt, den Weg aus dem Kausalgesetz gezeigt, aus dem Rad der Wiedergeburt.

Israel hat in Jesus einen Messias erwartet, einen Revolutionär, der das Volk aus der römischen Knechtschaft befreit.

Jesus hat stattdessen eine „innere Revolution" gebracht, die uns Menschen aus der eigenen Ego-Knechtschaft befreit.
Wenige haben Ihn, auch heute noch, verstanden.

Die Bergpredigt und das Gesetz der Liebe sind die Essenz Seiner Botschaft und der Weg der Vervollkommnung: Sie sind weder Utopie noch Zukunftsvision, sondern für uns alle hoch aktuell, heute wie damals.

Christus hat nicht nur einmal gesprochen, während Seiner Inkarnation als Jesus von Nazareth, und ist danach verstummt.
Er sprach, spricht und wirkt, immer wieder, als Geistwesen, auch in der jetzigen Zeit, in und durch Menschen, die Reinheit, innere Freiheit, ein offenes Bewusstsein besitzen und eine innige lebendige Beziehung oder Dauerkontakt zu Ihm pflegen.

In vielen Neuoffenbarungen erklärt Christus selbst, Sein Leben als Jesus von Nazareth, wie Er alles erlebt hat und was Seine Ziele waren und sind.

Das Volk Israel hat damals Jesus nicht angenommen, denn es war sehr verstrickt in der Materie. Da das Volk die Gesetze Gottes nicht gelebt hat, hat es sich sehr belastet.

Auch seine Jünger sind nicht ganz (grundsätzlich) zu Ihm gestanden.

Aus diesem Grund musste Christus eine Teil-Schuld von allen, die aus dem Volk Israel im Plan Gottes standen, auf sich laden. So wurde Er für seine Gegner und die Finsternis sichtbar, angreifbar, und konnte gefangen genommen und gekreuzigt werden.

Wäre das jüdische Volk, das „wahre Gottesvolk" gewesen, dann hätte die Kreuzigung nicht stattfinden müssen und der gesamte Erlöserplan wäre anders verlaufen.

Der ursprüngliche Plan Gottes für Christus in Jesus von Nazareth war, die Gründung und der Aufbau des Reiches Gottes auf Erden. Das Friedensreich hätte über die ganze Erde wirken können.

## FAZIT

Christus ist ein Geistwesen, der auch in der jetzigen Zeit wirkt. Jeder von uns kann sich mit Ihm verbinden und Seine Impulse bekommen.

Er möchte das Beste für uns, Er führt uns und hilft uns heraus aus Schwierigkeiten, Problemen, aus Not und Krankheit, auf den Weg der Geistigen Evolution.

Je mehr wir uns verfeinern und veredeln, und je öfters wir unsere „Antenne" Gehirn, die Gedanken auf Ihn ausrichten, desto besser können wir Seine Impulse wahrnehmen.

Er ist immer da, Er ist gegenwärtig, und wir können Ihn spüren, wenn wir die stetige Verbindung zu Ihm pflegen.

# Jesus kannte die Lehre der Reinkarnation

Ich selbst bin zu dem Ergebnis gekommen, dass ohne die Kenntnis über die Reinkarnation, wir den wahren Sinn der Worte Jesu nicht verstehen können – auch nicht die Bergpredigt und die Zehn Gebote.

Trotz der massiven Manipulationen von Seiten der Kirchen an den Bibeltexten, ist zwischen den Zeilen noch Einiges über die Tatsache der Reinkarnation erhalten geblieben.

So sagt Jesus über Johannes den Täufer:

»Er ist Elia, der da kommen soll.«                    (Mt 11, 14)

»Doch Ich sage euch: Elia ist schon gekommen, aber sie haben ihn nicht erkannt, sondern haben mit ihm getan, was sie wollten.«

(Mt 17, 12)

An anderer Stelle fragt Jesus Seine Jünger: »Für wen halten die Menschen Mich, Jesus von Nazareth, den Menschensohn?" Und Seine Jünger antworteten: Die einen halten Dich für Elias, die anderen für Jeremias oder einen anderen Propheten.«

(Mt 16, 13)

Dies zeigt, dass der Glaube an Wiedergeburt und Reinkarnation beim jüdischen Volk in der Zeit von Jesus von Nazareth und den ersten Christen normal war.

Leider wurde die Wiedergeburt einige Jahrhundert später bei einem Konzil abgeschafft, mit schweren Folgen für die Christen und die Menschheit.

# Was Jesus wirklich gesagt hat

Was hat Jesus in seiner Muttersprache wirklich gesagt? Der Journalist und Buchautor Franz Alt bezieht sich auf die Idee des evangelischen Pastors Günther Schwarz, das Neue Testament aus dem Griechischen in die Sprache Jesus, ins Aramäische zu übersetzen. Beide sind auf einen ganz anderen Inhalt gestoßen, wie den, den wir heute kennen.

Franz Alt hat die Recherchen dieses Experiments in seinem Buch »Was Jesus wirklich gesagt hat« niedergeschrieben und unten stehend finden sie einige Zitate von ihm:

„Jesu Muttersprache Aramäisch ist die entscheidende Hilfe zum wirklichen Verständnis seiner einzigartigen, fundamentalen Botschaft.``

„Viele Jesus-Worte sind falsch übersetzt.``
„Die wirkliche Lehre Jesus in unseren Bibeln ist nur noch stark entstellt enthalten.``

„Höllenangst und Höllenstrafen das ist nicht Jesu Lehre.``
„Jesus war kein Rechthaber, er war ein Lernender.``

„Die frühchristlichen Übersetzer und Textbearbeiter hätten das, was Jesus in Aramäisch verkündigt und gelehrt hat, überwiegend so falsch übersetzt, dass der von Jesus gemeinte Sinn nur selten erkennbar ist.
Der Grund sei meist ungenügende Kenntnis des Griechischen oder des Aramäischen.``

„Die Jesus Lehre wurde im Laufe von 2.000 Jahren verschüttet und durch falsche Übersetzungen oder bewusste Fälschungen übertüncht und deshalb unverständlich, ja geradezu pervertiert.``

„Beispiel von Fehlübersetzung bei Matthäus-Evangelium, Kapitel 10, Vers 34: »Denkt nicht, Ich sei gekommen, um Frieden auf die Erde zu bringen. Ich bin nicht gekommen, um Frieden zu bringen, sondern das Schwert!«``

„Die Bergpredigt ist eigentlich keine Predigt sondern eine Berg-Lehre, denn sie ist eine Sammlung aus vielen Gesprächen Jesu mit seinen Nachfolgern. Er verwendete eine poetische Sprache mit Lehrgedichten, Symbolwörter, Aphorismen, Sinnsprüche, Spruchgruppen und Gleichnissen."

„Alle überlieferten Jesusworte waren ursprünglich poetisch geformt. Doch diese Tatsache wurde von den Übersetzern nicht erkannt. Der herkömmliche Wortlaut der Evangelien wurde noch nicht einmal annährend sinngetreu übersetzt."

„Zwei Drittel aller Worte der bisherigen Bergpredigt-Übersetzungen sind falsch übersetzt.
Zuverlässig ist an den Evangelien so gut wie gar nichts."

„Pastor Günther Schwarz fand in Jesu Muttersprache im Neuen und im Alten Testament 125 Belege für die Reinkarnationslehre."

„Der jüdische Gelehrte Schalom Ben-Chorin sagt: Zurzeit Jesu war Wiedergeburt in Israel Volksglaube. Aber Theologen haben das im Laufe der Zeit per Mehrheitsbeschluss herausgeschnitten und Jesus ständig korrigiert.
Ich habe jedenfalls ein stark anderes Jesusbild gefunden als das von den Kirchen überlieferte."

„Alle kirchlichen Institutionen sind Machtstrukturen!
Genau davor hat der Meister aus Galiläa immer gewarnt, vor Macht und Geld. Das sind die großen Verführer."

„Die zunehmende Leere der Kirchen hängt wesentlich mit der Lehre der Kirchen zusammen.
Die heutige kirchliche Lehre aber hat oft mit Jesu Lehre nichts mehr zu tun: Asche statt Feuer!"

„Die Lehre Jesu ist eine ethische Basis, die uns heute helfen kann."

„Alle Religionen wollen eines:
Die Liebe. Die Liebe ist die eigentliche neue Religion."

# War Jesus Vegetarier?

Das ist ein Thema, darüber wird viel diskutiert. Durch die „normalen" Bibeln ist es schwierig zu erforschen. Denn aus der Bibel wurden viele Passagen, die den Vorstellungen und Interessen der Kirchenobrigkeiten und Machthabern nicht entsprachen entfernt, so dass wir ein völlig falsches Bild von Jesus von Nazareth bekommen haben.

„Jesus und seine Jünger lebten vorwiegend vegetarisch. Dass auf dem berühmten Abendmahl-Gemälde von Leonardo da Vinci aber weder Fleisch noch Fisch auf dem Tisch steht, liegt nicht daran, dass der Maler tatsächlich bekennender Vegetarier war. Zum Abendmahl gab es nach jüdischem Brauch sowieso nur ungesäuertes Brot."

Zeitschrift STERN NR. 4 / 20.1.2011

Von der Logik her, ist es schwer sich vorzustellen, dass ein Mensch wie Jesus, der die „Nächstenliebe" predigt und die „selbstlose Liebe" verkörpert, selber Tiere tötet und Fleisch und Fisch verzehrt.

Über Vegetarismus und die „Tierliebe Jesu" findet man vieles in „apokryphen Schriften", Qumranschriften der Essener oder Schriftrollen vom Toten Meer, „Ur-Evangelien" sowie in neuen Offenbarungen, wie „Das Evangelium des vollkommenen Lebens" oder das Buch „Das ist Mein Wort – A und Ω – Das Evangelium Jesu". Sie alle vermitteln uns ein anderes Bild von Jesus von Nazareth.

Im letzten Buch erklärt Christus selbst, dass Er als Jesus, Vegetarier war, und selten tierische Produkte gegessen hat. Nur als Er eingeladen war, aus Höflichkeit zu dem Gastgeber. Jedoch Er hat immer die Menschen aufgeklärt über die Nachteile des Fleisch- und Fisch-Konsums für den Körper und für die geistige Evolution der Seele.

Hier folgt eine Zusammenfassung Seiner wichtigen Zitate:

## Seine Worte gegen das Fleischessen und die Jagd

»Und einige aus dem Volke sagten: „Dieser Mann sorgt für alle Tiere. Sind sie Seine Brüder und Schwestern, dass Er sie so liebt?"

Und Jesus sprach zu ihnen: „Wahrlich, diese sind eure Mitbrüder aus der großen Familie Gottes, eure Brüder und Schwestern, welche denselben Atem des Lebens von dem Ewigen haben.

Und wer immer für einen der kleinsten von ihnen sorgt und ihm Speise und Trank gibt in seiner Not, der tut dieses Mir, und wer es willentlich duldet, dass eines von ihnen Mangel leidet, und es nicht schützt, wenn es misshandelt wird, lässt dieses Übel zu, als sei es Mir zugefügt.

Denn ebenso wie ihr in diesem Leben getan habt, so wird euch im kommenden Leben getan werden.«

»Steht nicht geschrieben, dass Gott am Anfang die Früchte der Bäume und die Samen und Kräuter der Nahrung bestimmte für alles Fleisch?

Aber sie haben das Bethaus zu einem Haus von Dieben gemacht, und an Stelle des reinen Opfers mit Weihrauch haben sie Meine Altäre mit Blut besudelt und das Fleisch der geschlachteten Tiere gegessen.«

»Ich aber sage euch: Vergießet kein unschuldiges Blut, noch esset das Fleisch.

Seid aufrichtig, liebet die Barmherzigkeit und tut recht, und eure Tage werden lange währen im Lande.«

»Deshalb sage Ich zu allen, die Meine Jünger werden wollen: Haltet eure Hände frei vom Blutvergießen und lasset kein Fleisch über eure Lippen kommen; denn Gott ist gerecht und gütig und hat befohlen, dass die Menschen leben sollen allein von den Früchten und den Saaten der Erde.«

»Wird euch eine Speise gereicht, die Fleisch und Fisch enthält, und wurden die Gaben schon vor eurem Kommen vorbereitet, dann esst davon und bringt die wenigen Bissen im Gebet dem Vater-Mutter-Gott dar. Seine Kraft wandelt dann das Niedere in Höheres um. Denkt daran:

Was aus dem Munde ausgeht, kann zur Sünde werden, nicht, was zum Munde eingeht und im Bewusstsein des Lebens aus Gott dem Leibe zugeführt wird.«

»Wehe den Starken, die ihre Stärke missbrauchen!
Wehe den Schlauen, die die Geschöpfe Gottes verwunden!
Wehe den Jägern! Denn sie sollen selbst gejagt werden.
Was ihr in diesem Leben euren Mitgeschöpfen antut, so wird es euch ergehen im künftigen Leben.«

»Wehe den Jägern, und wehe jenen, die nach der Fleischnahrung verlangen! Sowohl die Jäger als auch jene, die ähnlich wie Kannibalen gierig das Fleisch der Tiere verzehren, werden von dem Weh, dem Leid und dem Schmerz der Tiere gepeinigt und gejagt werden.

Das gleiche gilt für jene, welche die Pflanzen- und die Mineralreiche schänden. Auch sie werden wegen ihrer Missetaten leiden. Was der Mensch sät, wird er ernten – entweder im irdischen Leben oder als Seele in den Stätten der Reinigung.
Daher achtet auf eure Gedanken, Worte und Handlungen, denn sie können euch zum Verhängnis werden.

»Wer Gott liebt, der liebt auch die Naturreiche. Und die Naturreiche dienen dem, der Gott liebt. Denn alles Sein ist Leben aus Gott – und wer Gott liebt, dem dient alles Sein.

Wer seinen Nächsten selbstlos liebt, der wird auch nicht mehr die Tiere töten und verzehren. Ein solcher Mensch wird rein in seiner Seele, und die Früchte, die er hervorbringt, werden das Leben in Mir sein.«

»Wer gegen das Leben handelt, der ist auch gegen sich selbst, da auch er das Leben ist.
Denn in ihm wirken alle Kräfte des Lebens – auch das Leben der Tiere und Pflanzen, denn alles ist das Leben, das aus dem einen Urquell strömt, aus Gott.
Der Mensch leidet so lange, wie er seinem Nächsten Leid zufügt, ob es Menschen, Tiere oder Pflanzen sind.«

»Schlachtet nie ein Tier für euren persönlichen Gebrauch. Sehet, die Natur, das Leben der Schöpfung, sorgt für euch. Die Früchte des Feldes, der Gärten und der Wälder sollen euch genügen. Und zertretet niemals mutwillig Leben, weder das der Tiere noch das der Pflanzen. Wer mutwillig das Leben zertritt, der schafft Ursachen. Er tritt gleichsam auf sein eigenes Leben und wird darunter leiden.«

»Im Gesetze Gottes steht nichts vom bewussten Töten der Tiere und auch nichts vom Verzehren des Fleisches der Tiere.
Der Mensch soll Gerechtigkeit und Barmherzigkeit üben und demütig wandeln zum Reiche Gottes des Inneren, wo die wahre und ewige Heimat der Seele ist.

Wer die Gesetze Gottes hält, ernährt sich auch von dem, was das Gesetz Gottes in der Natur hervorbringt.
Er wird auch sein Leben, sein Empfinden, Denken, Reden und Handeln in Übereinstimmung mit dem ewigen Gesetz bringen.

Von Anfang an hat Gott den Menschen die Früchte, die Samen und die Kräuter zur Nahrung gegeben.

»Das Reich Gottes kommt auf die Erde! Im Laufe weiterer Zeitepochen werden sich große Bereiche auf der ganzen Erde verfeinern.
Darauf werden lichte Menschen leben. Sie werden mit den Tieren sein und die Tiere mit ihnen.

Das Lamm wird beim Löwen liegen, und die beiden werden sich verstehen, weil die Menschen weitgehend frei sind von den Sünden.

Viele Tiere nehmen die Schwingungen der Menschen an und verhalten sich ähnlich wie die Menschen.
Ändert sich der Mensch und lebt er nach dem göttlichen Gesetz, dann werden auch die Tiere wieder zutraulich und werden des Menschen Freunde sein.«

»Mein Reich auf Erden wird ein Reich der Einheit und des Friedens sein, so wie es offenbart ist: Mensch und Tier werden in Frieden miteinander leben, weil die Seelen der Menschen weitgehend rein sind.«

## Christus erklärt die Vermehrung der Fische

»Ich, Christus, wirkte in Jesus aus der Vollmacht des Vaters, denn Ich war in Jesus der Christus, der Ich Bin von Ewigkeit zu Ewigkeit, der Mitregent der Himmel.

Mein Auftrag umfasste auch das Helfen, das Heilen und das Erwecken von Toten. Das tat Ich aus der Vollmacht Meines Vaters in Verbindung mit Meinem Erbe, der Teilkraft der Urkraft, und zeigte damit den Menschen die Macht des Christus Gottes auf Erden.

Mit der Brot-, Frucht- und auch Fischvermehrung zeigte Ich ihnen, dass kein Mensch hungern und darben muss, wenn er Gottes Gesetze erfüllt.

Im sogenannten Wunder der Vermehrung wurde offenbar, dass der Mensch in der Fülle leben könnte, wenn er Gottes Wille erfülle.

Meine Jünger brachten Mir Brote und Trauben zur Vermehrung. An diesem Tage wurden Mir auch tote Fische zur Vermehrung gereicht.

Als Ich diese tote Substanz in Meine Hände nahm, klärte Ich die Menschen auf, dass aus ihr das Kräftepotential des Vaters, die hohe Lebenskraft, weitgehend gewichen war und Ich nicht lebende Fische schaffe, damit sie wieder getötet werden.

Ich klärte die Menschen auf, dass das Leben in allen Lebensformen ist und der Mensch diese nicht mutwillig töten soll.

Die Menschen, insbesondere die Kinder, schauten Mich traurig an. Sie konnten Mich nicht verstehen, denn sie lebten zum größten Teil von Fisch, Brot und wenig anderem.

Da sprach Ich sinngemäß zu ihnen: Die Energien der Erde halten die toten Fische noch zusammen. So werde Ich euch aus des Vaters Geist keine lebenden Fische schenken, sondern aus der Energie der Erde euch Fische, die tot, also schwingungsarm, sind, erschaffen. Sie werden nie Leben tragen und können nicht getötet werden.

Ich will euch zeigen, wie Lebendiges – Brot und Früchte – schmeckt, und im Vergleich dazu tote Nahrung. Und Ich schuf für sie Fische aus den Energien der Erde, die wenig Geistsubstanz trugen.

Ich gab ihnen die toten Fische und gebot ihnen, zugleich auch Brot und Früchte zu essen, damit sie den Unterschied erkennen zwischen lebender und toter Nahrung, zwischen hochschwingender und niedrigschwingender Kost.«

Göttliche Weisheit (2)

# Was lehrte Jesus von Nazareth wirklich?

»Jesus brachte die Lehre der Gottes- und Nächstenliebe.
Jesus lehrte uns die wahre Freiheit!
Er brachte uns eine innere Revolution.
Er kam in diese Welt, um uns frei zu machen.
Er bevormundete niemanden. Er band niemanden an sich.

Jesus war stets unabhängig und unbeeinflussbar.
Er blieb sich selbst und dem Gesetz Gottes, das Er verkörperte, treu.
Weder hat Jesus selbst sich den damaligen Religionsführern untergeordnet, noch hat Er den Menschen anempfohlen, dass sie sich irgendjemandem unterordnen sollen!

In der Lehre des Jesus, des Christus gibt es keine Bevormundung, keine Indoktrination; keine Unterjochung und keine Subordination.

Was sagte Er zu den Jüngern?
„Ordne dein Leben, und folge Mir nach! Erfülle die Gesetze."

Er sagte nicht, „du musst", sondern: Du kannst es machen, wie du möchtest; du hast den freien Willen.
Willst du aber Mir, dem Christus, nachfolgen, dann erfülle die Gebote Gottes und Meine Lehren.«

»Christus sagt: Der wahre Ewige Gott ist Liebe. Er straft und züchtigt nicht.
Die Strafe und die Züchtigung erlegt sich der Mensch selbst auf, der gegen Gottes Gebote verstößt und dann empfängt, was er gesät hat – es sei denn, er bereut rechtzeitig und bereinigt, was er verursacht hat.«

»Ich Christus in Jesus offenbarte und prägte den Menschen den einen Gott und Vater der Liebe ein, der die Wahrheit und das Leben ist, von Ewigkeit zu Ewigkeit.«

Göttliche Weisheit (8)(2)

# Was bewirkte das Erlöserlicht Christi?

Wenig bekannt ist, was mit Christus im Geistigen auf Golgatha und bei seiner Auferstehung geschehen ist.
Sein materieller Körper als Jesus von Nazareth ist gestorben und danach auferstanden.
Wie konnte das funktionieren? Christus selbst erklärt dies in dem Buch „Das ist Mein Wort – A und Ω – Das Evangelium Jesu". Nachfolgend eine Zusammenfassung:

Der Leib Jesu wurde ins Grab gelegt und dann vergöttlicht durch die Umwandlung der Materie in göttliche Substanz.
Seine lichte Seele bewirkte eine besondere Umwandlung des materiellen Körpers, die sich bis zur Himmelsfahrt vollzog: Seine reine Seele und die Urkraft des ewigen Vaters durchstrahlten vollständig seinen irdischen Körper aus grobstofflicher Materie und wurde von den geistigen Atomen allmählich absorbiert und am Ende hinweggenommen.

Das Geistwesen Christus lebte weiter und so konnten die Himmelfahrt und Sein Heimgang zum Vater stattfinden.
Christus hinterlässt in uns allen ein „Geschenk", die Christus-Erlöser-Kraft: Er hat die Teilkraft der Urkraft, Sein göttliches Erbe, in jede Seele von uns Menschen gelegt.
Auch in die nicht inkarnierten Seelen, die in den Reinigungsebenen im Jenseits sind.

Es gibt vier Reinigungsbereiche im Jenseits, die das Rad der Wiedergeburt bilden.
In den einverleibten Seelen, in den Menschen, wirkt die Christus-Erlöserkraft stärker, als in den entkörperten Seelen, die sich in den Stätten der Reinigung befinden.

Die Teilkraft der Urkraft, die Christuskraft, ist im Gesetz von Ursache und Wirkung so lange aktiv, bis alle Seelen das Rad der Wiederverkörperung verlassen haben.

Die Christus-Erlösertat hat die Sünden der Menschen und der Welt nicht hinweggenommen oder getilgt. Jedoch das Licht der Erlösung leuchtet in jedem von uns.
Es ist die Stütze der Seele und der Schutz gegen die Auflösung der Seele.

Die Christus-Erlösertat stoppte den „Fall", und es begann die Rückführung aller Menschen und Seelen.
Durch dieses aufgeteilte Erbe, das als Funken in jeder Seele wirksam ist, wurde die Auflösung aller Formen verhindert.

Die Auflösung der Göttlichen Schöpfung, so dass alle Lebensformen aufgelöst in den Ur-Strom, in die Ur-Energie, übergegangen wären. Jedes Geistwesen, jede Seele und jede weitere Lebensform hätte sich allmählich aufgelöst.

Durch die Teilkraft der Urkraft, die Christuskraft, erlangen alle Seelen wieder die Reinheit und finden dadurch wieder zur göttlichen Einheit zurück, wobei Gott ihnen den freien Willen lässt.

Vollkommen kann nur der werden, der seine Seele reinigt und auch rein hält. Erst wenn Mensch und Seele das Gesetz der Liebe mehr und mehr erfüllen, wird er rein.
Wer für Gott ist, der ist auch für seinen Nächsten und für die Tier-, Pflanzen- und Mineralwelt.

Die Erlösung ist in jenen Seelen und Menschen abgeschlossen, welche die Vollendung, also die Reinheit, erlangt haben. Sie sind wieder eins mit dem ewigen Vater geworden und haben die Bruderschaft mit Christus erlangt.

Christus ist der Erlöser aller Seelen und wird durch Sein Erbe, die Teilkraft der Urkraft, die absolute kosmische Einheit wieder herstellen – entsprechend dem ewigen Schöpfungsplan.
Die Christus-Erlöserkraft schützt und hilft den willigen Seelen und Menschen auf dem Evolutionsweg zurück zu Gott.

Göttliche Weisheit (2)

# Das Herz Jesu in der Kunst

Im Laufe der letzten 2000 Jahre ahnten viele Menschen intuitiv, dass jeder von uns den Christus-Erlöserfunken in der Nähe des Herzens in sich trägt.

In alten Kunst-Darstellungen wird der Erlöser dargestellt, der auf sein sichtbares, vor Liebe glühendes Herz, deutet.

Im Mittelalter findet sich bei vielen Mystikern eine „Herz-Jesu-Verehrung", die auf eine Verbundenheit mit Christus hindeutet: Meister Eckhart, Franz von Assisi, Bernhard von Clairvaux, Johanna Franziska von Chantal, Franz von Sales, Mechthild von Magdeburg, Teresa von Avila, Albertus Magnus, Anselm von Canterbury uvm.

Viele Mystiker haben intuitiv den Christusfunken und die Christuskraft in sich gespürt, die uns alle auf dem Weg zur geistigen Evolution und zu Gott begleitet und führt!

Auch in der jetzigen Zeit kann jeder von uns diese Christuskraft in sich spüren, nutzen, und vermehren.

Wir dürfen und wir sollten es. Wir alle können uns jeden Augenblick mit dieser Kraft – Christus Energiefeld – verbinden, Impulse erhalten und uns individuell führen lassen.

Eine innige lebendige Beziehung zum Geistwesen Christus bringt uns die Innere Führung.

# Das Christuszentrum - Das vierte Chakra

Das Christus-Bewusstseinszentrum oder vierte Chakra befindet sich zwischen Herz und Wirbelsäule und versorgt energetisch die Organe im Brustkorbbereich.
Es ist ein großes Zentrum, das zweitgrößte des Körpers.
Dort befindet sich der Christusfunke.
Dieser ist in uns allen die erlösende Kraft, die uns Christus auf Golgatha übertragen hat: Im vierten Zentrum wirkt eine besondere Kraft, es ist die Christuskraft, der sogenannte Erlöserfunke, der sich in jeder Seele eingebar, als Jesus von Nazareth vor 2000 Jahren Sein „Es ist vollbracht!", auf Golgatha sprach. Er verströmte dabei Seine Teilkraft aus der Urkraft in Form von vielen kleinen Funken in alle Menschen und Seelen, um die weitere Degeneration des materiellen Universums zu verhindern.

Seitdem ist keine weitere Rückentwicklung mehr möglich.
Das Christuslicht ist eine zusätzliche, eine stützende, führende, erlösende und heilende Kraft in uns.
Da dieser Christusgeist vor allem im vierten Bewusstseinszentrum wirksam ist, heißt es Christuszentrum.

## Die sieben Energiezentren der Seele

Die geistige Energie in der Seele fließt über sieben Energieknotenpunkte, auch Bewusstseinszentren oder Chakras genannt. Sie haben die Aufgabe, die Geistkräfte durch viele verästelte Bahnen über die Nerven zu den einzelnen Organen und Zellen des Körpers zu verteilen.
Die Bewusstseinszentren sind pulsierende und rotierende Gebilde, lichte Energiezentren in unserem geistigen Leib.

Das vierte Chakra – Christuszentrum – ist eine Art Schalt- und Pumpstation, welche die Energien aus dem Beckenraum wieder hochzieht und dann zum Wesenskern – Hirnanhangsdrüse – weiterleitet.

# Ist Christus und Gott-Vater nicht dasselbe?

»Christus ist der Sohn unseres ewigen Vaters und Mitregent der Himmel. Das Wort Gott bezeichnet das All-Gesetz, das man auch ewige Intelligenz nennen kann, ewiges Sein, Ursprung alles Reinem und Feinem.

Der Allgeist, der Unendliche, ist einfach das Gesetz, fließende, strömende höchste Energie.

Gott-Vater hingegen ist komprimiertes, also formgewordenes Gesetz, ist ein göttliches Wesen, so, wie Christus, der Mitregent der Himmel, ein göttliches Wesen ist. Sie verkörpern das Gesetz der Unendlichkeit.«

# Die Christuskraft, der innere Arzt und Heiler

»Der Weg der Heilung stellt ein Teilstück des Weges zur Erlösung dar; beide Wege sind nicht voneinander zu trennen. Deshalb ist der in Seinem Erlöserfunken präsente Christus gleichzeitig unser Innerer Arzt und Heiler.

Ihm können wir unsere negativen Gedanken und was uns belastet übergeben, Ihn können wir um Hilfe bitten, die Er uns gewährt, sofern es für unsere Seele gut ist.«

»Unsere Aufgabe in diesem Leben ist es, den Christusfunken zur Flamme zu entfachen.

Wie ein Funke materiellen Feuers dazu Sauerstoff braucht, so benötigt der Christusfunke ein Leben nach den göttlichen Gesetzen, vor allem nach dem Teil der Bergpredigt, der das Bereuen, Vergeben und Um-Vergebung-Bitten beinhaltet.

Voraussetzung ist, dass wir mit allem Ernst unser Ich abbauen. In dem Maße, in dem unser Ich kleiner wird, kann die Flamme größer werden.«

Göttliche Weisheit (15)

# Christus-Bewusstsein
# Die Christus-Matrix

Historisch betrachtet war und ist Jesus von Nazareth mit Seiner gelebten Nächstenliebe, ein Vorbild für viele Menschen. In den vergangenen Jahrzehnten wird in esoterischen Kreisen zunehmend von einem Christusbewusstsein und Christus-Matrix gesprochen: Es stimmt, dass wir durch die Verbindung mit diesem Christus-Energie-Feld zu einem höheren Bewusstsein gelangen können.

Ein Leben nach dem Gesetz der Liebe war und ist die heilende Botschaft von Christus in Jesus von Nazareth.
Je mehr wir nach dem Gesetz der Liebe, in unseren Gefühlen, Gedanken, Worten und Handlungen leben, desto schneller erreichen wir dieses Bewusstsein oder Christus-Energiefeld, das uns zu Glück, Gesundheit und Freiheit führt.
So tragen wir auch dazu bei, dass diese Welt besser wird.

# Lebensmeisterung mit Christus

### Sich mit dem Christuszentrum verbinden

Wir können uns jederzeit mit der Christuskraft in uns verbinden, indem wir kurz innehalten, unsere rechte Hand, auch beide Hände, auf unser Herzchakra oder viertes Bewusstseinszentrum legen und dadurch mit Christus in Kommunikation treten, in Gedanken oder mit gesprochenen Worten.
Folgende oder ähnliche Sätze, Affirmationen und Bewusstseinsstützen können wir still in unser Inneres, hineinsprechen:

„Christus in mir - Christus durch mich."
„Christus wirkt durch mich. Christus strahlt durch mich."

## Wenn uns negative Gedanken quälen

„Christus in mir, Christus in meinen Gedanken.“
„Christus in mir, Christus in meinem Gehirn.“
„Ich bin stark in Christus.“
„Christus, Du siegst in mir.“
„Ich bin fein, rein und edel.“

**Fragen stellen,** bei Problemen in der Arbeit und Familie

Wir können um Hilfe und Lösung bitten, wenn wir möchten, mit der rechten Hand auf dem Christuszentrum:

„Christus in mir, Christus in der Situation.“
„Christus in mir, Christus im Problem.“
„Christus in mir, Christus in meiner Arbeit.“
„Christus in mir, Christus in meinen Arbeitskollegen.“

**Hand aufs Herz:** Wir können uns verinnerlichen; ohne Hände, oder eine oder zwei Hände auf das Herzzentrum legen, eine Frage stellen, ein Problem schildern und um Rat oder Hilfe bitten.
Ohne etwas Spektakuläres zu erwarten, können wir die Antwort in uns erfahren.

»Sich auf diese Art mit Christus im Christuszentrum zu verbinden ist eine wunderbare Hilfe, um uns Ihm immer inniger anzuvertrauen und in die Verbundenheit mit Ihm hineinzuwachsen.
Dann kann Christus zum ständigen Begleiter in unserem Leben werden, was eine unvergleichliche Freiheit verheißt.«

»Es gibt nur eine Energiequelle, auf die wir uns ausrichten sollen. Das sind nicht unsere Mitmenschen, sondern das ist Gott in uns, das ist der Christusfunke, tief in unserem Innersten. Richten wir uns auf Christus aus, so erhalten wir auch die Energie, die wir für unser Leben benötigen.«

Göttliche Weisheit (13)

Mehrmals mit einer bewussten, langsamen tiefe **Atmung** mit den ganzen Brustkorb, nur das Wort „Christus" langsam aussprechen oder denken, und dabei sich vorstellen, dass wir uns mit Seinem Energiefeld in Dankbarkeit verbinden.

### Bei Schwierigkeiten oder Streit mit Menschen

Bevor oder während wir ein schwieriges Gespräch führen: „Christus in mir, Christus in meinem Nächsten."

### Beim Aufwachen oder Einschlafen

Auf dem Rücken im Bett liegend und beide Hände auf das Christus-Zentrum legen, sinngemäß beten:
„Ich bin ein Kind-, Sohn-, Tochter Gottes."
Beim Einschlafen: „Danke für den Tag, führe meine Seele in der Nacht in höhere Bereiche."
Beim Aufwachen: „Danke für die Nacht und den neuen Tag. Führe mich durch den Tag, damit Dein Wille geschieht."

### Beim Autofahren

„Christus in mir, Christus im Auto."

### Beten für leidende Menschen, Tiere, Pflanzen, Natur

„Christus in mir, Christus in meinen Nächsten."
„Christus in mir, Christus in den leidenden Tieren."

Diesen Gedanken über den Äther zu einer Stadt, einem Land hinaus schwingen lassen.
Die Entfernung spielt dabei keine Rolle, die positiven Gedanken erreichen die Menschen oder Tiere dort, wo der Fokus unserer Gebete ist.

Wenn wir keine Beziehung zum Wort Christus haben, können wir es ersetzen durch das Wort Vater oder Gott:
„Gott in mir, Gott in meinen Gedanken."
„Gott in mir, Gott in meinen Nächsten."

# Im Christus-Bewusstsein leben

Wir können den **Dauerkontakt** und die Verbindung mit dem Geistwesen Christus anstreben und trainieren.

Durch Selbsterkenntnis, innere Arbeit, Ego-Abbau, Verfeinerung, Veredelung und ein Leben nach dem Gesetz der Liebe werden wir durchlässig für Christus und Er kann immer mehr in uns und durch uns wirken.

So aktivieren wir das Christuslicht und halten die Kommunikation zu Christus in uns. Die Christusflamme wird größer und wirkt in den Genen und Zellen unseres Körpers.

Wir denken und sprechen bewusster. Wir machen Ordnung in unserem Leben, erfüllen mehr und mehr Gottes Wille und entfalten so die Weisheit der Seele. Wir spüren mehr Einheit und Verbundenheit mit Menschen, Tieren und Natur. Christus strahlt durch uns, dadurch wird die Materie feiner.

Christus ist nichts Abstraktes, Er ist ein göttliches Wesen, auch allgegenwärtig wie Gott.

Christus wünscht sich, dass wir uns mit Seinem Energiefeld verbinden und Ihn mehr und mehr verspüren.

Es gibt viele Möglichkeiten, sich mit der Christus-Kraft zu verbinden: Wir können Gespräche mit Ihm, wie mit einem unsichtbaren Freund oder Bruder führen, in Gedanken, gesprochenen Worten, durch Schrift im Tagebuch oder PC. Oder mit der Wiederholung seines Namens, Christus, verbunden mit einer langen, tiefen und bewussten Atmung.

Wir können Christus jederzeit anrufen und Ihm unser Anliegen darlegen: Wir können Ihn mehr und mehr in unser Leben einbeziehen, Probleme übergeben, um Lösung und Führung bitten, z.B. um Selbsterkenntnis, die Botschaft einer Krankheit zu erkennen, die Einheit mit unseren Nächsten oder den passenden Job für uns zu finden.

Wenn wir krank sind, können wir uns mit Ihm verbinden und uns vorstellen, dass Seine heilende Kraft in uns fließt, zu den jeweils kranken Zellen und Organen.

# Jesus, dem Christus, nachfolgen bedeutet, positiv Senden

Jesus, dem Christus, nachfolgen bedeutet, „positiv Senden" in Gefühlen, Gedanken, Worten und Handlungen, die immer mehr dem Gesetz der Einheit und Liebe entsprechen.

Wir leben dann in dem Bewusstsein, dass Er in uns ist, das Er gegenwärtig ist und uns begleitet.

Wir pflegen den **Dauerkonktakt** mit Christus und die Verbindung mit Seinem Christus-Energiefeld: So können wir im Leben von Ihm geführt werden und Er kann immer mehr in und durch uns wirken.

Je mehr wir uns Christus anvertrauen, uns Ihm hingeben und diese Beziehung stärken, desto mehr innere Ruhe, Sicherheit und Vertrauen gewinnen wir.

Unsere Beziehungen zu Menschen, Natur und ihren Geschöpfen verbessert sich und all diese Schritte erweitern unser Bewusstsein.

Wir erleben immer mehr die Innere Führung durch Christus.

Wir beginnen zu verstehen, was Seine Aussage als Jesus von Nazareth bedeutet:

>»Ich bin der Weg, die Wahrheit und das Leben.«

# KAPITEL III

# Der
# DÄMONENSTAAT

# Der Dämonenstaat

Ein Thema, das sich für manche nach Horror-Film oder altmodisch biblisch anhört, ist jedoch sehr aktuell. Denn dieser Dämonenstaat steuert vieles, was seit Jahrtausenden und auch in der heutigen Zeit täglich in dieser materialistischen Welt aktuell geschieht.

Jesus von Nazareth hat damals Dämonen von kranken Menschen ausgetrieben. In unserer modernen, rationalen Gesellschaft, bestehend aus vor allem „gebildeten" und intellektuellen Menschen, ist dies nur ein Märchen, und dennoch ist es eine verkannte Tatsache.

Während meiner Medizinstudium-Zeit, auf der Suche nach den wahren Ursachen von Krankheiten, hatte ich Kontakte zu vielen spirituellen Gruppen. In der japanischen Organisation Sukyo Mahikari – übermitteln von Lichtenergie – hatte ich die Gelegenheit, live in Kursen und Heilveranstaltungen mitzuerleben, wie bei Krankheiten, Epilepsie, Schizophrenie, aggressivem Krebs, Seelen von Verstorbenen aus den Astralwelten Menschen beeinflussen können.

Durch diese Ereignisse konnte ich das Rätsel zahlreicher psychiatrischer Erkrankungen und die geistigen Zusammenhänge der Krebs-Krankheit besser verstehen.
So habe ich Parallelen zum Leben und Wirken von Jesus von Nazareth gefunden, als Er bei vielen kranken Menschen fremde Seelen oder Dämonen, ausgetrieben hat.
Was damals, vor 2000 Jahren, Realität war, ist heute aktueller denn je. Millionen Menschen sind durch Astral-Wesen beeinflusst, gesteuert oder sogar besessen.

Das Ziel meiner Erklärungen über den Dämonenstaat ist nicht, Angst zu machen, sondern die Strategien, Fallen und Tricks zu entlarven und sie zu entmachten.

Wir, inkarnierte Menschen, sind nicht nur Opfer von Angriffen des Dämonenstaats oder von Seelen aus der Astralwelt.

Wir bekommen auch Hilfen, Impulse und Führung von unserem Schutzengel und dem Göttlichen in uns.

Wenn wir die jetzige Welt betrachten, hat man den Eindruck, dass diese Gegensatzkräfte mächtiger denn je sind. Jedoch ist es wie ein letztes „Aufbäumen", bevor alles entlarvt wird und in sich zusammenfällt oder sich selbst zerstört. Das Licht wird über die Finsternis siegen.

Es gibt einen Göttlichen Plan, die Erde kommt in eine höhere Schwingung und reinigt sich u.a. durch Naturkatastrophen und die vielen Ursachen, die zur Wirkung kommen. Positive Menschen, die sich für das Gute einsetzen, werden zusammengeführt, wie ein unsichtbares Netzwerk für die Neue Zeit, die Zeit des Friedensreiches.

Eigentlich ist der wahre Feind nicht außerhalb von uns, sondern in uns. Der Kampf findet in uns selbst statt. Die Gegenseite greift uns über unsere eigenen Schatten an: Ego-Aspekte, egozentrische Verhaltensmuster, Zweifel, trennende Gedanken, Vorurteile, Feindseligkeit, Genusssucht, selbstsüchtige Wünsche, Perversionen und niedere Sexualität. Durch **Einspritzungen** in unsere Gedankenwelt verführt und fordert die Gegenseite, dass wir materiebezogen bleiben, gegen das Gesetz Gottes, die Liebe, verstoßen und negativ über andere denken, sprechen und handeln.

Sie arbeiten nach den Hauptprinzipien „Trenne, binde und herrsche", „Sieh nur das Schlechte in deinen Mitmenschen", oder „Erfreue Dich an den Drogen, Alkohol, Genussmitteln", „Suche die Glücksgefühle nur in der Materie", oder „Ich schenke dir alle Schätze dieser Welt, wenn du niederfällst und mich als Gott und Geber anbetest."

Wir können sie erkennen und besiegen durch ein bewusstes Leben in Wachsamkeit, Achtsamkeit, Selbsterkenntnis, Arbeit an uns selbst, Toleranz und Liebe. Zum Schutz und für den Sieg über uns selbst ist es wichtig, ihre Methoden, Angriffe und Fallen zu erkennen. Das ist das Ziel dieses Kapitels.

# Der Kampf zwischen Gut und Böse

Seit Millionen Jahren herrscht ein geistiger Kampf zwischen der Dämonischen und der Himmlischen Welt.

Da ich in den üblichen Bibeln, durch die Zensur, falschen Übersetzungen und Fehlinterpretationen keine zuverlässigen Informationen zu diesem Thema fand, musste ich die Wahrheit aus „reinen Quellen", außerhalb der kirchlichen Institutionen suchen, z.B. in Neuoffenbarungen und Werken aus der Göttlichen Weisheit: In dem Buch »Christus enthüllt – Der Dämonenstaat, seine Helfershelfer und seine Opfer«, erklärt Christus selbst über das prophetische Wort, die ganzen Zusammenhänge und entlarvt ihre Strategien.

Was die Echtheit dieses Buches anbelangt, können sie in meiner Erklärung „Schlussgedanken" auf S. 275 lesen.

## Die Entstehung des Dämonenstaates
## Der Engelsturz oder Fall

Die geistige Welt oder die kosmischen Geschehnisse aus einer siebendimensionalen Welt sind mit unserem engen Verstand als Mensch nicht so einfach zu verstehen oder zu beschreiben. Denn es gibt die sichtbaren materiellen Welten und die unsichtbaren Welten, die geistigen Welten, die in sieben Dimensionen eingeteilt sind.

Der in der Bibel und in vielen Religionen erwähnte „Fall", auch „Engelsturz" genannt, ging vor vielen Millionen Jahren aus einem „Schöpfungsgeschehen" hervor, und ist eine immer noch bestehende Turbulenz: Sie hat sich schwingungsmäßig so weit verdichtet, dass sie zu Feststoff wurde, auch Materie genannt. Die Materie, das Grobstoffliche, ist, vom Geiste aus gesehen, nur relativ und nicht Wirklichkeit. Sie ist Schein und nicht Sein.

Materie ist Manifestation negativer Gedankenformen und, vom Geiste aus gesehen, Schein, das heißt, vergänglich.

Die stärkste Kristallisation, die Materie, ist nichts anderes als die Manifestation von Gedankenformen.
Sie wurde hervorgerufen durch die falsche Empfindungs- und Gedankenwelt der Fallwesen – aber auch der Geistwesen, die ihren Brüdern und Schwestern, den Fallwesen, zu Hilfe eilen wollten und sich dann in der Materie verstrickten.

Die Erklärung der Ereignisse kurz zusammengefasst: Ein Engel, namens Satana, wollte wie Gott – die Universelle Energie – sein. Mit negativen Gefühlen hat er sich von Gott getrennt und hat den ganzen Fall oder Engelsturz ausgelöst. Er hat viele andere Engel miteinbezogen, was zu einer Verdichtung – Materie – im Planet Erde führte und neue Welten des Kosmos bewirkte.

Seitdem gibt es einen Gegenplan der Rückführung aller Wesen und Seelen, zurück in die Himmlischen Bereiche.
Christus und viele reine Geistwesen im Jenseits, in den Reinigungsebenen, und andere als Mensch auf der Erde inkarniert, sind seit Tausenden von Jahren als Helfer tätig.
Das Ziel des Göttlichen Plans ist die Rückführung aller Menschen und Seelen zurück in die Himmlischen Bereiche.

**Wir Menschen sind nicht von dieser Welt!**

Wir sind inkarnierte Geistwesen in einem physischen Körper – gefallene oder in der Materie verstrickte Engel.

**Wir sind nur Gast auf Erden!**

Der Planet Erde ist Materialisation oder Verdichtung, ein Teil dieser kosmischen Bereiche.
Die Erde ist auch eine Schule oder „Abtragungsstation" für „gefallene Engel." Auch die teilmateriellen Welten und die Reinigungsebenen entstanden durch den Fallgedanken: „Wie Gott sein zu wollen, ohne göttlich zu sein."
Sinn des Lebens ist die Verfeinerung und die Veredelung, die geistige Evolution und der Weg zurück in unsere Heimat, in die himmlischen Bereiche, zu unserem Ursprung.

# Ein himmlischer Plan
# Das Werk der Erlösung und Rückführung aller Menschen und Seelen

Einige Millionen Jahre nach dem Fall befand sich das ganze Universum in einem gefährlichen Zustand, und es drohte die Auflösung aller materiellen Formen. Um das zu verhindern entwickelten die himmlischen göttlichen Wesen einen Plan.

Im Laufe der Jahrhunderte kamen im israelischen Volk immer wieder Gesandte Gottes – inkarnierte Engel –, als Propheten, die die Menschen über das innere Leben aufklärten, das Friedensreich ankündigten und die Wege für Christus bereiteten.

Christus inkarnierte sich als Jesus von Nazareth und hat dadurch eine wichtige Aufgabe erfüllt.

Leider ist alles nicht so verlaufen, wie es hätte sein sollen.

Die Hintergründe finden sie im Kapitel „Wer war Jesus? Wer ist Christus?" auf S. 35.

Die Zeit danach ist Christus nicht tatenlos in den Himmlischen Bereichen geblieben, sondern Er und viele Geistwesen wirken ständig in dem Werk der Rückführung oder Heimholung, um uns inkarnierten Menschen auf der Erde und den Seelen im Jenseits zu helfen.

Christus und viele Geistwesen aus den Himmlischen Bereichen waren die Inspiration und Impulsgeber für erleuchtete Männer und Frauen, Propheten, Mystiker sowie zahlreiche geistige Bewegungen im Laufe der Geschichte, wie Albigenser, Katharer, Ebioniten, Bogomilen uvm.

Es waren Menschen, die der Sehnsucht der Seele gefolgt sind, ernsthaft ihre Ego-Aspekte weitgehend abgebaut haben, bemüht waren, sich zu verfeinern und zu veredeln, sowie die Kommunikation mit Gott und Christus pflegten.

Dadurch erlangten viele einen Reinheitsgrad und Aspekte der **Inneren Führung**. Und so konnten sie in ihrer Zeit viel Positives für Gott und andere Menschen bewirken.

Wenn ein Plan auf dieser Erde nicht funktioniert, sucht sich die reine Geistige Welt immer wieder neue Wege. Der neue Plan heißt jetzt Innere Führung durch den inneren Christus!

Diese Inspiration und Führung von Oben hat nie aufgehört, auch in der jetzigen Zeit, und wirkt in jedem von uns, wenn wir es wollen und es zulassen!

Jedoch können das nur Menschen erleben, die weitgehend innere Freiheit und Reinheit erlangen, das Gesetz der Liebe verkörpern, und die Sehnsucht zur Verbindung mit Christus und Gott in sich erwecken und intensivieren.

## Wer sind die Dämonen?

Nicht alle sind böse! In der Astralwelt gibt es Seelen von Verstorbenen, ehemalige Erdenbürger, die nicht erkannt haben, dass sie gestorben sind und keinen Körper mehr haben.
Manche sind in ihrer alten Umgebung verhaftet und irren orientierungslos im Jenseits.
Einige davon, die einer Sucht erlegen waren, versuchen sich an die lebenden Menschen zu klammern, um durch sie eine Befriedigung ihrer Süchte und Wünsche zu finden.

Außerdem gibt es die bösartigen Wesen, die den Dämonenstaat bilden und die Gegenspieler Gottes sind.
Ihre Hauptprinzipien sind „Trenne, binde und herrsche".
Sie sind oft untereinander Uneins und bekämpfen sich gegenseitig. Das sieht man im Chaos, in der Dekadenz und den Kriegen dieser Welt.

Sie sind bestrebt, uns Menschen zu beeinflussen, um unsere Energien zu gewinnen oder, dass wir geistig blind und materiebezogen bleiben, damit wir ihnen weiter dienen.

Der Dämonenstaat ist gegen die Tierwelt und die Mutter Erde. Er macht alles möglich, damit die Pflanzenwelt ausgenutzt wird, der Fleisch- und Fisch-Konsum steigt, und noch mehr Tiere geschlachtet werden.

Durch seine Helfershelfer plant er eine neue Schöpfung, eine neue Welt, eine „bessere" Zukunft mit Macht, Technik, Wissenschaft, Genmanipulation, Waffengewalt, sowie totale Überwachung durch Spionage und Geheimdienste.

Der Dämonenstaat und die Elite der Illuminaten streben nach einer totalen Kontrolle, Manipulation, Herrschaft, einer Versklavung der Menschheit, einer „Neuen Welt-Ordnung" mit weltweiter Diktatur.

Die Seelen aus den Astralwelten können uns nur beeinflussen, wenn wir einen Magneten in uns schaffen, und das geschieht, wenn wir gegen unseren Nächsten sind; wenn wir uns von massiven materiellen Wünschen und niederer Sexualität treiben lassen, wenn wir negativ denken, reden und handeln.

Die Angriffspforte für die Gegenseite ist immer unser Gehirn, unsere Gedankenwelt mit egozentrischen Verhaltensmustern und Wünschen.
Deshalb sind Selbstanalyse, Selbstbeobachtung, Achtsamkeit und ein bewusstes inneres Leben so wichtig.

Menschen auf dem Weg der Geistigen Evolution haben als Ziel, aus dem Rad der Wiedergeburt herauszufinden, sowie sich von Verstrickungen und Bindungen an die Materie zu befreien. Alles andere sind karmische Neuverstrickungen, Vegetieren und spirituelle Stagnation.

Die Übertreibung mit Unterhaltungselektronik und digitale Medien führen mit der Zeit zur Abhängigkeit, Unfreiheit, innerer Unruhe, Isolation, Bewusstseins-Enge und verhindern die Kontrolle über die Gedanken und das Stillwerden.

Die Abhängigkeit vom Smartphone, Fernsehen, Filmen oder Internet und Videos wird vom Dämonenstaat gefördert.

Dort werden wir ständig mit materiellen Wünschen verführt, damit wir die Orientierung verlieren. Wir verlieren den Sinn für das Feine und das Edle und füllen unser Gehirn mit Inhalten, die unserem wahren Wesen nicht entsprechen.

Es ist nicht alles schlecht in der modernen Technik und digitalen Medien, denn auch in ihnen ist die göttliche Kraft.

Wir sollten die Technik für das Gute einsetzen, so dass wir sie einigermaßen beherrschen, und nicht, dass sie uns beherrscht und stresst.

Auf dem „**Weg der Geistigen Evolution**" ist wichtig, sich nicht gehen zu lassen, sondern eine geistige Disziplin, aus Liebe zu Gott, zu bewahren.

**Achtsamkeit = bewusstes Leben**; achte auf deine Gedanken, Worte und Handlungen; lerne, zu unterscheiden, was göttlich ist und was gegen das Göttliche verstößt; welche Gedanken positiv sind und welche negativ und die letzteren nicht mehr zu nähren.

Wichtig ist, in Einheit und Frieden mit anderen Menschen zu leben, höhere Ziele im Leben anzustreben und mehr und mehr nach dem Gesetz der Liebe zu leben.

Dadurch gewinnen wir immer mehr den **inneren Schutz** und die **Innere Führung**.

**FAZIT**: Wachsamkeit ist angesagt!

Wir sollen sehr wachsam sein und erkennen, wie der Dämonenstaat uns im täglichen Leben beeinflusst und verführt. Er stellt uns immer Fallen – wir tappen oft ein.

Wir sollen diese Fallen und Strategien erkennen.

Die Astral-Wesen suggerieren gerne Einspritzungen in unser Gehirn. Insbesondere verstärken sie:

- Trennende Gedanken und Vorurteile gegen Menschen
- Feindseligkeit, Aggressionen, Hass, Wut, Groll
- Ängste, Neid, Zweifel, selbstgemachter Stress, Egoismus
- Faulheit, sich gehen lassen, Völlerei, Exzesse
- Starke materielle Wünsche, Leidenschaften, Sexualität

# Christus selbst entlarvt
# die Strategie des Dämonenstaates

Die folgenden Texte sind eine Zusammenfassung aus einer reinen Quelle, einer Neuoffenbarung von Christus aus dem Buch »Christus enthüllt – Der Dämonenstaat, seine Helfershelfer und seine Opfer«.
Was die Echtheit dieser Quelle anbelangt, können sie in meiner Erklärung „Schlussgedanken" auf S. 275 lesen.

Christus selbst erklärt und entlarvt die Strategien des Dämonenstaates.

# Der Dämonenstaat
# und der Plan der Finsternis

»Der Dämonenstaat wirkt durch die Energie jener Menschen, die gegen die Gesetze Gottes verstoßen, die Hass, Rache und Neid gegen ihre Nächsten hegen, die in Streit und Feindschaft mit ihnen leben, die nach Geltung, Ansehen und persönlichem Besitz trachten, die ihre Lüste ausleben, die Gehässigkeiten aussenden und Kriege entzünden.

All dies schafft negative Energien – und jeder, der gegen die Gesetze Gottes verstößt, wird damit zum Energielieferanten für die Dämonen.
Die Menschen liefern die gegensätzlichen Energien, mit denen die Dämonen auf der Erde wirken, um immer mehr Menschen zu verführen.
Wenn ein Mensch den Dämonen dies ermöglicht, versündigt er sich, denn viele Menschen kennen die Zehn Gebote und die Gesetze des Inneren Lebens.

Mit den Negativenergien der Menschen haben sich die Dämonen eine Hierarchie „nach unten" aufgebaut.
Sie schufen sich Helfershelfer und Opfer.«

ZUSAMMENFASSUNG:

Der **Stützpunkt**, von dem aus der Widersacher gegen Gott kämpft, ist die **Erde**.

Die **Dämonen** sind gefallene Engel.
Infolge des weiteren Abfalls von Gott entstand, im Laufe unendlicher Zeiträume, der Dämonenstaat. Unter seiner Herrschaft stehen alle, die sich dem negativen, dem satanischen Prinzip „Trenne, binde und herrsche" verschrieben haben und verschreiben.

Mit Herrschsucht, Gewalt, Macht, Raffgier, Habgier, niedriger Sexualität, Neid, Feindschaft und Streit hat sich der Widersacher seine Herrschaft und sein Territorium geschaffen. Es ist die Hierarchie der Dämonen, der Dämonenstaat, der sich „nach unten" erweitert.

Die **Helfershelfer** sind Menschen, die in der Welt in führenden Positionen sind, die skrupellos die Weltherrschaft an sich reißen wollen, deren einziges Anliegen ist, Macht und Ansehen zu erlangen, zu herrschen, zu befehlen und zu regieren. Sie sitzen in den obersten Rängen des irdischen Staates, der kirchlichen Institutionen, der Wissenschaft und in den Großkonzernen.

Die Helfershelfer sind diejenigen Menschen, die gewissenlos über andere Menschen herrschen, die ihre Macht und ihren Einfluss einsetzen, um viele Menschen auszunutzen und an sich zu binden.

**Opfer** sind all jene, die das nachahmen, was die Helfershelfer vorgeben, die auf der hierarchischen Leiter hochklettern wollen und dabei rücksichtslos vorgehen, um vom großen Kuchen Erde ein Stück abzuschneiden.

Opfer sind die Nachahmer, die ähnlich leben wollen wie jene in den obersten Rängen, auf die gesehen wird, die geachtet und geschätzt werden.

Sie streben nach Lustgewinn und wollen sich den Körperfreuden hingeben – wie ihre reichen Vorbilder einst und noch heute mit schönen Frauen, „Sklavinnen".
Sie wollen das Töten von Tieren und schrecken nicht vor dem Töten von Menschen zurück.

Bekommen Helfershelfer und Opfer vom Dämonenstaat Energien, um in dieser Welt materiellen Erfolg, Ansehen und Reichtum zu erlangen, dann müssen sie für diese Hilfen an den Dämonenstaat wieder Energien abgeben – entsprechend dem Leitsatz der Dämonen und ihrer Helfershelfer: „Gibst du mir, dann gebe ich dir."

Die Abgaben sind die **negativen Energien** jener Menschen,

- die tagtäglich negativ denken, reden und handeln,
- die untereinander streiten,
- die einander gehässig begegnen,
- die tagtäglich sich Genussmitteln hingeben,
- die ihre Nächsten abwerten, um sich selbst aufzuwerten,
- die sich über ihren Nächsten stellen durch Hochmut oder Obrigkeitswahn,
- die Kriege fördern oder Kriege und Kämpfe aller Art durchführen,
- die Tiere schänden, schlachten und verzehren.

Alle diese Menschen sind die Energielieferanten für den Dämonenstaat und seine Helfershelfer.

Göttliche Weisheit (3)

71

# Das Satanische Prinzip
## „Trenne, binde und herrsche"

Das ewige All-Prinzip ist das Gesetz: „Verbinde und sei."
Das unreine Prinzip hingegen lautet: „Trenne, binde und
herrsche."

»Christus sagt: Wer das Prinzip des Widersachers anwendet: „Trenne, binde und herrsche" gleich „sende Dämonisch, das heißt gegensätzlich, und empfange entsprechend" gelangt in die Fänge der Dämonen und ihrer Helfershelfer und wird zum Energiespender für den Dämonenstaat.

Es wird ihm dann vieles gelingen, und es wird ihm auch gut
ergehen. Unter Umständen klettert er auf den Sprossen der
dämonischen Leiter empor und gelangt ebenfalls zu Ruhm,
Ansehen, zu Macht und Reichtum. Damit wird er ein mächtiger Energiespender für den Dämonenstaat.

Unter Umständen geht es einem solchen Menschen so lange
gut, bis er einen einschneidenden Fehler begeht oder bis
sein Körper gealtert ist und er nicht mehr die Flexibilität
besitzt, um gebraucht, das heißt von den Dämonen oder
ihren Helfershelfern missbraucht zu werden.
Dann lassen die Dämonen ihre Energiespender, ihre Helfershelfer oder Opfer fallen; damit werden deren Ursachen
wirksam.
Sie gleiten dann in diejenigen Lebensellipsen zurück, in denen ihre Ursachen gespeichert sind, und sie werden – je
nach dem Rhythmus des Gesetzes von Saat und Ernte – als
Wirkung das erleiden müssen, was zur Abtragung ansteht.«

»Wer gegensätzlich sendet, der stellt eine Kommunikation
zum Gegensätzlichen her – zu Menschen, die gegensätzlich
eingestellt sind, oder zu Dämonen oder zu ihren Helfershelfern oder auch zu erdgebundenen Seelen.

Wird ein solcher gegensätzlicher Sender ausgebaut, hat der Mensch also viele „Sendestationen", Programme, in seiner Seele und in seinem Ober- und Unterbewusstsein, dann steht er auch in ständiger Kommunikation mit entsprechenden Empfängern, die wiederum senden.
Dadurch ist es möglich, dass ein solcher Mensch fremdgesteuert, umsetzt oder besetzt wird.

Ob dies geschehen kann, hängt von der Einstellung des Menschen ab, von seiner Empfindungs- und Gedankenwelt, von dem, was er redet und was er tut, von seinen Wünschen, Leidenschaften, Aggressionen und Machtansprüchen.

Wenn solche Kommunikationen fließen, so nehmen Dämonen oder erdgebundene Seelen sogenannte „**Einspritzungen**" vor – oder sie nehmen vom Menschen Besitz und steuern ihn über seine eigenen menschlichen Anlagen so, wie sie es wollen.

Das heißt, Dämonen oder erdgebundene Seelen legen dabei ihre Wünsche und ihr Wollen in die Kommunikationen des Menschen ein und nehmen ihn so in Besitz.

Wenn der Mensch den Gegensatzkräften dies ermöglicht, dann ist er in vielem, was er redet und auch tut, nicht mehr er selbst, weil er nicht mehr Herr seiner selbst ist.
Dann ist er Helfershelfer oder Opfer.
Beide sind Energielieferanten für den Dämonenstaat.
Denn ohne die negativen Energien von Menschen hätten die Dämonen keine Macht.«

»Die Dämonen haben vor nichts Achtung – und der Mensch, der sich verführen lässt, gleicht ihnen.
Er achtet weder seinen Nächsten noch seine Übernächsten, die Tiere und auch nicht die Pflanzenwelt.«

»Jede Empfindung, jeder Gedanke und jedes Wort ist zugleich ein Senden und Empfangen.
Sie umgeben den Menschen. Es sind seine Gedankennetze – ein Netzwerk, in das er sich selbst eingesponnen und in dem er sich gefangen hat.

Die Gedankennetze bilden seine „**kleine Welt**", die aus seinem Eigenbesitz und aus seinem Sein- und Habenwollen besteht. Aus dem menschlichen Selbstwertgefühl – „Ich bin mir selbst der Nächste" – heraus entstanden der Egoismus und der Eigennutz.«

»Die **Beeinflussung** durch den Dämonenstaat nahm mehr und mehr zu: Der weltgefangene und in seine Gedankennetze eingesponnene Mensch dachte und denkt nicht mehr an Gott und an seine Herkunft.
In seinem Egoismus vergaß er die große Einheit und sein geistiges Erbe, das Sein in ihm.

Er dachte und denkt nur an sich selbst, an sein Wohlbefinden und an seinen materiellen Aufstieg, an Eigentum, Ansehen und Macht.

Feindseligkeit, Richten und Urteilen, Vorurteile und jede Art von negativen Gedanken, alles was uns von anderen trennt, sind ihre Einspritzungen und Einflüsse, und die Strategie der Gegenseite: „Trenne, binde und herrsche."

Das Göttliche Prinzip ist: „Verbinde und sei."«

Göttliche Weisheit (3)

# Die Grundregeln der Dämonen

1. Sein wollen wie Gott.
2. Herrschen, beherrschen und unterdrücken wollen.
3. Gott ganz ausschalten wollen durch den Missbrauch Seines Namens.
4. Ein Reich besitzen wollen, in dem das umgepolte Prinzip „Senden und Empfangen" als absolut regiert.

»Christus sagt: Der Widersacher schlich sich auch in die ehemalige christlichen Urgemeinden ein, die nach Jesus von Nazareth entstanden.
Er machte daraus eine Institution mit Obrigkeiten und Untergebenen. Eine solche Institution ist eine nach außen orientierte Organisation mit Dogmen, Riten und Kulten.

Die Dämonen scheuten sich nicht den Namen Christus für unchristliche Zwecke zu missbrauchen.
Sie missbrauchen ihn noch heute und schaffen sich damit Abhängige, die glauben, Gutes zu tun und christlich zu sein, die jedoch Opfer der Dämonen sind.
Sie nahmen und nehmen die Christus-Lehre und vermischten und vermischen sie mit ihren menschlichen Ansichten und Lehren, das heißt, sie trennen sich von Christus.
Sie errichteten damit ihr Lehr- und Dogmengebäude; zugleich schufen sie Institutionen, die diese Lehrsätze verwalteten, Riten, Zeremonien und Kulte einführten, Gesetze und Verordnungen erließen und damit die Menschen banden, um über sie zu herrschen.«

# Wirkungsweise der Dämonen

»Christus sagt: Die Dämonen hätten von sich aus keine Energie, Menschen zu verführen, wenn ihnen nicht Energielieferanten zur Verfügung stehen würden, also Menschen, die blind, ohne ihr Denken zu kontrollieren das gegensätzliche Prinzip „Senden und Empfangen" anwenden.

Durch **Einspritzungen** verstärken sie die Kommunikationen mit den negativen Energien in der Atmosphäre.

Durch die gegensätzlichen Energiewellen vieler Menschen entstehen unvorstellbar große Ballungskräfte negativer Energien.
Diese nimmt der Dämonenstaat für seine Hilfeleistungen und erweitert damit sein Territorium auf dieser Erde.

Die Dämonen verstärken die gegensätzliche Empfindungs- und Gedankenwelt der einzelnen Menschen.
Damit bestärken sie ihre Helfershelfer und Opfer, immer wieder Gleiches und Ähnliches zu empfinden, zu denken, zu reden und auch entsprechend zu handeln.

Die Dämonen regen die Wunschwelt des Einzelnen an, um damit seine Leidenschaften zu fördern.
Sie regen Neidgedanken an und lassen sie zu Hass und Feindschaft werden.
Sie geben in das schon erregte Gemüt des Menschen Gedanken an Zerstörungen, Plünderungen, Kriege und Verwüstungen ein.

All dies beginnt zuerst über die **Einspritzungen** in die negativen Unterkommunikationen, in die Empfindungs-, Gedanken- und Wunschwelt Einzelner und in die Leidenschaften, in die Neid- und Hasskommunikationen.

So schuf sich der Dämonenstaat auf der Erde eine mächtige Energiequelle durch all jene Menschen, die den Dämonen bewusst und unbewusst dienen.
Damit schuf er die **Unordnung** in der Welt und unter den Menschen, in den Institutionen und Regierungen, in den Betrieben, an den Arbeitsplätzen, in den Familien, in den Verwandtschaften und in den Freundeskreisen.

Die Menschen nahmen immer mehr voneinander Abstand; sie wurden einander fremd.«

Göttliche Weisheit (3)

# Die sieben Prinzipien des Dämonenstaates

Die sieben Grundkräfte Gottes – Ordnung, Wille, Weisheit, Ernst, Geduld, Liebe und Barmherzigkeit – hat der Widersacher für sich und seine Zwecke umgepolt. Damit wollte und will er sein Reich schaffen und das Reich Gottes aufheben.

## I. PRINZIP

### Schaffe Unordnung, Geräusche, Herrschaftsstrukturen und äußere Formen

»Die Dämonen senden folgende Impulse in diese Welt – und viele gehorchen:

- Schaffe Unordnung, sowohl im Menschen selbst als auch auf der Erde, damit Gott von den Menschen nicht mehr wahrgenommen werden kann.
- Schaffe Geräusche, damit der Mensch sich immer mehr nach außen orientiert und Gott, das Innerste vergisst.
- Schaffe Institutionen und Obrigkeiten, die sich über das Volk stellen und regieren, die sich als Herrscher und Götter achten und ehren lassen.
- Schaffe Helfershelfer, damit sich die dämonische Struktur erweitert.
- Schaffe viele Zeremonien und Rituale, damit der Mensch immer nach außen gekehrt bleibt.

Christus sagt: »Einige Institutionen und Regierungen dieser Welt missbrauchen den Namen Gottes und des Christus. Durch dieses starke System von äußeren Formen mit sakralen Handlungen und Vorschriften kehren die Menschen immer mehr nach Außen und vergessen das Innerste, die Stille, das Erhabene, Gott.

Durch alle diese Veräußerlichungen wurden und werden die Menschen immer mehr vom wahren Leben, von Gott, dem ewigen Sein, abgelenkt und entfernt.

Den Kritikern, die dieses Regime anprangerten und anprangern, wurde und wird – im Namen Gottes, des Allerhöchsten – ein schlechtes Gewissen suggeriert, durch Androhung der „Höllenstrafe" und der „ewigen Verdammnis".

Aus Angst wurden und werden weiterhin immer mehr Menschen zu Opfern, Sklaven und somit Jasagern.«

# II. PRINZIP

## Fördere den Eigenwillen und die Uneinigkeit unter den Menschen

»Erdgebundene Seelen und Dämonen regen die Ichsucht – Egoismus – durch Einspritzungen in die negativen Unterkommunikationen der Menschen, in ihre Empfindungs- und Gedankenwelt an.

Der Dämon will die Uneinigkeit – wodurch der Machtkampf entsteht. Je ichbezogener und brutaler der Mensch ist, umso besser nützt er dem Dämonenstaat.

Dämonen und Helfershelfer streben immer nach dem einen Ziel: Energie zu gewinnen, Ansehen und Macht zu erlangen, um ihr Territorium, ihren Machtbereich auf der Erde, zu erhalten und zu erweitern. Das kleine Ich will immer mehr!

Daher strebt es seinen Leitbildern nach, den Angesehenen und Reichen dieser Welt. Wenige dieser weltlich Orientierten wissen von den inneren Werten.

Für viele ist der Lebensinhalt der Gewinn äußerer Dinge.

Die Genüsse und die Lüste liegen nahe beisammen, insbesondere, wenn es darum geht, die Frau oder den Mann eines seiner Nächsten zu erobern oder sich gleichzeitig mehrere Frauen oder Männer zu nehmen. All dies steigert die Ichsucht, den Eigenwillen, welcher Bindung ist.

Menschen binden sich an Menschen, an Geld und Gut nach dem Prinzip: Das ist mein, und das ist dein.
Diese **Bindungen** an Menschen und Dinge führen zu Neid, Streit, Missgunst, Feindseligkeit, Hass bis zu Krieg.

Die Unordnung in und um den Menschen, die Streitigkeiten in der Ehe, in der Partnerschaft, in der Familie und am Arbeitsplatz sowie unter den Völkern liefern die entsprechenden gegensätzlichen Energien. Die Helfershelfer und die Opfer sind die Energiequelle der Dämonen.

Ebenso fördern die Auswüchse durch Wünsche, durch Leidenschaften, durch Besitzen-, Sein- und Habenwollen den Eigenwillen – und setzen dadurch immer mehr gegensätzliche Energien frei.

Die Dämonen haben bei vielen Menschen das erreicht, was sie wollten: Viele schufen sich ihre kleine Welt, die aus negativen Empfindungen, Gedanken, Worten und Handlungen, aus Wünschen, Sehnsüchten und Leidenschaften, aus Unnachgiebigkeit, Neid, Streit, Hass und Feindschaft besteht.

Jeder hat sich in seine kleine **Ichwelt** eingesponnen und dreht sich nur um sich selbst, in seiner eigenen Denk- und Wunschwelt.
Er denkt nur an und für sich selbst.
Er will alles nur für sich selbst.
Er arbeitet nur für sich selbst – und letztlich spricht er auch nur für sich selbst. Das ist seine kleine, niedere Ichwelt.

In diesen Negativ-Kokon eingesponnen, lebt ein solcher Mensch und fristet sein Dasein.
Dabei hat er seinen Nächsten, seinen Mitmenschen, vergessen – es sei denn, dieser soll ihm Dienste leisten, das heißt, für ihn das tun, was er selbst nicht tun möchte.«

>»Wer nicht den Willen Gottes erfüllt,
>der lebt im Eigenwillen
>und erfüllt den Willen der Dämonen.«

# III. PRINZIP

## Vergiss ethische Grundsätze
## Strebe nach Wissen
## Mache dir die Erde untertan

»Die Dämonen senden folgende Impulse in diese Welt – und viele gehorchen:

Strebe nach Verstandeswissen, nach dem Intellekt.
Vergiss die Gefühle und die ethischen Grundsätze.
Schule deinen Verstand, damit dein Leben erfolgreich wird.
Beachte einzig das Äußere, denn es gibt nur Materie.

Auch das Innere des Menschen besteht nur aus Nerven, Muskeln, Knochen, Sehnen, Bändern, Blutgefäßen, Organen, also alles in allem: aus Zellen.
Für den Weltbezogenen gilt nur, was zu sehen, zu wiegen und zu messen ist.

Am raschesten erlangst du Geld, Gut und Ansehen, wenn du die äußeren Dinge, die deine Vorfahren schon erforscht und als irdischen Schatz gehoben haben studierst, analysierst und zum Wohle der Menschheit verbesserst.
Die Hörigen gehorchen: Sie glauben, selbst zu denken – doch es wird durch sie gedacht.

Die Dämonen waren und sind sehr erfinderisch:
Sie geben ein – und ihre Helfershelfer und Opfer tanzen.
Sie tanzen um das „Goldene Kalb", das menschliche Ich.
Sie streben nach Geld, Gut und Ansehen.

Sei intellektuell und strebe nach Äußerem, anstatt weise, besonnen und nach innen gekehrt zu sein.

Die weltverhafteten Erfinder und Wissenschaftler begannen den Tanz um das Goldene Kalb und um die Dämonen, die hierfür die Impulse und die Energien liefern.

So entstanden und entstehen Fahrzeuge, Autos, Bahn, Schiffe, Flugzeuge, Raketen, Satelliten.

So entstanden atomare Kraftwerke, Forschungszentren, Raumstationen, Bohrtürme und Förderanlagen, um die Schätze des Erdreichs, die Rohstoffe, zu heben, oder das Weltall zu erobern.

Viele Aussagen Gottes wurden von den Dämonen umgepolt!

Gott sprach zu den Seinen:

»„Machet euch die Erde untertan" und Er meinte damit: Achte und schätze das Leben der Erde, denn es ist ein lebendiger Organismus, der dich, o Mensch, ernährt.

Achte und schätze das Leben in und auf der Erde, denn die Tiere, die Pflanzen und Mineralien wollen dir, dem Edlen, Reinen in dir, dienen.

Deshalb sei für und mit dem großen Organismus Erde!

Jede Lebensform empfindet – und du trägst in dir die Essenz aller Formen, allen Seins.

Achte also den mächtigen Organismus Erde, und du wirst als Mensch alles besitzen, was du benötigst, und dir wird es wohl ergehen auf Erden. Das ist das Prinzip Gottes.«

Gott spricht zu den Seinen:

»In deinem Innersten ist der Reichtum der Unendlichkeit, die Fülle des Alls.

Hat deine Seele den Reinheitsgrad Inneren Lebens erlangt, dann strahlt sie Reinheit, Reichtum und Fülle aus.

Dann wirst du auf Erden alles besitzen, was du benötigst – jedoch nicht einzig für dein persönliches Wohl, sondern für das Wohl aller, denn du bist ein Kind der Unendlichkeit und ein Erbe allen Seins.

Du brauchst nichts zu deinem Eigennutz, um dein niederes Ich zu bestätigen – du besitzt alles, weil du alles in allem bist.«

Der Dämon spricht und verwendet dabei die Wahrheit, die Worte des Ewigen:

»Gib deine Wunschbilder ein: Reichtum, Ansehen, Macht und Wohlergehen. So wie du eingibst, also sendest, so wirst du auch empfangen.

Sende – und sende immer wieder, und verstärke deine Wünsche in deinen Empfindungen und Gedanken.

Was du in der Wunschwelt deiner Empfindungen und Gedanken trägst, wird dir erfüllt werden.
Ich werde es dir geben, denn es gebührt dir, da du ein Kind des Alls bist.«

Ich, Christus erkläre:

»Wer sich auf diese und ähnliche Weise verführen lässt, der wird von dem Dämonenstaat das erhalten, was er sendet und in seinen Empfindungen und Gedanken trägt; er wird jedoch dadurch hörig und abhängig.

Fast unmerklich geschehen diese Einspritzungen, denn der Damon spricht „süß", denkt jedoch nur an sich:

„Ich schenke dir alle Schätze dieser Welt,
wenn du niederfällst und mich als Gott und Geber anbetest."

Gott ist der unpersönliche Gott und gibt auch den Seinen unpersönlich, das heißt dem Reinheitsgrad der Seele entsprechend.

Er gibt jedoch nicht einem einzelnen Menschen zu dessen Eigennutz, sondern durch ihn allen – unpersönlich.

Jeder erhält von Gott so viel, wie er gemäß seinem erschlossenen geistigen Bewusstsein aufzunehmen und weiterzugeben vermag.

Kein Mensch darf Reichtum, Geld und Gut an sich binden.
Das ist dämonisch und nicht göttlich.«

»Selbst die Sehnsucht der noch wachen Seele nützen die Dämonen aus und geben in die Menschen ein, die Gott mit dem Verstand suchen, dass sie z.B. „Gott studieren" müssen.

So mancher Mensch glaubt, durch das Studium der Theologie könne er Gott ergründen und erfahren, wer Er in Wahrheit ist.

**Gott kann man nicht studieren!**

Deshalb stellt sich die Frage: Welcher Gott wird studiert?
Nicht der ewige, allgütige, weise Vater, der Schöpfer des Himmels und der Erde.
Sie studieren, was Menschen mit ihren Vorstellungen in 2000 Jahren über Ihn zusammengedacht haben.

Gott möchte Seine Kinder zur Stille und zur Einkehr führen, zur Besonnenheit und zur selbstlosen Liebe, zur Ordnung und zum selbstlosen Willen, zur göttlichen Weisheit und zu dem Sein, das in allen Dingen ist – und damit zur Einheit mit allen Menschen, Tieren, Pflanzen und Mineralien, ja mit dem ganzen All.«

Gott spricht zu den Seinen:

»Sei du die Weisheit aus Mir. Der Größte sei unter euch der Geringste. Schütze dich mit der Tugend und mit der göttlichen Ethik und Moral, und sei ein Bruder, eine Schwester unter Brüdern und Schwestern.

Lebe mit der Natur, und du lebst in Mir, und dir wird es wahrlich wohl ergehen auf Erden und auch als Seele jenseits der Erde. Nach diesem Erdendasein wirst du dann gemäß deiner geistigen Entfaltung in die Himmel eingehen, in das Sein in Mir, Gott.«

Ich, Christus erkläre:

»Gott kann nicht erforscht und studiert werden.

Was studiert wird, ist niemals Gott, sondern entspricht dem umgepolten Prinzip: Sein zu wollen wie Gott oder Sein Vertreter oder Sein Stellvertreter sein zu wollen.

Der wahre Weise ist nicht der Intellektuelle, sondern:
Der ist wahrhaft weise, der in Gott ruht.

Gott kann nicht studiert werden.
Er kann nur erfahren werden.

Wer Gott, den Ewigen, erfahren möchte, muss den Weg über die Selbsterkenntnis zur Gotteserfahrung gehen.
Diese Schritte vollziehen sich von außen nach innen.

Und wer dem Guten Hirten nachfolgen möchte, der muss Abstand nehmen von dem Taumel der Welt und einwärts wandern und sich selbst als einen Tempel Gottes sehen.
Und wer den eigenen Tempel rein hält, der braucht keine äußeren Tempel, auch keine Dogmen, Riten und Zeremonien.

Er wohnt im Allerheiligsten, in Gott, und wird auch von Gott geführt.

Seine Empfindungen sind edel und rein, seine Gedanken gehen mehr und mehr in den Strom Gottes ein und werden zu Perlen im Ozean Gott, die dann Seine Impulse, Seine Worte, sind.«

Göttliche Weisheit (3)

# IV. PRINZIP

## Sei unnachgiebig – Setze dich durch
## Verteidige dein Ich mit Hartnäckigkeit

»Die Dämonen senden folgende Impulse in diese Welt – und viele gehorchen:

Sei unnachgiebig, setze dich durch, und verteidige dein Ich mit Hartnäckigkeit.

Setze deine Wünsche und deinen Willen mit Nachdruck und Härte durch, und mache dir bewusst: Was du in all den Jahren studiert und dir angeeignet hast – das ist Wahrheit.
Deshalb bleibe deinen Mitmenschen gegenüber konsequent, denn du weißt es besser.

Verfechte deine Interessen und kämpfe – wenn möglich mit Waffen –, um dich und dein persönliches Hab und Gut zu verteidigen.
Kämpfe gegen alle deine Feinde, auch um dein Vaterland zu verteidigen.

Wer längere Zeit, über Jahre hinweg, dem Widersacher sein Ohr und seinen Mund lieh und weiterhin leiht, der verschreibt sich ihm und wird zum Werkzeug der Finsternis.

Je öfter der Mensch durch Aggressionen, durch Leidenschaften und leidenschaftliche Wünsche außer sich ist oder von Hochmut, vom Ablehnen seiner Nächsten oder von seinem Geltungsbedürfnis und dem Drang zum Besitzen beherrscht wird, umso rascher wird er von niederen, erdgebundenen Seelen umsetzt oder besetzt werden.

Ein solcher Mensch ist dann nicht mehr er selbst. Dadurch ist der Mensch zum Spielball negativer Kräfte geworden.«

Ich, Christus erkläre:

»Über seine Empfindungs-, Gedanken- und Wunschwelt, über seinen Hochmut, seine Gehässigkeiten, seine Leidenschaften, über Neid, Machtstreben, Ehrgeiz, Besitzgier, Sein- und Habenwollen, Feindschaft und Streit, über das, was nicht bereinigt ist mit seinem Nächsten, wird er dann beeinflusst oder besetzt.

So kommen viele Menschen, die nicht mehr Herr über sich selbst sind, auch an die Spitze eines Volkes oder religiöser Institutionen.

Sie scheuen sich nicht, von Frieden zu reden, um ihre kriegerischen Absichten durchzusetzen.

Viele von ihnen sind sogar der Überzeugung, selbst dann Gutes zu tun, wenn sie zum Kampf gegen andere Völker aufrufen und ihre Feinde morden.

Machthungrige nehmen sich das Recht heraus, ihre Mitmenschen mit Gewalt zu christianisieren oder ihnen durch die Wassertaufe der Neugeborenen zwangsweise den Stempel einer kirchlichen Institution aufzudrücken.

Es gibt viele Werkzeuge der Finsternis.

Eine der vielen Regeln des Dämonenstaates lautet:

Ich habe dir Energie geliehen – nun gib du sie mir zurück, indem du dich in einer weiteren Einverleibung mit einem bestimmten satanischen Auftrag für mich einsetzt.«

Göttliche Weisheit (3)

# V. PRINZIP

## Sei unzufrieden
## Sieh das Schlechte deiner Mitmenschen
## Hetze, treibe dich selbst und andere
## zu Überaktivität an

»Die Dämonen senden folgende Impulse in diese Welt – und viele gehorchen:

Sei ständig unzufrieden; hetze, jage und verfolge deine Mitmenschen mit negativen Empfindungen und Gedanken.

Treibe sie beständig zu Überaktivität an, damit auch sie in Daueranspannung, in Hektik und in Stress bleiben – und ebenfalls ihren Mitmenschen gegenüber ungeduldig sind.

Treibe dich selbst zu Überaktivität an, auch deine Untergebenen und alle, die du an dich gebunden hast.

Siehe nur auf das Schlechte deiner Mitmenschen, denn alle führen sie das eine im Schilde:
Dich zu unterdrücken, auszubeuten und dir eventuell dein Schwererworbenes zu rauben.

Lass die „Schwäche" der Güte, der Langmut und Geduld nicht zu.

Sei also kein Schwächling, sondern sei mannhaft; kämpfe für deine Vorteile und das Ansehen deiner Persönlichkeit.«

Göttliche Weisheit (3)

# VI. PRINZIP

## Eigenliebe und Lustbefriedigung machen glücklich

»Die Dämonen senden folgende Impulse in diese Welt – und viele gehorchen:

Die Eigenliebe bringt dir Wohlbehagen und Glück.
Je mehr Menschen dich persönlich lieben, umso glücklicher wirst du.
Die Eigenliebe soll dein stärkster persönlicher Magnetwunsch sein.
Damit bindest du die Menschen, die du anziehst an dich.
Sie lieben dich dann so, wie du es willst.

In der körperlichen sexuellen Vereinigung findest du, was du brauchst, die Liebe.
Im geschlechtlichen Liebesleben erlangst du den Höhepunkt der Liebe.
Je mehr du die körperliche Liebe intensivierst, umso glücklicher wirst du werden.

Glaube nicht den emotionalen Menschen, die von einer selbstlosen Liebe sprechen.
Die Liebe, die sich selbstlos schenkt, ist trügerisch.
Auf sie fallen nur die Schwachen herein.
Deshalb sei kein Schwächling.
Nimm dir die Liebe; du brauchst sie für dein irdisches Wohl.

Ich, Christus erkläre:

»Mit ihren Einspritzungen in die Unterkommunikationen der Unordnung, des Eigenwillens, des Intellekts, der Aufwertung, der Ungeduld, des Stresses, der Feindschaft, des Hasses oder des Neides spannten und spannen die Dämonen das Nervensystem des Menschen wie einen Bogen.

Bei jedem Versagen des Menschens verstärkt der Dämon die Versagensängste, und bei jedem Sieg über seine Mitmenschen bestärkt er die Gefühle der Größe, der Heldenhaftigkeit, der Tapferkeit und des Stolzes.

Ob Schwäche des Menschen oder scheinbare Stärke, ob Siege, Heldenhaftigkeit oder Feindseligkeit, Streitigkeit, Stress, Neid oder Abwertung – alles nützt der Dämon aus, um das Nervensystem des Menschen immer mehr zu spannen, auf dass sich der Mensch immer öfter in der Lust entspanne.

Das führte u.a. zu der selbstsüchtigen körperlichen Liebe: Der Mann nimmt zur Befriedigung seiner Lüste eine Frau und die Frau zur Selbstbefriedigung ihrer Lüste einen Mann. Diese Lustbefriedigung nannten und nennen sie dann Liebe. Diese selbstsüchtige Liebe artet wieder in Besitzen-, Sein- und Habenwollen aus.

Die selbstsüchtige Liebe kann sehr süß sein, weil der Mensch für sich das erlangt, was seiner selbstsüchtigen Liebe, der Ich-Liebe, dient.

Viele Menschen gieren nach Bestätigung und nach Anlehnung an ihre Mitmenschen.
Wer ihnen darin entgegenkommt, der wird von ihnen soweit geliebt, wie es ihre Ich-Liebe vermag:
Sie sprechen dem Menschen nach dem Munde und tun, was dieser von ihnen verlangt.
Das ist die selbstsüchtige oder Selbstzweck-Liebe, jedoch nicht die selbstlose Liebe, die Gottes- und Nächstenliebe.

Das ist wiederum das umgepolte Prinzip:
Liebst du mich, dann lieb' ich dich.
Liebst du mich nicht, dann liebe ich dich auch nicht, dann bist du für mich uninteressant; du kannst gehen.«

Göttliche Weisheit (3)

89

# VII. PRINZIP

## Sei unbarmherzig
## Töte und morde für das Recht
## Wer recht behält, ist stärker

»Die Dämonen senden folgende Impulse in diese Welt – und viele gehorchen:

Sei unbarmherzig und unnachgiebig mit Menschen, Tieren, Pflanzen und Mineralien.
Sei und bleibe ein Schlächter und Rächer.
Töte, morde für das Recht, denn du sollst recht haben.
Gerechtigkeit ist Schwäche.
Der Gerechte ist der Nachsichtige und somit der Schwächere und ein Schwächling. Deshalb Recht vor Gerechtigkeit.
Sei unbarmherzig, sei unnachgiebig, sei rechthaberisch – dann bist du der Stärkere.
Deshalb töte Menschen und Tiere für die rechte Sache.
Töte den Menschen im Krieg, dann, wenn er dich mit einer Waffe angreift, und opfere ihn zuerst, bevor er aus dir ein Opfer macht.«

Ich, Christus erkläre: »In Wirklichkeit ist der Mensch, der so denkt und handelt, schon längst ein Opfer, denn er ist der Dämonen und ihrer Helfershelfer liebstes Kind.

Er tötet Tiere und bereichert sich auch an ihrem Kadaver, den er zum Verzehr verkauft oder von dem er sich selbst ein gutes Kadavermahl bereitet.
Auf vielfältige Art und Weise beutet er die Natur aus und tötet auch sie: So hat er die Erde weitgehend unfruchtbar gemacht. Alles, was ihm nicht mehr brauchbar erscheint, lässt er bedenkenlos liegen.
Sogenannte giftige Chemikalien und Atommüll werden auch in Gewässer geleitet; sogenannte Abgase von Fahrzeugen und Fabriken verunreinigen die Atmosphäre.

Die Barmherzigkeit des Samariters haben die Dämonen und ihre Helfershelfer so geklärt: Unter den unzähligen Kliniken dieser Erde ließen sie auch solche errichten, in denen die Menschen ähnlich wie Maschinen behandelt werden. Dort liefern sie auch ihre Kranken ein und – sofern ein Dämon einverleibt ist – auch sich selbst.

Ärzte sorgen dann dafür, dass der kranke Körper wiederhergestellt wird.

Ist er dann wieder repariert, dann wird der Mensch weiterhin sündigen; denn daran, dass viele Ursachen der Krankheiten in der Seele liegen, wird selten gedacht.

In Wirklichkeit sollte die Krankheit für den Menschen eine Bremse sein: Er soll zur Besinnung angeregt und zur Umkehr in seinem Denken und Tun bewogen werden.

Viele Ärzte haben jedoch für ihre Nächsten nur ein Skalpell, und so geschieht auf manchen Operationstischen Ähnliches wie auf einer Schlachtbank, auf der Tiere zum Verzehr hergerichtet werden, oder in einem Laboratorium, wo Tiere als Versuchsobjekte dienen.

Auf dem Operationstisch wird dem Kranken, je nach Krankheitsbild, das herausgeschnitten, was krank scheint oder scheinbar zur Krankheit geführt hat.

Der Unterschied zwischen dem Tier auf der Schlachtbank und dem Menschen auf dem Operationstisch ist der, dass der Mensch wieder zugenäht und möglichst am Leben erhalten wird und nicht verzehrt, wie das Tier.

Doch nicht nur das Tier, sondern im übertragenen Sinne auch der Mensch wird verzehrt: Das Verzehren des Menschen setzt sich, je nach Krankheit, anderweitig fort.

Weil die Ursache der Krankheit in der Seele nicht behoben wurde, zehrt die Krankheit am Menschen weiter und zehrt ihn schließlich auf.«

Göttliche Weisheit (3)

# KAPITEL IV

# DIE ZEHN
# GEBOTE GOTTES

# Was sind die Zehn Gebote?

Ziel dieses Kapitels ist, ihren wahren Sinn zu zeigen und was Gottes Wille ist.

Das Gesetz Gottes befindet sich in den Zehn Geboten.
Die Zehn Gebote sind Auszüge aus dem absoluten, dem vollkommenen Gesetz Gottes. Diese Richtschnur ist die Essenz der Bibel und vieler Religionen.

Christen und Juden, haben die Zehn Gebote vergessen und wenden sie immer weniger in ihrem täglichen Leben an.
Für viele Menschen sind die Zehn Gebote eine Einschränkung der Freiheit, Bedrohung oder Synonym für Verbote.

Die Gebote haben einen negativen Touch und klingen nach Androhung der härtesten Gottesstrafe, geprägt von Angst vor Todsünde und ewiger Verdammnis.
Das liegt begründet in einem falschen Bild eines strafenden Gottes des Alten Testaments, das uns die kirchlichen Obrigkeiten vermittelten, um ihre Machtposition zu erhalten.

Diese unbewussten Ängste und falschen Bilder prägen immer noch die Gehirne vieler Menschen, jene, die in den Konfessionen aus Angst bleiben, und andere die sich davon befreien wollen und zu Atheisten werden.

# Warum gab uns Gott die Zehn Gebote?

Gott gab durch Seinen Diener Mose die Zehn Gebote mit konkreten Anweisungen für uns Menschen, in einer Zeit, in der das Volk Israel um das „Goldene Kalb" tanzte.
In der jetzigen Zeit tanzt die Menschheit weiter und noch intensiver um das „Goldene Kalb" – die materialistische Welt – mit den vielen modernen Götzen oder Göttern, dem Mammon und den Verführungen.
Gerade deshalb sind die Zehn Gebote sehr aktuell.

Sie sind ethische Grundsätze, die unser ganzes Leben ordnen würden und sogar ein Schutz für uns wären.

Ohne das Basis-Wissen über die geistigen Gesetze von Saat und Ernte, Ursache und Wirkung und das Rad der Wiedergeburt, kann man die Zehn Gebote und die Bergpredigt Jesu nicht verstehen. Denn alles, was wir anderen Menschen antun, kommt auf uns zurück.

Die Zehn Gebote wurden uns gegeben, um uns Schmerz, Krankheit und Leid zu ersparen, um uns nicht weiter im Gesetz von Ursache und Wirkung zu verstricken.

Gott hat die Zehn Gebote gegeben, nicht, um uns die Freude am Leben zu nehmen, sondern um uns den Weg aus dem Rad der Wiedergeburt und aus den Verstrickungen dieser materiellen Welt zu weisen und den Weg der Vervollkommnung aufzuzeigen.
Er zeigt uns in den Zehn Geboten den Weg der Liebe, das Innere Leben, das zu Gesundheit, Glück, Freiheit, zurück zu unserem Ursprung als Geistwesen und zu Gott, zu Ihm, führt.

Die Zehn Gebote sind ein Angebot von Gott, kein Verbot, denn Er lässt uns den freien Willen.

Jedes der Zehn Gebote ist in den anderen Geboten enthalten. Gemeinsam sind sie in einem Hauptgebot, einer Gesetzmäßigkeit Inneren Lebens, zusammengefasst:

>>Liebe Gott, deinen ewigen Vater, über alles,
und deinen Nächsten wie dich selbst!<<

Im Anschluss folgt eine Zusammenfassung aus einer reinen Quelle, der Göttlichen Weisheit, die sich in den Büchern »Das ist Mein Wort – A und Ω – Das Evangelium Jesu« und »Die Zehn Gebote Gottes«, befindet. Was die Echtheit dieser Bücher anbelangt, können sie in meiner Erklärung im Kapitel „Schlussgedanken" auf S. 275 lesen.
Ich sehe mich nicht als Autor, sondern als Verfasser.

# I
# DAS ERSTE GEBOT

*»Ich bin der Herr, dein Gott.«*
*»Du sollst keine anderen Götter*
*haben neben Mir.«*

In der hebräischen Thora und diversen Bibeln steht weiter:

*»Du sollst neben mir keine anderen Götter haben.«*
*»Du sollst an einen Gott glauben.«*

**Wer ist Gott?**

Wir leben in einer gottlosen, rational-wissenschaftlich geprägten Ego-Gesellschaft. Das Wort Gott löst bei vielen eine Art Verkrampfung, Ablehnung, unangenehme Erinnerungen oder eine Assoziation mit kirchlichen Institutionen, Machtstrukturen, Zölibat, Dogma und Verboten aus.

Alles was ist, auch die Materie und damit der Mensch, ist durchströmt von einer kosmischen Kraft, von einer Energie, die alles belebt, nährt und erhält: Ohne diese Kraft hinter allen Formen, könnten diese nicht bestehen. Wir können diese Kraft „All-Kraft", „All-Geist" oder „Gott" nennen.

Es ist der Geist Gottes, der das Leben ist, der in allen Seinsformen die Energie ist, die alles erhält, wachsen und reifen lässt. Es ist der ewig sich verschenkende Strom der selbstlosen Liebe, eine absolut positive Energie.

Diese Energie, der Geist Gottes, wirkt auch im Menschen, sowohl im materiellen Körper als auch in unserer Seele.

## Was sind die anderen Götter?

Alles das, was nicht dem göttlichen Gesetz entspricht, sind „andere Götter".

Diese materielle Welt bietet uns viele Götter oder Götzen, die uns täglich beeinflussen, die die Menschen anbeten und verehren: Geld, Reichtum, Macht, Ruhm, Titel, Idole und Promis, aber auch Hobbys, Sport, Autos, Motorräder, hochgezüchtete Technik, Wissenschaft, Luxus, Reisen, materielle Güter, Kunst, Antiquitäten, Schönheit, übertriebene Wünsche, niedrige Sexualität, Vergnügungssucht, Digitale Medien, Unterhaltungs-Elektronik wie TV, Filme, Videos, Musik, Internet, PC-Spiele. Auch Drogen, Rauschgift, Alkohol, Süßigkeiten, Essen und alles, wonach Menschen über ein gesundes Maß hinausstreben.

Wenn wir mit unseren Gedanken und Gefühlen diese drängenden Wünsche, Begierden, Leidenschaften und Süchte lange Zeit bewegen und nähren oder ihnen gar in der Tat folgen, dann beten wir gleichsam diese Götzen an.

Andere Götter sind auch Menschen, die wir hochstellen, anhimmeln, verehren, ehren oder Fans von ihnen werden.

Jeder von uns hat mehr oder weniger materielle Wünsche. Jedoch wir ziehen Krankheit, Probleme und Schicksalsschläge an, wenn uns Wünsche benebeln oder wenn sie der einzige Sinn unseres Lebens sind.

Wir können sogar von erdgebundenen Seelen und Dämonen beeinflusst oder besetzt werden. So leben sie ihre Wünsche durch uns und saugen unsere Energie. Wir bleiben als Seele auf der Erde verhaftet, auch über den Tod hinaus.

Es gibt kleine Wünsche und große Wünsche. Wir dürfen materielle Wünsche erleben, etwas Leckeres essen, Fußball oder Sport treiben oder ein schönes Auto fahren, aber dies sollten nicht unsere Götzen und alleinigen Lebensinhalte sein.

Menschen auf dem Weg der Vervollkommnung sollen nicht in Armut leben oder auf alles verzichten. Das wäre Fanatismus oder Kasteiung, was zu Neid, Heißhunger-Attacken, Exzessen, Schuldgefühlen, schlechtem Gewissen, Intoleranz, Aggressionen, Überheblichkeit, Depressionen bis zu psychischen Problemen führen kann.

Inkarniert sein auf dieser Erde ist nicht einfach und wir sollten es nicht noch zusätzlich erschweren.

Trotzdem, sollten wir darauf achten dass, wenn wir uns lange Zeit von starken materiellen Wünschen steuern lassen, verstärken sich die Bindungen zur Materie, wir blockieren den Strom für das Göttliche in uns, das für uns sogar gefährlich sein kann.

Zu den Wünschen sind der **Mittelweg** und die **bewusste Erfahrung** zu empfehlen, d.h. sie wachsam und dankbar zu erleben, bewusst damit umzugehen und sich nicht gehen oder treiben lassen.

Wir können auch Gott oder Christus im Wünsche-Erleben einbeziehen, Fragen stellen und um Führung bitten.
So sind wir geschützt und es wird geschehen, was Seinem Willen entspricht und unserer inneren Entwicklung dient.

\*\*\*\*\*\*\*\*\*\*\*\*\*\*\*\*\*\*\*\*\*\*\*\*\*\*\*\*\*\*\*\*\*\*\*\*\*\*\*\*\*\*\*\*\*\*\*\*\*\*\*\*\*

In anderen Bibeln und in der hebräischen Thora steht auch geschrieben zum I. Gebot:

*»Du sollst dir kein Bildnis, noch irgendein Gleichnis machen, weder von dem, was oben im Himmel, noch von dem, was unten auf der Erde, noch von dem, was im Wasser unter der Erde ist.«*

*»Du sollst dir kein Gottesbild machen und keine Darstellung von irgendetwas am Himmel droben, auf der Erde unten oder im Wasser unter der Erde.«*

*»Du sollst dir kein Gottesbildnis machen, das irgendetwas darstellt am Himmel droben, auf der Erde unten oder im Wasser unter der Erde.«*

ERKLÄRUNG: Alles, was wir auf der Erde sehen, ist nicht die wahre Realität. Die Naturreiche, Tiere, Pflanzen, Mineralien, so wie wir sie sehen, sind nur formgewordene Aspekte Gottes, die sich in der Materie verfestigt haben.

Das, was wir auf der Erde sehen, ist nicht die ursprüngliche Schöpfung, sondern nur ein Abglanz dessen, was in den reinen geistigen Ebenen, unserer Heimat, sich befindet.

Wir hier auf dieser Erde in den drei Dimensionen, mit unserem Denken und unserem Bewusstsein als inkarnierte Geistwesen in einem materiellen Körper, können uns niemals weder die reinen geistigen Ebenen in den sieben Dimensionen, noch ein reales Bild von Gott, Christus oder Engeln vorstellen.

Viele Menschen verehren Bildnisse oder Statuen von Gott, Maria, Heiligen, Engeln oder Christus als Gekreuzigter.
Jedoch diese Bilder in der Materie entsprechen nicht der Realität in den himmlischen Bereichen und führen uns sogar weg vom wahren Gott und von Christus in unserem Innersten.

**Christus** ist kein Jesuskind in einer Wiege oder ein gefolterter Mensch, ans Kreuz genagelt, sondern Er ist ein leuchtendes strahlendes Geistwesen.

Bilder und Statuen sind nur Vorstellungen, die sich wie ein Programm in unserer Seele einprägen. Wenn wir am Ende unseres Lebens hinscheiden, uns im Jenseits befinden und es nicht schaffen, sie abzulegen oder aus unserer Seele zu entfernen, können sie uns Stagnation und viel Leid bringen.

## Welchen Gott studieren Theologen und Priester?

Sie studieren, was Menschen mit ihren Vorstellungen seit Jahrhunderten über Ihn zusammengedacht haben.
Jedoch Gott kann nicht erforscht und studiert werden.
Gott kann nur erfahren werden.

# Sollen wir Maria verehren?

Die katholische Kirche hat die Marien- und Gottesmutter-Verehrung aus anderen Kulturen übernommen. Es gibt viele vorchristliche Parallelen in anderen Religionen, die später in den Katholizismus eingegangen sind: Die altägyptische Isis; die babylonische Verehrung der Göttin Ištar; die altgriechische Artemis, Demeter und Athene; die phrygische „Große Gottesmutter" Kybele; der Magna Mater-Kult uvm.

Das Christentum wurde im Jahr 391 n. Chr. zur Staatsreligion im Römischen Reich. Das dritte ökumenische Konzil von Ephesus im Jahr 431 n. Chr., nach einem Streit mit Bischof Nestorius, erklärte Maria zur Gottesgebärerin gegen die Position einer Menschengebärerin. Nach diesem Konzil begann die „sinnlose" Marien-Verehrung.

Die vielen Marien-Erscheinungen, die oft Kinder gesehen haben, basierten auf anderen Wahrnehmungen: Sie sahen ihren eigenen Schutzengel oder Naturwesen, wie Elfen.
In anderen Fällen waren es Seelen aus der Astralwelt, die Maria vortäuschten und Botschaften gaben.

Maria, die Mutter Jesu, war ein inkarniertes, reines Geistwesen mit einem besonderen Auftrag, den Körper von Jesus von Nazareth nach den Naturgesetzen zu gebären.

Für dieses weibliche Geistwesen ist der ganze Marien-Kult ein sinnloses Theater, ein Gräuel und sie möchte keine Verehrung, sondern dass wir Gott, die Höchste Quelle, ehren.

# Sollen wir Engel-Arbeit oder Channeling praktizieren?

Das ist eine moderne Variante für die Menschen, die nicht mehr an die Kirche, an Heilige, an Christus oder Maria glauben. Es birgt jedoch die Gefahr, den Kontakt mit Seelen aus der Astralwelt aufzunehmen, die uns dann beeinflussen, Energie ziehen oder in die Irre führen. Siehe „Gefahren der Esoterik, Okkultismus, Channeling, Engel-Arbeit" auf S. 29.

## Was ist der Sinn des I. Gebotes?

Gott ist für viele etwas Bedrohliches, Abstraktes oder Fernes. Jedoch, es ist ein falsches Bild von dem wir uns befreien sollten.

Das Gebot »Ich bin der Herr, dein Gott – Du sollst keine anderen Götter haben neben Mir«, hat uns Gott gegeben, weil Er uns liebt und um uns zu helfen.

Denn, je weniger wir andere Götter anbeten, desto weniger verstricken wir uns in der Materie und im Rad der Wiedergeburt.

Starke materielle Wünsche, der Tanz um das Goldene Kalb, den Mammon anbeten, das alles zieht uns immer wieder zur Inkarnation und bringt uns Krankheit, Schicksalsschläge und Leid. Gott möchte uns aus dem Rad der Wiedergeburt heraushelfen.

Gott mehr als unsere Wünsche lieben ist nicht einfach: Wenn wir einen Wunsch haben, dann sollten wir ihn bewusst erleben. Damit wir lernen und erfahren können, was es bedeutet. Unterdrücken bringt nichts, sondern besser sind, der Mittelweg und die bewusste Erfahrung.

Die Liebe zu Gott ist etwas, was man nicht von heute auf morgen schafft, es ist ein innerer Prozess.

Am Anfang ist die Liebe zu Gott klein und mit der Zeit wächst sie immer mehr.

> »Wir Menschen sollten uns immer an die Höchste Quelle,
> auf Gott und Christus ausrichten.«

Damit die Beziehung zu Gott nicht so abstrakt bleibt, hier ein paar Beispiele von Affirmationen, um unser Gehirn zu programmieren: „Gott in mir, Gott in meinen Gedanken", „Danke Vater", „Ich entscheide mich für Dich!", „Vater, ich möchte Deinen Willen erfüllen!", „Vater, ich liebe Dich!, „Vater, führe mich!", „Vater, ich gebe mich Dir hin!" „Wirke Du durch mich!", „Vater, ich vertraue mich Dir ganz an!"

# II
# DAS ZWEITE GEBOT

*»Du sollst den Namen des Herrn,
deines Gottes, nicht missbrauchen.«*

In der hebräischen Thora und diversen Bibeln steht weiter:

*»Du sollst den Namen Gottes nicht verunehren.«*

**Was ist der Sinn dieses Gebotes?**

Alles ist Energie: Für jedes Wort, das aus unserem Mund kommt, sind wir verantwortlich.
Wir erfüllen das zweite Gebot, wenn wir darauf achten, was wir denken, wenn wir das Wort „Gott" in den Mund nehmen.

**Was heißt, den Namen Gottes missbrauchen?**

Wenn wir in Seinem Namen schwören, fluchen und Ähnliches.
Wenn wir, ohne zu denken, das Wort „Gott" in den Mund nehmen, ohne zu achten, was wir sagen, ohne es bewusst zu sprechen, z.B.: Wenn wir sagen, „Ach du lieber Gott" oder „Gott sei Dank ist mir dieses oder jenes nicht passiert!", ohne dabei wirklich dankbar zu sein.

„Grüß Gott", „Gott grüße Euch", „Gott grüezi", „Grüezi", „Geh mit Gott", „Vaya con Dios", uvm., sind oft leere Worte, Floskeln oder Redewendungen, die benutzt werden, ohne über Gott, unser Leben oder unsere Gedankenwelt nachzudenken.
In anderen Religionen begrüßt man mit dem Wort „Friede":
- Das hebräische Wort „Schalom"
- Der islamische Gruß „Salam Aleikum" = Friede sei mit Dir

Wenn wir anderen Menschen den Frieden wünschen, dann sollten wir auch selbst den Frieden vorleben.

Das heißt, selbst nicht gewalttätig sein, nicht richten oder urteilen, nicht ablehnen oder abwerten, sondern Toleranz, Verständnis und Nächstenliebe üben und danach leben.

Eine häufige Art von Missbrauch des Namens Gott ist, wenn das Wort „christlich" nur als Deckmantel oder als Farce verwendet wird, wie in vielen Gruppen, religiösen Gemeinschaften, politischen Parteien oder Regierungen, die den Krieg befürworten oder sich für Waffen-Produktion und -Export einsetzen.

Politiker und ihre Wähler, die falsche christliche Parteien und kirchliche Institutionen unterstützen, schaffen auf diese Art karmische Ursachen mit Wirkungen, die später auf sie zukommen werden.

Weiter sagt das zweite Gebot:

*»Denn der Herr wird den nicht ungestraft lassen.«*

Das ist eine falsche Übersetzung, denn Gott bestraft uns nicht für unser Tun, sondern wir selbst, nach dem Gesetz von Ursache und Wirkung, gleich Saat und Ernte.

Jesus von Nazareth sagte darüber:

»Was der Mensch sät, das wird er ernten.«

Gott hat uns den freien Willen gegeben. Deswegen wird Gott uns auch nie bestrafen. Sondern, wir bestrafen uns selbst, denn, was wir senden, kommt auf uns zurück.

Die Menschen damals haben das Bild vom strafenden Gott aus dem Alten Testament übernommen.

Auch in der jetzigen Zeit sind viele Menschen, durch den Einfluss kirchlicher Institutionen, von einem falschen Bild des „strafenden Gottes" geprägt.

Jesus wollte dieses falsche Bild aus dem Alten Testament beseitigen und brachte uns den wahren Gott der Liebe.

# III
# DAS DRITTE GEBOT

*»Du sollst den Tag des Herrn heiligen.«*

In der hebräischen Thora und diversen Bibeln steht weiter:

*»Du sollst den Feiertag heiligen.«*
*»Vergiss nicht den Tag der Ruhe. Er ist ein besonderer Tag, der dem Herrn gehört. Sechs Tage in der Woche hast du Zeit, um deine Arbeit zu tun. Der siebte Tag aber soll ein Ruhetag sein.«*
*»Gedenke des Sabbattages, dass du ihn heiligest. Sechs Tage sollst du arbeiten und alle deine Werke tun. Aber am siebenten Tage ist der Sabbat des Herrn, deines Gottes.*
*Da sollst du keine Arbeit tun.«*

**Was ist der Sinn dieses Gebotes?**

Die Wahrheit wird in jeder Bibel anders interpretiert, deswegen sollten wir nicht am Buchstaben haften, sondern den Sinn erfassen.
Dieses Gebot sagt nicht, dass wir an einem Tag in der Woche faulenzen, uns gehen lassen oder überhaupt nichts getan werden sollte.
Das Dritte Gebot ist eine Empfehlung und bedeutet, einen Tag der Besinnung, in dem wir mehr das Innere als das Äußere pflegen. Einen Tag, in dem wir für uns persönlich einiges tun können, was uns Freude bereitet.
Einen Tag, in dem wir uns vermehrt in Liebe und Dankbarkeit mit Gott, unserem Vater verbinden.
Mit dieser Einstellung wird dieser Tag ein Kraftquell, in dem wir an innerer Kraft, Ruhe und Verinnerlichung gewinnen.
Momente der Besinnung und Verinnerlichung sind nicht nur für einen Tag der Woche angedacht, sondern, wir können das täglich üben und es wird unser Leben bereichern.

# IV
# DAS VIERTE GEBOT

*»Du sollst deinen Vater
und deine Mutter ehren.«*

In der hebräischen Thora und diversen Bibeln steht weiter:

*»Ehre deinen Vater und deine Mutter, damit du lange lebst
in dem Land, das der Herr, dein Gott, dir gibt.«*
*»Du sollst Vater und Mutter ehren, damit du lange lebest
und es dir wohlergehe auf Erden.«*

**Was ist der Sinn dieses Gebotes?**

Unser irdischer Vater und irdische Mutter sind unsere
Nächsten und deswegen sollten wir sie achten und schät-
zen, jedoch uns nicht an sie binden.
Eine wesentliche Aufgabe im Leben ist, mit anderen Men-
schen, auch mit unseren Eltern und Vorfahren, das „Sich-
Versöhnen" zu erlernen, das heißt:
- Vergeben und um Vergebung bitten.
- Die Einheit anstreben und Frieden schließen.

Besonders das Vergeben ist für viele ein schwieriges Thema, man tut es oft nur halbherzig, und verpasst damit in
diesem Leben seine Chance.

Die Folge ist, dass wir in der nächsten Inkarnation wieder
mit diesen Menschen zusammenkommen werden. Denn das
Gesetz von Saat und Ernte, Ursache und Wirkung und das
Rad der Wiedergeburt bringen alles ans Licht, bis alle
Schulden getilgt sind.
Ohne diese geistigen Gesetze kann man das IV. Gebot nicht
verstehen.

Gott gab uns seine Zehn Gebote aus Liebe, damit wir es schaffen, aus den materiellen Verstrickungen, aus Leid, Krankheit, Not und aus dem Rad der Wiedergeburt herauszufinden.

Christus sagt: »Auch Vater und Mutter sind unsere Nächsten. Wir sollen sie achten und schätzen, wir sollen sie – wie alle Menschen – im Herzen tragen. Die Ehre jedoch gebührt allein Gott, unserem Vater.«
»Kinder wie Eltern, sind Kinder Gottes. So sind sie Geschwister. Im heranwachsenden Kind, das die Programme für dieses Erdenleben erlernen und aufbauen muss, wohnt ein ausgereiftes Geistwesen.
Die Eltern sind nur an Jahren älter, sie sind nach dem Gesetz Gottes die großen Brüder und Schwester für ihre Kinder, die ihrer Obhut und ihrem Schutz anvertraut sind.«

*Göttliche Weisheit (4)*

## Es gibt keine Zufälle!

Alles was uns geschieht hat einen Sinn und beinhaltet eine Botschaft und **Lernaufgabe**!

Aufgrund des Gesetzes von Ursache und Wirkung und Reinkarnation, werden wir von den Menschen – Eltern oder Kinder – magnetisch angezogen und zusammen geführt, mit denen wir schon in einem anderen Leben zusammen waren.

Wiedergeburt, Reinkarnation, das Gesetz von Ursache und Wirkung, das Gesetz der Anziehung, sind keine Esoterik, sondern geistige kosmische Gesetzmäßigkeiten.

Über dieses Gesetz sprach schon Jesus von Nazareth:
»Das, was der Mensch sät, das wird er ernten.«

Unsere aktuelle Familie und Bekanntenkreis bestehen aus verwandten Seelen, mit denen wir schon in einer oder mehreren Vorinkarnationen zusammen waren:

Unsere früheren Partner, Eltern, Geschwister, Kinder, Familienangehörige, Freunde, Arbeitskollegen oder Menschen, die unter uns gelitten haben.
Viele Kombinationen sind möglich, je nachdem was für Ursachen wir geschaffen haben.

In der jetzigen Familie bekommen wir eine neue **Chance**, eine karmische Verstrickung zu bereinigen oder zu tilgen.
In manchen Fällen auch im positiven Sinne, durch eine gemeinsame Aufgabe oder um einen Auftrag zu erfüllen.

**Wie können wir uns mit unseren Eltern versöhnen?**

Auch, wenn im Moment die Situation mit unseren Eltern oder anderen Menschen sehr schwierig ist, sollten wir immer die Versöhnung anstreben und als Ziel die Einheit mit dem Nächsten haben.

Wenn wir eine schlimme Kindheit erlebt haben, ist es nicht einfach zu vergeben. Eine Hilfe hier ist der Gedanke:
Unsere Eltern waren früher unsere Kinder und wir haben sie nicht geliebt, schlecht behandelt, vernachlässigt, geschlagen oder missbraucht.

»Wir sind nicht nur Opfer, sondern auch Täter gewesen,
in einem früheren Erdenleben.«

Oft ist unser Leiden ein Abtragen einer Seelenschuld, von Schatten der Seele oder eines Karmas.

Wir können uns dann für unsere Fehler aus früheren Leben, in Gedanken und von Herzen entschuldigen:
Über Gott können wir die Seelen der Opfer und der wegen uns damals leidenden Menschen um Vergebung bitten.

Wenn wir das Vergeben alleine nicht schaffen, bitten wir Gott oder Christus in uns – die Kraft der Liebe – um Hilfe zur Selbsterkenntnis und Beistand.

Um Verständnis für unsere Eltern zu gewinnen, können wir uns fragen: Warum haben meine Eltern damals so reagiert oder gehandelt? Wie wurden sie erzogen?
In welchen Aspekten bin ich meinen Eltern ähnlich?
Denn, nach dem Gesetz der Resonanz – Entsprechungsgesetz –, würde es bedeuten: „Was mich am anderen stört, habe ich selbst, in gleicher oder in einer ähnlichen Form."

Auch wenn wir momentan nichts finden, können wir auch aus negativen Vorbildern etwas lernen: Diese Fehler oder Fehlhaltungen an anderen nicht gleich zu tun.

Ein anderer Aspekt, der uns hilft, unsere Eltern anzunehmen, ist die Dankbarkeit:
Was haben sie Gutes für mich getan?

Konflikt-Themen schriftlich zu verarbeiten hilft uns, zur Selbsterkenntnis, Klarheit und Freiheit zu finden.

Diese innere Arbeit sollte das Ziel haben, frei zu werden, die Einheit zu schaffen und den Frieden mit unseren Eltern und Vorfahren zu schließen.

\*\*\*\*\*\*\*\*\*\*\*\*\*\*\*\*\*\*\*\*\*\*\*\*\*\*\*\*\*\*\*\*\*\*\*\*\*\*\*\*\*\*\*\*\*\*\*\*\*\*\*\*

Die Worte in der Bibel *»auf dass du lange lebest im Land, das dir der Herr, dein Gott gegeben hat«* sagen:

»Wer die Gesetze Gottes hält, dessen Leben wird harmonisch verlaufen.
Er wird auch keine großen Einschnitte in seinem Leben haben, weder durch eine schwere Krankheit noch durch einen verfrühten Tod.
Er wird auch mit seinem Nächsten in Frieden leben, und so werden alle, die die Zehn Gebote halten, friedvoll miteinander „in dem Land leben" können.«

Göttliche Weisheit (4)

# V
# DAS FÜNFTE GEBOT

*»Du sollst nicht töten.«*

In der hebräischen Thora und diversen Bibeln steht weiter:

*»Du sollst nicht morden.«*

**Was ist der Sinn dieses Gebotes?**

Alle aktuellen Bibeln sind Übersetzungen aus den Ur-Texten in hebräischer Sprache, und dort werden verschiedene Worte, um den Begriff „töten" auszudrücken, gebraucht. Dies hat zu vielen Missverständnissen und Fehlinterpretationen geführt.

„Du sollst nicht töten" oder „Du sollst nicht morden".
Was ist richtig?

Die Theologen und Schriftgelehrten meinen, wir sollen nicht vorsätzlich töten und verurteilen das Morden und die verbrecherischen Tötungshandlungen.
Dadurch entstehen viele Fragen:

Militärdienst? Verstoßen Soldaten gegen dieses höchste irdische Moral- und Religionsgebot, wenn sie Terroristen in Kampfeinsätzen töten oder das Vaterland vor Angreifern verteidigen?
Darf man aus Notwehr einen Mensch töten?
Darf ein Arzt Abtreibungen durchführen?
Ist die Todesstrafe christlich?
Darf ein Henker einen Menschen hinrichten?
Darf ein Polizist töten?
Sind die Friedensmissionen oder Kampfeinsätze gegen Terrorismus ein christlicher Akt?

Was ist schlimmer, ein moderner „sauberer Krieg" mit Drohnen, Raketen und Kampfflugzeugen, oder ein Terrorist, der seine Opfer mit Messern, Schwertern, Sprengstoff oder Maschinengewehren tötet?

Beide Fälle sind ein Verstoß gegen das 5. Gebot, jedoch werden wir durch die Medien manipuliert und das Volk findet es richtig, wenn ein „gerechter Krieg" gegen böse, brutale, grausame Menschen geführt wird.

Ist es nicht genauso grausam, wenn die Regierung eines Landes den Auftrag gibt, durch Drohnen „Ziele auszuschalten" oder „Terroristen zu beseitigen".

Der Terrorismus basiert auf Armut und Kampf für Gerechtigkeit und Freiheit, im Gegenzug als Vergeltungsschläge, den Machtstrukturen gegenüber.

Der Terrorismus wird von einer Macht- und Finanz-Elite, den Illuminaten, missbraucht, um Regierungen und Länder, die nicht nach ihrer Pfeife tanzen, zu destabilisieren.

Terrorismus wird von ihnen benutzt, um Chaos zu stiften, mit dem Ziel, Bodenschätze zu gewinnen, eine Neue Welt-Ordnung, einen Polizei-Staat, eine weltweite Diktatur, mit totaler Kontrolle und Überwachung aller Völker, einzuführen.

Die größte Bedrohung für die Menschheit kommt nicht von Terroristen und Selbstmord-Attentätern, sondern von Seiten der Illuminaten und ihrer Helfershelfer. In diesem Fall, die Politiker, Finanzelite, Lobby, Militär und Geheimdienste.

»Die beste und schnellste Art, Terrorismus zu bekämpfen wäre, dass die Christen zu wahren Vorbildern der Nächstenliebe würden.«

Viele erkennen die Sinnlosigkeit des Krieges: Soldaten werden in den Krieg geschickt, damit Friede wird. Die Frage ist, kann man durch Waffen, durch Töten unserer Nächsten, den Frieden herbeiführen?

Nein, denn Gewalt erzeugt immer wieder Gewalt.

Und gerade die Christen haben das 5. Gebot völlig ignoriert, denn die Geschichte des Christentums in den zurückliegenden Zeitepochen wurde mit Blut geschrieben: Kreuzzüge und Heilige Kriege gegen Andersgläubige, Zwangschristianisierung und Metzelung Hunderttausender von Indianern, Vertreibung der Juden, Folterung und Hinrichtung von Frauen, Ketzern und Andersdenkenden durch die Heilige Inquisition, jahrzehntelange Religionskriege zwischen Katholiken und Protestanten.

Oder die aktuellen Kriege gegen den Terror, die in Wirklichkeit andere Ziele, wie Erdöl oder Bodenschätze, verfolgen.

Deutschland sollte zur Weltfriedensmacht werden statt der Waffenexporteur Nummer drei der Welt. Waffen verkaufen ist aktive Beihilfe zum Massenmord und verstärkt indirekt die Flüchtlingskrise mit noch mehr verarmten Menschen, die aus den Kriegsgebieten fliehen.

Politiker nennen sich Christen oder Christliche Partei, jedoch sie befürworten, rechtfertigen und unterstützen indirekt den Krieg. Auch, wenn sie direkt keine Menschen töten, sie schaffen sich mit ihren Taten ein Karma, das bedeutet, schwere Schuld mit Ursachen, die, in diesen oder in nächsten Inkarnationen, auf sie zukommen werden.

Eigentlich handeln sie nicht „christlich", und sie missbrauchen zudem den Namen Christus für ihre Zwecke.
Seit mehr als 2000 Jahren haben Christen getötet und geraubt, im Namen Christi.

**Was würde Jesus dazu sagen?**

Er sagte sinngemäß:

»Wer das Schwert nimmt,
wird ebenso durch das Schwert umkommen.«

»Was der Mensch sät, das wird er ernten.«

Jesus von Nazareth hat uns verkündet, dass wir alle Brüder und Schwestern sind, Kinder eines Vaters, so ist das schlichtweg Brudermord – ob Töten oder Morden.
Was möchten wir lieber, getötet oder ermordet werden? Eigentlich nichts von beidem, denn tot ist tot.
Töten ist, aus der geistigen Sicht, das gleiche wie morden!
Und Gewalt, egal in welcher Form, entspricht nicht der Lehre des Jesus von Nazareth und verstößt gegen die Zehn Gebote Gottes.

Wenn jemand den Tod sät, dann wird er Tod ernten.
Wenn jemand Waffen verkauft, dann zieht er das Leid und den Schmerz an, den diese Waffen verursachen.

Wer gegen das Gesetz der Liebe verstößt, verschattet seine Seele und schafft ein Karma, das auf ihn zurückkommen wird.
Das Rad der Wiederverkörperung, die Tatsache der Reinkarnation, wird an vielen Begebenheiten unserer heutigen Zeit deutlich sichtbar.
Das Rad der Reinkarnation dreht sich. Dieselben Seelen kommen in anderen Menschenkörpern wieder.
Wohin? Dorthin, wohin ihre Seelenbelastung sie zieht.

Was wir in diesem Leben verursachen und nicht gesühnt wird, führt uns in weitere Erdenleben und ähnliche Situationen. Wir werden z.B. in ein Land hineingeboren, in dem Krieg, Gewalt Zerstörung und Hungersnöte herrschen.

»Durch das Rad der Wiedergeburt finden Täter und Opfer immer wieder zusammen.
Immer wieder sind die Täter und Opfer Feinde – bis sie sich irgendwann einmal die Hände reichen und miteinander den Frieden schließen.
Die karmische Schuld, die beide aneinander bindet, gleichsam aneinanderkettet, wird bereinigt und gelöst durch das gegenseitige Um-Vergebung-Bitten und das Vergeben.«

Göttliche Weisheit (4)

## Haben wir ein Recht auf Selbstverteidigung?

Das ist ein Thema, das zu Konflikten unter den Christen führt, insbesondere in den USA, die erlaubt, wenn man sich bedroht fühlt, Menschen zu töten.
Jesus von Nazareth hat uns durch Sein Vorbild das richtige Verhalten in lebensgefährlichen Situationen gezeigt.
Auch Mahatma Gandhi hat es uns vorgelebt, mit dem „gewaltfreien Widerstand".
Menschen, die uns angreifen, zu töten, ist nicht richtig, denn dadurch schaffen wir erneut Belastungen in unserer Seele und bauen ein neues Karma auf.

Aus der geistigen Sicht sind friedliche Methoden zur Selbstverteidigung erlaubt, z.B. mit lauten klaren Worten oder mit sanften Griffen, die den Angreifer blockieren, ohne ihm weh zu tun, sich zu wehren. Siehe „Innere Sicherheit – Hilfen im Äußeren und im Inneren". auf S. 217.

## Du sollst - mit Worten - nicht töten!

Eine üble Gewohnheit vieler Menschen ist, das „schlecht über andere sprechen", lästern und tratschen: Wenn wir an unserem Nächsten kein gutes Haar lassen oder schlecht über ihn zu Dritten sprechen, ist das wie „Töten".

Viele werden zu Meinungsbildnern, die andere, mit ihre Negativität beeinflussen, z.B. Familienangehörige, Partner, Kinder, Nachbarn, Freunde, Bekannte, Arbeitskollegen etc.
Wenn wir über Dritte sprechen und negative Kommentare abgeben, „töten" wir, symbolisch gesehen.

Das geschieht tagtäglich in unserem kleinen Umfeld, in Familie und Arbeitsplatz, genauso wie in der Politik:
Die regierenden Parteien machen sich ständig gegenseitig schlecht, sie führen eine Schlammschlacht mit ausgeklügelter Rhetorik und Wortgefechten, anstatt am gleichen Strang zu ziehen.

Wir sehen, wir leben in einer kriegerischen Gesellschaft:
Auf allen Ebenen werden Kriege mit Wortgefechten oder mit Rechtsanwälten geführt, Streit wegen des Erbes oder in der Partnerschaft, Ehe und Familie, Streit mit Nachbarn, Schlammschlacht und Machtkampf in der Politik, Preis–Schlacht der Öl-Konzerne, Preis-Schlacht und Konkurrenz zwischen Supermarktketten uvm.

Kein Mensch will Krieg. Und dennoch gibt es ständig neue Kriege. Warum?

Weil wir die Zehn Gebote und die Bergpredigt nicht im täglichen Leben anwenden.
Weil durch die Feindseligkeit vieler Menschen, in Gefühlen, Gedanken, Worten und Taten, negative Energien in die Atmosphäre gesendet werden, die „Wolken-Komplexe" bilden, die Andere beeinflussen und später Auseinandersetzungen oder Kriege auslösen.

## Das V. Gebot gilt auch für Tiere!

Dr. Janez Drnosek, Staatspräsident der Republik Slowenien, sagte zum Osterfest und zu Weihnachten: »Wahrscheinlich würde sich Jesus im Grabe umdrehen, wenn Er wüsste, dass in Seinem Namen ein Massenmord an Tieren stattfindet. Die Botschaft des Jesus von Nazareth beruht auf dem absoluten Respekt vor dem Leben, und es ist schwer vorstellbar, dass es Jesus annehmen würde, dass ihm zu Ehren Millionen von lebenden Wesen geopfert werden.
Tiere sind Lebewesen, und sie als solche zu schlachten und zu jagen ist unmenschlich, unethisch und grausam.«

Christen, auch in den politischen Parteien und kirchliche Institutionen, befürworten durch die Tierexperimente der Pharmaindustrie, durch die Jagd sowie durch den Fleisch- und Fisch-Konsum das Töten von Tieren.

Die Menschen sind grausam: »Jeder der Fleisch oder Fisch isst, gibt den Auftrag zum Töten!«

## Die Natur an sich ist nicht grausam:
## Der Mensch hat sie grausam gemacht!

Es macht traurig, in Natur-Filmen zu sehen, wie Tiere andere jagen und fressen.

Die Erde und die Natur sind nur ein Abglanz der Reinen Welten, von wo wir als Geistwesen ausgegangen sind.

Dort leben alle Tiere friedlich untereinander. Auch auf unserem Planet Erde jagten sich die Tiere ursprünglich nicht.

Sogar in der Zeit der Dinosaurier, wie einige Studien zeigen, waren diese Tiere zu 90% Pflanzenfresser und Vegetarier. Der Rest der Dinosaurier waren Aasfresser.

Der Star vieler Hollywood Filme, der Tyrannosaurus Rex, sein Körperbau, Gebiss und kleinen Arme zeigen, dass er kein Jäger war, sondern ein Aasfresser.

Die Schimpansen, wie alle Großaffen, sind Vegetarier. Jedoch in Kriegsgebieten in Afrika mit vielen Aggressionen und Gewalt in der Atmosphäre, hat man beobachtet, dass sie in Gruppen auf die Jagd gehen und kleine Babys von Dorfbewohnern gefressen haben.

Ähnlich verhält es sich mit vielen Kampfhunden, die von Natur aus nicht aggressiv sind, sondern durch den Besitzer oder ein Kampfhunde-Training so aggressiv geworden sind.

Der Mensch hat im Laufe der Jahrzehnte mit seinen Gedanken, Worten und Handlungen seine Haustiere, Tiere in der Natur und die Evolution aller Spezies beeinflusst.

In der jetzigen Zeit werden jährlich 65 Milliarden Tiere weltweit geschlachtet für den Fleisch- und Fisch-Genuss.

Krieg gegen die Tierwelt sind auch die Jagd, Pelzindustrie und die Tierexperimente der Pharmaindustrie und Militärs.

Die Menschen führen einen Krieg nach dem anderen seit Jahrhunderten und haben ein gewaltiges Energiefeld der Aggressionen in die Atmosphärische-Chronik gesendet. So lange die Menschen nicht aufhören Tiere zu verzehren und friedlich werden, werden sich die Tiere gegenseitig jagen. Der Mensch hat die Natur grausam gemacht.

»Viele Tiere nehmen unsere Energie auf und stecken sich am Fleischkonsum der Menschen an. Tierarten, die Naturputzer, die Aasfresser sind, haben sich durch Aufnahme menschlicher Energien zum Beutejäger entwickelt.
Weil auch Energie übertragbar ist, töten und verzehren viele Tiere ihre Artgenossen. Wir Menschen haben ihnen die Fleischnahrung energetisch einsuggeriert.«

Göttliche Weisheit (16)

## Jesus war Vegetarier

»Auch Jesus und seine Jünger lebten vorwiegend vegetarisch. Dass auf dem berühmten Abendmahl-Gemälde von Leonardo da Vinci aber weder Fleisch noch Fisch auf dem Tisch steht, liegt nicht daran, dass der Maler tatsächlich bekennender Vegetarier war. Zum Abendmahl gab es nach jüdischem Brauch sowieso nur ungesäuertes Brot.«

Zeitschrift STERN NR. 4 / 20.1.2011

In der Bibel und im Neuen Testament finden wir nichts über Jesus als Vegetarier und seiner Tierliebe, denn Übersetzer und kirchliche Obrigkeiten haben alle Texte, die zu ihrem dogmatischen starren Bewusstsein nicht passten – das Gesetz von Ursache und Wirkung, Reinkarnation, Wiedergeburt, Vegetarismus –, zensiert und herausgenommen.

Jedoch in apokryphen Schriften und Evangelien sowie in Christus-Neuoffenbarungen finden wir zahlreiche Aussagen von Jesus über Vegetarismus und seine Tierliebe, die uns ein ganz anderes Bild von Ihm vermitteln.

Einige davon habe ich im Kapitel „War Jesus Vegetarier?" auf S. 41 zusammengefasst.

# VI
# DAS SECHSTE GEBOT

*»Du sollst nicht ehebrechen.«*

In der hebräischen Thora und diversen Bibeln steht weiter:

*»Du sollst nicht die Ehe brechen.«*
*»Zerstöre keine Ehe.«*
*»Du sollst nicht Unkeuschheit treiben.«*

**Was ist der Sinn dieses Gebotes?**

„Ehebruch" und „die Ehe zerstören" ist nicht dasselbe:

Eine Ehe zerstören bedeutet, dass wir uns in die Ehe unseres Nächsten einmischen, indem wir den Mann gegen die Frau oder die Frau gegen den Mann aufhetzen.
Du sollst nicht ehebrechen bedeutet, den gemeinsam geschlossenen Bund vor Gott mit dem Partner zu halten, in Treue, Gedanken, Worten und Handlungen.

**Was sagte Jesus in der Bergpredigt?**

*»Du sollst nicht die Ehe brechen. Ich aber sage euch:*
*Wer eine Frau auch nur begehrlich ansieht, der hat schon mit ihr die Ehe gebrochen in seinem Herzen.«*

Ehebruch beginnt, wenn man in Gedanken untreu wird, wenn man sich einen anderen Partner vorstellt oder in Gedanken durchspielt, den körperlichen Kontakt zu pflegen.

Lasse ich diesen Gedanken freien Lauf und lasse es zu, dass sich weitere Gedanken und Wünsche aufbauen, dann verstärke ich den Gedanken-Komplex.

Eine Art Untreue in Gedanken und die Basis für einen Ehebruch ist schon, wenn man regelmäßig „fremdgeht" durch erotische Zeitschriften, Filme oder Internet-Pornographie.

Man sollte das Begehren nicht pflegen, auch nicht in Gedanken oder Bildern mit erotischen Phantasien, dadurch können sie zu Begierden und zu Süchten werden.
Wir belasten uns, wenn wir intensiv Gedanken der Begierde nähren und sexuelle Phantasien zu Menschen senden.

In der Atmosphäre dieser Erde sind mächtige Energiefelder der Erotik und Sexualität, durch Menschen geschaffen worden, die nur Sex im Kopf haben und ständig in Gedanken „senden".
Negative Energien aus erotischen Bestsellern, Romanen, Filmen, Bildern im Internet und anderen Medien mit niedriger Sexualität und Perversionen, die eine große Quelle von Glücksgefühlen versprechen, werden oft von Astralwesen benutzt, um Menschen zu verführen, um wie Vampire, Energie zu saugen. Siehe „Der Dämonenstaat" auf S. 61.

Unser Gehirn wird dadurch programmiert, massiv geprägt und wir verlieren dann die Ausrichtung für das Höhere, das Feine und das Edle.

Wir sollten uns fragen: Entscheide ich mich für die Materie, für das Ego, für das Energie-Stehlen, oder für das Geistige, das Feine und das Edle?

**Kann man in der jetzigen Zeit das VI. Gebot halten?**

In unserer Seele sind die Reinheit, das Feine, das Edle, und die Programme für eine höhere Ethik und Moral gespeichert. Sie aktivieren auch unser Gewissen, das uns warnt.

Leider ist in der jetzigen Zeit das Gewissen bei vielen Menschen durch ein materialistisches Leben, den Einfluss der Medien und Unterhaltungsindustrie stark verschüttet.

Viele Beziehungen gehen zu Bruch und es herrschen Promiskuität und ständiger Partnerwechsel.
Den meisten Menschen fehlt die Orientierung und keiner weiß mehr, was richtig oder falsch ist.

Man ist ständig auf der Suche nach einem Kick, Glücksgefühlen, dem Reiz der Erotik, Attraktivität und Schönheit im Äußeren. Man sucht zu sehr die Energie von Menschen, anstatt die geistige Energie in sich zu entfalten.

Fast täglich sehen wir in den Medien, wie oft Reiche und Promis sich verlieben und trennen. Wir sehen, dass attraktive Menschen uns auf Dauer nicht glücklich machen können und, dass Leidenschaften oft zu Leid führen.

Was machen wir, wenn uns ein Mensch gefällt, der schon in einer Beziehung lebt?

Männer und Frauen haben es in der heutigen Zeit nicht einfach treu zu bleiben, denn immer wieder trifft man Menschen mit bestimmten Eigenschaften, die man attraktiv findet.
Auch der Dämonenstaat und die Astral-Welt verführen uns ständig durch die Medien und die Unterhaltungs-Industrie.

Wenn wir jemandem begegnen, der unserem Schönheits-Ideal entspricht, ist es normal, dass wir berührt sind und eine Verbundenheit oder leichte Verliebtheit spüren.
Das ist kein Verbrechen.

Oft sind diese Menschen verwandte Seelen, die wir schon aus Vorinkarnationen kennen oder mit denen wir damals zusammen waren.

In anderen Fällen verlieben wir uns in Menschen, die Aspekte oder Charakter-Eigenschaften besitzen, die uns fehlen und die wir entwickeln sollten.

## Warum sind Menschen untreu?

Kein Mensch ist vollkommen, daher kann so etwas bei jedem von uns vorkommen.
Untreue und Seitensprung deuten darauf hin, dass die Beziehung schon vorher „gekriselt" hat, beide haben sich entfremdet und es haben sich „Mauern" der Unzufriedenheit, Enttäuschung, Resignation und Verletzung aufgebaut.

Wir suchen zu sehr das Glück in einem Partner, wir suchen Energie und erwarten, Liebe, Aufmerksamkeit, Geborgenheit, die er uns auf Dauer nicht geben kann.
Es sind Eigenschaften, die wir selbst entfalten sollen.

Einige Ursachen für Untreue sind:

- Die ständige Suche nach Glücksgefühlen, Spaß im Leben.
- Die Suche nach dem Kick der Verliebtheit oder Erotik.
- Ein rein materialistisches Leben führen.
- Das zu sehr auf den Körper und die äußere Schönheit fixiert sein.
- Wenn ein Partner sexuell uns nicht mehr befriedigt, dann sucht man den Nächsten.
- Wenn die Verliebtheit verschwindet und wir keine andere Basis geschaffen haben, dann sucht man nach einem neuen Partner.

Wenn die Basis einer Beziehung nur die Sexualität oder die körperliche Anziehung ist, droht sie früher oder später zu scheitern. Der Seitensprung ist dann vorprogrammiert.

## Was hilft gegen Untreue?

Wenn man bereit ist, die Verfehlung des Partners zu vergeben und der Wunsch, zusammen zu bleiben da ist, kann man sich Folgendes fragen:
Was hat uns getrennt? Warum sind wir zusammen?
Was verbindet uns heute noch?
Wollen wir weiter zusammen bleiben?

Wenn die Antwort JA lautet und guter Wille und Bereitschaft von beiden Seiten vorliegen, kann man vieles gemeinsam aufarbeiten und „reparieren".
Man kann sich einen „neuen Anfang" vornehmen:
Toleranz lernen, Verständnis gewinnen.
Vergeben und um Vergebung bitten, sind dabei sehr wichtig.
Glücklich sein in einer Beziehung ist durch „innere Arbeit" möglich, wenn beide Partner ihre Ego-Aspekte abbauen, sich verfeinern und veredeln, und sich für den Weg der Geistigen Evolution entscheiden.

Ein höheres Ziel wäre, die Einheit und die innere Verbundenheit nicht nur mit unserem Partner, sondern mit allen Menschen zu pflegen.
Partnerschaft und Familie sind ein guter Übungsplatz, um die Gemeinschaft mit allen Menschen, Tieren, Pflanzen, Natur und mit Gott zu erreichen.

## Selbstanalyse, Achtsamkeit und bewusstes Leben

Eine gute Hilfe zur Selbstanalyse sind Notizen im Tagebuch oder PC mit folgender Fragenstellung:
Warum? Welche Ursachen liegen zugrunde?
Was gefällt mir an diesem Menschen? Woher kommen die Begierden und Süchte, der Druck und das Drängen?
Was liegt hinter diesen Wünschen?

Zum Beispiel Unzufriedenheit, Stress in der aktuellen Beziehung, die Suche nach Energie und Glücksgefühlen oder eher falsche Programme der Promiskuität, der Erregung und Lustsuche.
Klare Ziele und Zufriedenheit im Leben, mit sich selbst, im Beruf oder in der Beziehung geben uns eine gute Basis, die uns vor Versuchungen schützen.

Pflege ich ein Inneres Leben, bin ich zentriert, ausgewogen und mit mir selbst in Harmonie, dann kommt nicht so leicht der drängende Wunsch nach menschlicher Fremd-Energie.

Sich überlegen, was für Konsequenzen und möglichen Folgen ein Ehebruch hat, oder, wenn wir einen Ehebruch begehen würden? Z.B. Kränkung, Stress durch Geheimnisse und schlechtes Gewissen, Enttäuschung und Leid. Und daraus entstehen oft Feindseligkeit, Groll, Hass, Wut, Aggressionen, Streit und Zank mit anderen Menschen.

Für alle Beteiligten, auch für Kinder und den Rest der Familie, ist es ein Schock und ein Trauma bis in die nächsten Generationen, insbesondere durch ungewollte Schwangerschaften und uneheliche Kinder.

Egal, welche Fehlhaltungen und Ego-Aspekte wir an uns erkennen, es gibt immer die Umkehr. Denn Gott liebt alle Seine Kinder. Er schließt keines aus Seinem Herzen aus. Daher gibt es keine ewige Verdammnis, sondern es gibt die Umkehr durch die Gnade Gottes.

**Treue, Respekt und den Anderen frei lassen**

Wenn Meinungsverschiedenheiten und Unstimmigkeiten in einer Ehe aufkommen, dann nicht warten, bis sich die gegenseitige Enttäuschung aufbaut, sondern täglich in Ordnung bringen, aussprechen und Frieden schaffen.

Viel Enttäuschung, Entfremdung oder Distanz in Ehe und Partnerschaft werden durch das zu nah beieinander Wohnen und zu wenig Freiraum hervorgerufen.

Zu viel Nähe kann eine Beziehung stark belasten. Eine Empfehlung ist, dass jeder ein Zimmer für sich hat, wohin er sich zurückziehen kann; ein Zimmer, das er sich so einrichtet, wie er es persönlich wünscht und sich wohl fühlt.

Vorteile von getrennten Schlafzimmern: Der Schlaf ist viel tiefer und erholsamer; es gibt weniger Störungen durch Schnarchen o. nächtliche Toilettenbesuche; Romantik und körperliche Anziehung bleiben länger erhalten als wenn man täglich jahrelang zusammen im gleichen Bett schläft.

Der Schlüssel für ein friedvolles Miteinander liegt in der Treue zueinander, der Bereitschaft zur Versöhnung und die Ausrichtung auf dasselbe Ziel. Dann werden wir unseren Nächsten nicht einengen oder an uns binden, sondern wir werden ihm die Freiheit lassen und dadurch selbst frei werden.

Keiner von uns ist vollkommen. Der wahre geistige Mensch ringt täglich um Vollkommenheit durch ein Leben nach der Bergpredigt und den Zehn Geboten Gottes.

## Glücklich sein in einer Partnerschaft ist möglich

Ja, es ist möglich, durch Folgendes:

- Innere Arbeit, Selbsterkenntnis, Ego-Aspekte abbauen.
- Achtsamkeit, Respekt und Toleranz.
- Das Streben nach Veredelung.
- Die Entfaltung innerer Werte.
- Beide leben nach den Zehn Geboten und der Bergpredigt.
- Gemeinsam den Weg der geistigen Evolution beschreiten.
- Verbunden sein durch eine Lebensaufgabe, die Menschen, Tieren, Natur und Gott dient.

Achtsamkeit bedeutet bewusstes Leben:

- Achte auf deine Gedanken, Worte und Handlungen.
- Hinterfrage, analysiere dein Denken, Reden und Handeln.
- Toleranz und Verständnis für jeden Menschen entfalten.
- Lerne, dich in andere hinein zu empfinden und nicht alles aus der Ego-Perspektive oder „eigenen Brille deiner Vorstellungswelt" zu betrachten.

Dadurch verwandelt sich das Verliebtsein in eine tiefe Freundschaft und innere Verbundenheit.

Der Weg der Geistigen Evolution führt uns dahin, unsere Familie zu erweitern: Wir lernen, nicht nur den Partner und unsere Kinder zu lieben, sondern unsere Liebe auszudehnen und alle Menschen ebenso zu behandeln.

So wie im Himmel, so auch auf Erden: Die Ehe ist von Gott gewünscht – nicht die Einengung, nicht der Ehebruch, sondern das Miteinander.

Eine Beziehung kann auf Dauer nur funktionieren, wenn beide Partner auf „ihren eigenen Füßen stehen" und parallel eine „innige lebendige Beziehung zu Gott und Christus" aufbauen.

### Jesus wollte kein Zölibat

Jesus, der Sohn Gottes, sagte nie, dass die Ehe sündig wäre. Er sprach für die Ehe, nicht für den Ehebruch. Ehelosigkeit sollte die freie Entscheidung jedes Einzelnen sein.

Jesus von Nazareth hat nie gesagt, dass wir im Zölibat leben sollen. Somit kommt das Zölibat nicht von Jesus, sondern von der Priesterkaste.

Wenn Menschen im Zölibat leben und ihre Wünsche nicht bearbeiten, sondern verdrängen, wie im Fall von Gurus, Meistern, Priestern, Nonnen, Mönchen und Pfarrern, oder fanatischen, spirituellen Menschen, kann das zu Homosexualität, Kindsmissbrauch, Perversionen bis zu psychischen Krankheiten führen.

Die unterdrückten sexuellen Wünsche können sich verwandeln in Aggressionen, Jähzorn, Machtgier, Geldgier, Gewalt, Völlerei und Süchte: Alkohol, Nikotin, Drogen, Zucker und Süßigkeiten, sowie Sexsucht.
Durch kasteien und verdrängen werden wir nicht frei, sondern durch erkennen und das schrittweise Aufarbeiten des Menschlichen, der sündhaften Ego-Programme.

## War Jesus in einer Partnerschaft?

In einer Neuoffenbarung aus dem Buch „Das ist Mein Wort – A und Ω – Das Evangelium Jesu" erklärt Christus selbst Seine Erfahrungen mit dem Thema Partnerschaft:

»Als Jesus 18 Jahre alt war, wurde Er mit Mirjam verheiratet, einer Jungfrau aus dem Stamme Juda, und Er lebte mit ihr sieben Jahre lang; und sie starb; denn Gott nahm sie zu sich, damit Er weiterschreiten konnte zu den höheren Aufgaben, die Er zu vollbringen hatte für alle Söhne und Töchter der Menschen.

Damals hatte das Wort verheiratet eine andere Bedeutung als jetzt, es war mehr im Sinn einer Vermählung im Geiste Gottes: Zwei Menschen schließen den Bund mit Gott und bemühen sich, in Gott eins zu werden.

Es ist ein Treuebund mit dem Nächsten vor Gott, in dem zwei Menschen beschließen, die göttlichen Gesetze zu verwirklichen und miteinander ein reines, gotterfülltes Leben zu führen.

Jesus war im Geiste mit allen Menschen und Wesen, mit allem Sein verbunden – so, wie Ich es als Christus bin.«

»Als Jesus, das heißt als Menschensohn, musste Ich auch diese Verbindung zum weiblichen Geschlechte erfahren, um es zu verstehen und helfen zu können.

Als Jesus von Nazareth hatte Ich eine tiefe, reine Verbindung zu dieser Frau, die Meinem Wesen sehr nahe war.
Das Gesetz lautet: Gleiches zieht Gleiches an.

Diese Frau hatte einige meiner Seele ähnlich schwingende Wesensaspekte. Durch diese standen Wir in tiefer Kommunikation. Ich empfand Mich in ihr und sie sich in Mir.
Dabei erlebte Ich die Empfindungswelt des weiblichen Prinzips im Erdenkleid und verstand dadurch auch die vielen Frauen, die in den Jahren Meiner Lehrtätigkeit mit Mir waren.«

»Wer glaubt, durch Ehelosigkeit in den Himmel zu kommen, der schließt für sich den Himmel zu. Er sieht die Ehe als eine Entweihung, weil er in ihr nur das Menschliche, das Sündhafte, sieht.

Wer in der Ehe nicht das göttliche Gesetz anerkennt, der sieht seine eigenen Schwächen und Sünden und entwürdigt damit das, was Gott eingesetzt hat:
Die Verbindung zweier Menschen, die gleich einem Bündnis, in und mit Gott sein soll.«

»Erkennet: Keiner kann das Himmelreich erlangen, der nicht an sich selbst arbeitet, um das Menschliche mit Mir, dem Christus, in Geistig-Göttliches umzuwandeln.
Das gilt für Ehen und für Ehelose.«

Göttliche Weisheit (2)

# VII
# DAS SIEBTE GEBOT

*»Du sollst nicht stehlen.«*

In diversen Bibeln finden wir weiter:

*»Beraube niemand seiner Freiheit und seines Eigentums.«*

Der zweite Teil des Satzes ist jedoch nur eine Interpretation, die nichts mit dem Original in der hebräischen Thora zu tun hat. Viele Zitate der Bibel kann man nicht wortwörtlich nehmen, sondern dem Sinn nach.

Wenn wir den Sinn verstehen lernen, dann wissen wir auch, welche Bibelstellen der ewigen Wahrheit entsprechen und welche nicht.

**Was ist der Sinn dieses Gebotes?**

Wir leben in einer Gesellschaft mit Werteverfall, die dieses Gebot ignoriert: Es wird viel gestohlen, z.B. Raubkopien von Filmen und Kleidung, Ladendiebstahl, Tachomanipulation bei Gebrauchtwagen, Wirtschaftsspionage uvm.

Stehlen kann man auf materieller und auf energetischer Ebene.

1) Beispiele von **Diebstahl auf materieller Ebene**:

wenn wir unserem Nächsten etwas nehmen oder entwenden, sein Geld, Hab und Gut,
wenn wir verheiratete Menschen verführen und Ehebruch begehen,
wenn wir Energie saugen durch Verführen, ständigen Partner-Wechsel und Promiskuität, sexuell missbrauchen,
wenn Jugendliche jahrelang im Hotel-Mama leben,
wenn wir uns auf Kosten anderer leben oder bereichern,

wenn wir Preise zu hoch ansetzen oder Betrug begehen,
wenn wir mit Aktien handeln und Geld mit Leistungen von Anderen verdienen,
wenn Politiker ein hohes Gehalt bekommen und sie nicht dem Volk dienen, sondern sich selbst, z.B. Lobbyisten, Industrie- und Großkonzernen,
wenn Bischöfe und Priester ein hohes Gehalt beziehen, gratis Haus und Luxusauto besitzen und Menschen in die Irre, zu Dogmen, Zeremonien und zum falschen Gott führen ...

2) Beispiele von **Diebstahl auf energetischer Ebene**:

wenn wir unwesentliche Gespräche führen und dem Nächsten die Zeit stehlen,
wenn wir hinterhältig sind, nach dem Munde sprechen, loben oder schmeicheln,
wenn wir mit unserer Meinung und Vorstellungen dem Nächsten etwas aufzwingen,
wenn wir beherrschen und manipulieren, damit andere machen, was wir wollen oder was wir denken, es wäre richtig,
wenn wir Energie in Form von Aufmerksamkeit und Bewunderung anstreben,
wenn Frauen mit ihren Reizen, weiblichen Attributen und ihrer erotischen Ausstrahlung Männer verführen wollen,
wenn man mit Stolz die besten Fotos von sich im Internet auf Twitter, Pinterest, Instagram, Facebook, uvm. postet,
wenn Männer als Angeber mit Imponiergehabe Frauen verführen wollen,
wenn Männer mit Motorrad, Oldies oder Sportautos vor Frauen oder Zuschauern angeben,
wenn man seinen Körper im Fitnessstudio hart trainiert, um attraktiver zu sein,
wenn Leistungssportler ihr ganzes Leben trainieren, um Medaillen zu gewinnen, Rekorde zu brechen oder Gegner zu besiegen,
wenn man berühmt werden will durch einen Eintrag im Guinness-Buch der Rekorde,

wenn Extremsportler riskante, lebensgefährliche Leistungen in Filmen oder Videoclips dokumentieren, und es veröffentlichen, um Berühmtheit und Bewunderung zu ernten,
wenn man sich aufwerten will mit Ruhm, Status, Position, Studium, Intellekt, wie z.B. Promis, Sänger, Schauspieler, Wissenschaftler, Erfinder, Ärzte, Doktoren, Professoren, Gurus, Hellseher, Heiler, Medium ...

## Die Gedanken sind Kräfte

Wir sollten sehr vorsichtig sein, was wir in Gedanken und Worten senden.
Auch telepathischer Energie-Diebstahl ist möglich, wenn wir uns in Gedanken so lange mit jemand beschäftigen oder ihm erotische Phantasien oder Wünsche zusenden, bis er auf uns aufmerksam wird und das tut, was wir wollen.
Jedesmal, wenn wir etwas für unser Ego machen, ist es eine Art von Energie-Diebstahl.

Wir belasten uns, wenn wir Menschen manipulieren, Gegensätzliches in ihnen wecken oder sie ihrer Freiheit berauben.
Wir schaffen ein Karma, wenn durch unser Einwirken, unser Nächster sein Lebensziel nicht erreichen kann und z.B. in Depressionen, Alkohol- oder Drogensucht verfällt.

Wenn wir uns von unseren Mitmenschen gängeln lassen und das tun, was andere sagen, dann werden wir ausgenutzt und finden nicht unseren eigenen Lebensweg.

Wie **Vampire**: Wir stehlen über Gedanken Seelen- und Körperenergie anderer, wenn wir bestimmte, sündhafte Gedanken, z.B. hohe Erwartungen, Meinungen, Vorstellungen, Suggestionen, Wünsche oder Begehren zusenden.

Menschen, die viel Unwesentliches oder nur über sich selbst reden, sind wie Vampire, die Zeit stehlen und Energie durch die Aufmerksamkeit ihrer Zuhörer saugen.
Das gleiche gilt für Menschen, die gerne über ihre Krankheiten sprechen.

# Diebstahl an der Natur

Das Gebot „Du sollst nicht stehlen" gilt auch für den Umgang mit der Natur.
Die Mutter Erde wird ausgebeutet durch die Gier von Großkonzernen, die Milliarden verdienen durch Landwirtschaftsprodukte, Getreide, Soja, Holz, Erdöl, Gas, Wasser und andere Bodenschätze.
Auch durch die Gier der „Durchschnittsmenschen", durch exzessiven Konsum, Verschwendung, Schwelgerei, Völlerei, Fresssucht oder mehr essen, als was der Körper braucht:
In der Welt gibt es 1,9 Milliarden Menschen, die an Übergewicht leiden und 800 Millionen, die an Hunger leiden.

Wir sind eine Konsum-Gesellschaft, die die Natur und Tierwelt ausbeutet: Die Menschen verzehren jährlich 65 Milliarden Tiere. Ein Holocaust für die Tiere. Denn die Massentierhaltung und Schlachtung ist mit viel Tierleid verbunden.

Viele wissen nicht, dass die Folgen des Fleischverzehrs die Umwelt mehr belasten und das Klima stärker schädigen, als der gesamte Flug-, Schiffs- und Autoverkehr!
Über 20% der gesamten $CO^2$-Emissionen, die auf menschliche Aktivität zurück zuführen sind, stammen von Tieren der Massentierhaltung und durch den Anbau und die Produktion von Tierfutter (Getreide, Soja und Mais).

Fleisch ist der Klima-Killer Nr. 1: Die Folge des Tierverzehrs ist die Hauptursache für die Erwärmung der Erde, Ozonschichtzerstörung und Schädigung der Atmosphäre durch Methan - Treibhauseffekt, den Klimawandel und die Klimakatastrophen, sowie die immensen Umweltschäden und globales Leid: Bodenerosionen durch das Abholzen und Zerstören der Regenwälder, Grundwasserbelastungen, Luftverschmutzungen und Waldsterben durch Ammoniak und Nitrat, Energiemissbrauch (Rohstoffe, Strom, Wasser), Hungersnöte, Wassermangel, Kriege u.v.m.

# FAZIT

»Du sollst nicht stehlen.«

Jede Art von Diebstahl, auf materieller oder auf energetischer Ebene, ist ein Verstoß gegen das Gesetz der Liebe.

Dadurch schaffen Menschen ein Karma, d.h. Ursachen die als Wirkung auf sie zukommen werden in Form von Krankheiten, Leid, Schicksalsschlägen uvm.

Alles, was wir anderen Menschen, Tieren, Natur und Mutter Erde antun, kommt auf uns zurück.

Dieses VII. Gebot, wie alle anderen, wurde uns gegeben, um uns Schmerz, Krankheit und Leid zu ersparen und damit wir uns nicht weiter im Gesetz von Ursache und Wirkung verstricken.

# VIII
# DAS ACHTE GEBOT

*»Du sollst nicht falsch Zeugnis reden*
*wider deinen Nächsten.«*

In der hebräischen Thora und diversen Bibeln steht weiter:

*»Sage nichts Unwahres über deine Mitmenschen.«*
*»Du sollst nicht falsch Zeugnis reden wider deinen Nächsten.«*
*»Du sollst nicht falsch gegen deinen Nächsten aussagen.«*

**Was ist der Sinn dieses Gebotes?**

Wir leben in einer sehr „kriegerischen" Gesellschaft, die Zunge ist oft eine scharfe Waffe.
Es herrscht viel Feindseligkeit in dieser Welt und es wird sehr oft gegen das VIII. Gebot verstoßen.

Bevor ein Krieg ausbricht sagt man:
„Das Erste, was stirbt, ist die Wahrheit."

Die Regierenden und ihre Geheimdienste verbreiten schon im Vorfeld Unwahrheiten und Vorurteile gegen den Feind, um das Volk im Rücken zu haben, um ihre Interessen und den Krieg zu rechtfertigen.

Supermärkte, kirchliche Institutionen, Religionen, Großkonzerne, Wissenschaftler, auch Politiker mit ihren rhetorischen Schlammschlachten und Wortgefechten führen Kriege.

Nicht nur auf großer Ebene bekämpft man sich, sondern auch in unserem kleinen Umkreis, z.B. mit Rechtsanwälten; Familien-Krieg um das Erbe; Ehepaare im Scheidungskrieg; Frauen im Zickenkrieg; Mobbing in der Berufswelt oder Schule.

Falsches Zeugnis reden bedeutet auch, wenn unsere Gedanken und unser Wollen nicht in Einklang sind und dementsprechend unsere Worte nicht der Wahrheit entsprechen.

Falsches Zeugnis reden ist auch, wenn wir anderen Menschen nach dem Munde reden, schmeicheln oder loben, um etwas für uns persönlich zu erreichen.

## Wir sollten niemals schlecht über Dritte sprechen

Wir sollen nichts Unwahres über unseren Nächsten reden, keine Lügen erzählen. Wenn wir es tun und dadurch anderen Menschen Schaden zufügen, belasten wir unsere Seele und schaffen Ursachen, die auf uns zukommen werden.

Wir Menschen neigen schnell dazu, zu richten und zu urteilen. Und denken dabei, dass unsere Meinung die Wahrheit wäre.

Oft lästert, tratscht oder spricht man schlecht über Dritte und merkt es nicht. Denn man ist der festen Überzeugung, dass das, was man sagt, die absolute Wahrheit ist. Meistens ist es nicht die Wahrheit, sondern nur Vermutungen, Meinungen, Vorurteile, Entsprechungen oder Projektionen, die von eigenen Ego-Aspekten geprägt sind.

Wir sollten uns auch fragen, warum erzähle ich etwas weiter? Denn oft möchten wir mit Gerüchten und Neuigkeiten, die Neugierde unserer Nächsten wecken und letzten Endes, ihre Energie und Aufmerksamkeit erhaschen.

Wenn wir ein Gerücht verbreiten, tratschen oder lästern wächst dabei ein scheinbares Gemeinschaftsgefühl mit Freunden oder Familienangehörigen. Parallel trennt es uns von den Menschen über die wir schlecht sprechen.

Das Gesetz der Entsprechung sagt:
„So wie ich über andere denke und spreche, so bin ich.“
Was wir an anderen kritisieren oder uns stört, haben wir selbst in einer gleichen oder ähnlichen Form.

Wenn wir andere schlecht machen, verbirgt sich dahinter oft Neid oder Überheblichkeit, „das sich über andere stellen". Lästern wir über andere, dann fühlen wir uns besser, weil wir uns über andere erheben.

## Meinungsbildner können großen Schaden anrichten

Priester, Pfarrer, Bischöfe, Kardinäle und der Papst werden als Garanten für die Wahrheit betrachtet. Sie haben Theologie, „die Lehre von Gott", die alten Lehren vom Inhalt religiösen Glaubens studiert. Eigentlich brauchen wir keine Vermittler, denn sie sind oft „Diener des Irrtums".

Das gilt auch für „gekaufte Journalisten" die Unwahrheiten in den Medien verbreiten. Sie vertreten die Interessen der Politiker, Lobbyisten, Industrie, Großkonzerne und der Macht-Elite, der Illuminaten.

**FAZIT**: Es wird viel gegen das VIII. Gebot verstoßen und letzten Endes, gegen das Gesetz der Liebe.

Bevor wir etwas erzählen oder weitergeben, sollten wir prüfen, ob es der Wahrheit entspricht. Sonst können wir anderen Menschen großen Schaden zufügen oder ihren Ruf ruinieren.
Außerdem, machen wir uns dann schuldig, belasten unsere Seele und bauen Ursachen, die auf uns zukommen werden.

>»Alles, was wir anderen Menschen antun,
>kommt auf uns zurück.«

Je mehr wir nach dem Gesetz der Liebe, den Zehn Geboten und der Bergpredigt leben, desto besser funktioniert unser Gewissen, das uns warnt, und hilft zu erkennen, ob wir falsch reden, falsches Zeugnis geben oder Lügen erzählen.

Wenn wir einen „edlen Charakter" entwickeln wollen, sollten wir uns selbst beobachten und uns bemühen, dass unsere Gedanken, Worte und Handlungen mehr und mehr der Wahrheit, dem Gesetz der Liebe, entsprechen.

# IX und X
# DAS NEUNTE + ZEHNTE GEBOT

*»Du sollst nicht begehren deines Nächsten Gut.«*

In anderen Bibeln und in der hebräischen Thora steht auch:

*»Du sollst nicht begehren deines Nächsten Haus.«*
*»Du sollst nicht begehren deines Nächsten Frau.«*
*»Du sollst nicht begehren deines Nächsten Weib, Knecht, Magd, Rind, Esel, Vieh noch alles, was dein Nächster hat.«*

**Was ist der Sinn dieses Gebotes?**

Die letzten beiden Gebote betrachten wir zusammen, weil der Inhalt sehr ähnlich ist.

**Die Frage wäre: Was gehört uns?**

Wir Menschen sind inkarnierte Geistwesen in einem materiellen Körper. Betrachtet aus der geistigen Perspektive, gehört unser Eigentum uns nicht: Wir sind nur Verwalter dessen, was uns Gott anvertraut hat.
Unser Besitz, was im Äußeren, im Irdischen unser ist, das ist gleichsam unser irdisches Erbe.
Es ist ein Geschenk Gottes, das wir gut verwalten, an das wir uns aber niemals binden sollen.

**Was bedeutet dieses Gebot?**

In der Apostelgeschichte 4, 32-35 steht ein Text der zeigt, wie die Ersten Christen dieses Gebot gelebt haben:

*»Die Gemeinde der Gläubigen war ein Herz und eine Seele. Keiner nannte etwas von dem, was er hatte, sein Eigentum, sondern sie hatten alles gemeinsam.«*

Es gab auch keinen unter ihnen, der Not litt. Denn alle, die Grundstücke oder Häuser besaßen verkauften ihren Besitz, brachten den Erlös und legten ihn den Aposteln zu Füßen. Jedem wurde davon so viel zugeteilt, wie er nötig hatte.«

»Sei zufrieden mit dem, was dir Gott gegeben hat, was du verwalten darfst. Es ist deine Aufgabe, das, was du im Irdischen besitzt, zu achten, es gesetzmäßig zu vermehren und zu pflegen, doch nicht neidisch zu sein auf das, was dein Nächster hat.«

Wenn Menschen die christlichen Ideale, die Gebote des Miteinanders, der Einheit, der Gemeinsamkeit, der Brüderlichkeit leben, dann ist für sie dieses IX. Gebot zur Selbstverständlichkeit geworden.
Sie sind nicht mehr an persönliches Eigentum gebunden.
Alles gehört der Gemeinschaft, und alle arbeiten in der Gemeinschaft für das Wohl aller.

Einige Gesetzmäßigkeiten aus dem Gesetz von Ursache und Wirkung lauten:

>»Was du halten willst, wirst du verlieren.«

»Wer mit dem, was ihm Gott zur Verwaltung anvertraut hat, nicht zufrieden ist, der kann dann das suchen und annehmen, was seinem Wunschbild entspricht.
Wer jedoch das Eigentum des Nächsten anstrebt, also begehrt, der will ausschließlich etwas für sich.
Wer nur für sich will, sein Eigentum, seinen Besitz, der wird ihn auch früher oder später erhalten – doch nicht durch die göttlichen Kräfte. Und kaum hat er ihn, wird er ihn schon wieder verlieren.«

## Begehren ist gleich „entwenden"

Gedanken sind Energien und begehrliche Gedanken sind räuberische Kräfte!

Mit gehegten und gepflegten Wunschgedanken kann man oft mehr Negatives anrichten als mit Worten, die wir kurz aussprechen, die wir aber dann in Gedanken nicht mehr verstärken.

Wenn wir stundenlang oder über längere Zeiten begehren oder Wunschgedanken aussenden,  bildet sich um einen Gegenstand oder Menschen eine Wunschaura.

Wenn unsere Zielperson, Frau oder Mann, durch die von uns ausgesendeten Wunschgedanken in Schwierigkeiten kommt oder Negatives ausgelöst wird, dann sind wir an diesem Ablauf oder Karma mitschuldig.


\*\*\*\*\*\*\*\*\*\*\*\*\*\*\*\*\*\*\*\*\*\*\*\*\*\*\*\*\*\*\*\*\*\*\*\*\*\*\*\*\*\*\*\*\*\*\*\*\*

»Alles, was wir anderen Menschen antun,
kommt auf uns zurück.«

»Behandle andere so, wie du von ihnen
behandelt werden willst.«

»Was du nicht willst das man dir tu,
das füg auch keinem andern zu.«

# FAZIT

Es gibt viele Arten, gegen dieses IX. und X. Gebot, „Du sollst nicht begehren deines Nächsten Gut" und auch gegen das VII. Gebot *„Du sollst nicht stehlen"* zu verstoßen.

Diese Verstöße sind im Grunde ein Verhalten gegen das Gesetz der Liebe: Das Begehren oder Energie-Diebstahl; das Abwerten unseres Nächsten, aufgrund einer Eigenschaft, Fähigkeit oder Sache, die er besitzt und die wir ihm neiden; oder schlecht über Dritte sprechen.

Dadurch schaffen wir Seelen-Schatten oder Belastung, evtl. ein Karma, d.h. Ursachen, die zur Wirkung auf uns zukommen werden in Form von Krankheiten, Schmerz oder Schicksalsschlägen.

Die Zehn Gebote wurden uns gegeben, um uns dieses Leid zu ersparen. Damit wir uns nicht weiter im Gesetz von Ursache und Wirkung verstricken und wir aus dem Rad der Wiedergeburt herausfinden.

Ohne das Basis-Wissen über die geistigen Gesetze von Saat und Ernte; Ursache und Wirkung; das Rad der Wiedergeburt; die Gedanken und Worte sind Kräfte; kann man die Zehn Gebote und die Bergpredigt nicht verstehen.

Wenn wir das Gesetz Gottes erfüllen, dann werden wir besitzen, was wir benötigen und vielfach darüber hinaus.
Denn Gott ist die Fülle und gibt dem, der nicht begehrt.

>>Genügsamkeit und Dankbarkeit
sind Eigenschaften des geistigen Menschen!<<

*Göttliche Weisheit (2)(4)*

# KAPITEL V

# DIE BERGPREDIGT

# Die Bergpredigt Jesu

Die Bergpredigt ist einer der bekanntesten Texte des Neuen Testamentes der Bibel und für viele der Kern des christlichen Glaubens.

## Wenige haben die Bergpredigt verstanden

Die modernen christlichen Institutionen und Politiker betrachten die Bergpredigt als Utopie, d.h. nicht für die jetzige Zeit, sondern etwas für die ferne Zukunft.
Eigentlich ein dramatischer Fehler und auch der Grund, warum die Welt und die Menschheit sich aktuell in so einem traurigen und chaotischen Zustand befindet.

Viele Archäologen, Theologen und Bibel-Wissenschaftler beschäftigen sich seit Jahrhunderten mit den historischen Ereignissen des Lebens von Jesus von Nazareth, jedoch wenige haben die tiefe Botschaft der Bergpredigt verstanden oder setzen sie in ihrem täglichen Leben um.
Außerdem, ohne die zensierte „Lehre der Reinkarnation" kann man die Bergpredigt Jesu und viele Seiner Worte nicht verstehen.

Im Laufe der Geschichte gabt es immer wieder wache Menschen, die durch die Bergpredigt tief berührt waren.
Nachstehend einige schöne Zitate von Mahatma Gandhi und anderen Menschen:

»Wenn Ihr Land und das meinige aufgrund der Lehren zusammenkommen, die von Christus in der Bergpredigt niedergelegt wurden, werden die Probleme gelöst sein, nicht nur diejenigen unserer Länder, sondern auch die der ganzen Welt.«

»Was ist der Glaube wert,
wenn er nicht in die Tat umgesetzt wird?«

»Europa ist heute nur dem Namen nach christlich. In Wirklichkeit betet es den Mammon an.«

»Europa hat den weisen, kühnen und tapferen Widerstand von Jesus von Nazareth als passiven Widerstand missdeutet, wie wenn es sich um die Tat eines Schwächlings handelte. Als ich das Neue Testament zum ersten Mal las, fand ich nichts von Passivität oder Schwäche.«

»Jesus von Nazareth hätte vergebens gelebt und wäre vergebens gestorben, wenn er uns nicht gelehrt hätte, unser ganzes Leben nach dem ewigen Gesetz der Liebe einzurichten.«

Mahatma Gandhi (1869-1948), indischer Rechtsanwalt, Publizist, Freiheitskämpfer, Verfechter des gewaltfreien Widerstandes, Revolutionär, Morallehrer, Pazifist und Vegetarier

»Die Bergpredigt hat mich tief erschüttert. Wie können die Menschen nur nicht begreifen, nicht fühlen, was darin gesagt ist und was für alle Zukunft gelten muss und für jeden Menschen schon jetzt das einzige Gute, die einzige Rettung ist!«

Leo Tolstoi (1828-1910), russischer Schriftsteller und Vegetarier

»Der Geist des Friedens will von unseren Herzen Besitz nehmen. Wer es im Ernst unternimmt, ihm Gehorsam zu leisten, wird etwas von Jesu Seligpreisung der Friedfertigen erleben.«

Albert Schweitzer (1875-1965), Arzt Theologe, Philosoph Musiker, Pazifist und Vegetarier

»Je älter ich werde, desto mehr bin ich davon überzeugt: Diese Welt wird auch in ihren Machtstrukturen nur überleben, wenn sie sich Schritt für Schritt den Grundwerten der Bergpredigt annähert.«

Heinrich Albertz (1915-1993), deutscher evangelischer Theologe und SPD-Politiker

»Die großen Konflikte der Zeit wären lösbar, wenn wir Menschen die Kraft fänden, persönlich und politisch gemäß der Bergpredigt zu handeln.«

Richard von Weizsäcker (1920-2015), deutscher CDU-Politiker

# Warum ist die Bergpredigt so wichtig?

Ein Ziel dieses Buches ist, die Wichtigkeit und den tieferen Sinn der Bergpredigt Jesu zu zeigen.

Die Bergpredigt wurde uns von Jesus von Nazareth vor 2000 Jahren gegeben und enthält die Essenz Seiner Lehre mit Kernaussagen für ein Leben nach Gottes Willen und Seinen Gesetzen.

Die Bergpredigt enthält den Weg der Vervollkommnung, die Essenz des Inneren Weges zu Gott, mit einfachen Lebensregeln für den Umgang mit Menschen, Natur und Tieren.

Ein geistiges Leben nach den Hinweisen der Bergpredigt ist die Lösung der Probleme der Menschheit.

Der Innere Weg ist der Weg der Selbsterkenntnis und Überwindung der menschlichen Aspekte, aus Liebe zu Gott.

Wer die Bergpredigt umsetzt, erfährt ihre revolutionäre positive Wirkung in seinem Leben, denn es ist der Pfad zur Selbstlosigkeit, Einheit, Freiheit, Brüderlichkeit, Gleichheit, Gerechtigkeit, Friede und Demut.

Sie ist das Fundament für ein Leben in Frieden, die Grundlage für die Zukunft und für das Friedensreich auf der Erde.

>»Die Bergpredigt ist der Weg für ein Leben
>im Christusbewusstsein
>zur Entfaltung der Inneren Führung.«

# Gibt es eine zuverlässige Quelle für die Bergpredigt?

Die Auslegungen der Bergpredigt aus dem Matthäus-Evangelium im Neuen Testament sind geprägt von Fehlübersetzungen und Fälschungen.
Das beweisen der Theologe Günther Schwarz und der Journalist Franz Alt in ihren Büchern: »Die Bergpredigt – eine Fälschung« und »Was Jesus wirklich gesagt hat«

Deswegen habe ich nach Neuoffenbarungen und anderen reinen Quellen gesucht und die beste, die ich gefunden habe, waren das von Christus selbst inspirierte Buch „Das ist Mein Wort – A und Ω – Das Evangelium Jesu", basierend auf dem Buch „Das Evangelium Jesu – Was war vor 2000 Jahren". Über die Echtheit dieser Bücher können sie meine Erklärung im Kapitel „Schlussgedanken" auf S. 275 lesen.

Was im dogmatischen starren Denken der Institutionen und christlichen Konfessionen oder Gruppen nicht möglich war und ist, bringt Christus selbst über andere Wege zu den Menschen.

Er hat immer wieder, in allen Zeitepochen, über das Prophetische Wort und göttliche Inspirationen durch erleuchtete Männer und Frauen, Sein Leben, Sein Wirken und Seinen Willen offenbart.

Folgende Texte in diesem Kapitel sind eine Zusammenfassung der Bergpredigt mit originalen Christusworten, aus den oben genannten Quellen und Neuoffenbarungen.

# Die Seligpreisungen

Christus selbst erklärt, berichtigt und vertieft Seine Worte:

*»Selig im Geiste sind die Armen,*
*denn ihrer ist das Himmelsreich.«*

»Mit den Worten „die Armen" ist nicht materielle Armut gemeint. Nicht diese bringt die Seligkeit im Geiste, sondern die Gottergebenheit, aus welcher der Mensch erfüllt, was Gottes Wille ist. Sie ist innerer Reichtum.

Mit den Worten „die Armen" sind alle jene gemeint, die nicht nach eigenem Besitz streben und keine Güter horten.

Ihr Denken und Trachten gilt dem Gemeinschaftsleben, in dem sie die Güter, die Gott allen geschenkt hat, in gesetzmäßiger Weise verwalten.

Sie sinnen und trachten nicht nach Weltlichem.

Sie gehen bewusst den Weg zum Inneren Leben.

Ihr Ziel ist das Reich Gottes in ihrem Inneren.

Ihr innerer Reichtum ist das Leben in Gott, für Gott und für ihre Nächsten.

Sie leben das Gebot „Bete und arbeite".

Sie streben dem Geiste Gottes zu und empfangen für ihr irdisches Leben von Gott, was sie benötigen, und darüber hinaus. Das sind die Seligen im Geiste Gottes.«

*»Selig sind, die da Leid tragen,*
*denn sie sollen getröstet werden.«*

»Das Leid des Menschen ist nicht von Gott, sondern der Leidende hat es entweder selbst verursacht – oder seine Seele hat im Seelenreich einen Teil der Schuld einer Bruder- oder Schwesterseele übernommen, diese im Erdendasein abzutragen, damit sie in höhere Bereiche Inneren Lebens einzugehen vermag.
Trage dein Leid heißt: Klage nicht darüber; klage Gott nicht an und auch nicht deine Nächsten. Finde in deinem Leid dein sündhaftes Verhalten, das zu diesem Leid geführt hat.

Bereue, vergib und bitte um Vergebung, und tue das nicht mehr, was du als Sünde erkannt hast. Dann kann die Seelenschuld von Gott getilgt werden, und du empfängst aus Ihm sodann vermehrt Kraft, Liebe und Weisheit.«

*»Selig sind die Sanftmütigen,*
*denn sie werden das Erdreich besitzen.«*

»Sanftmut, Demut, Liebe und Güte gehen Hand in Hand.
Wer zur selbstlosen Liebe geworden ist, der ist auch sanftmütig, demütig und gütig.
Er ist erfüllt von Weisheit und Kraft.

Menschen in Meinem Geiste, die selbstlos Liebenden, werden das Erdreich besitzen.
Oh sehet, der Weg zum Herzen Gottes ist der Weg in das Herz der selbstlosen Liebe.
Aus der selbstlosen Liebe strömt der Friede Gottes.

Die Menschen, die zum Herzen Gottes hinwandern, und die Menschen, die schon in Gott leben, wirken für die Neue Zeit, indem sie alle willigen Menschen den Weg zu Gott lehren. Damit nehmen sie das Erdreich mehr und mehr in Meinem Geiste in Besitz.«

*»Selig sind, die da hungert und
dürstet nach der Gerechtigkeit,
denn sie sollen gesättigt werden.«*

»Wer nach der Gerechtigkeit Gottes hungert und dürstet, ist ein Wahrheitssuchender, der sich nach dem Leben in und mit Gott sehnt. Er soll gesättigt werden.
Mein Bruder, Meine Schwester, die du dich nach der Gerechtigkeit, dem Leben in und mit Gott sehnst, sei getrost, und erhebe dich aus dem sündhaften menschlichen Ich!

Freue dich, denn die Zeit ist angebrochen, in der das Reich Gottes den Menschen näher kommt, die sich bemühen, die Gebote des Lebens zu halten.
Siehe, Ich, dein Erlöser, Bin die Wahrheit in dir selbst.
In dir selbst Bin Ich der Weg, die Wahrheit und das Leben.

Die Wahrheit ist das Gesetz der Liebe und des Lebens.
In den Zehn Geboten, welche Auszüge aus dem allumfassenden Gesetz Gottes sind, findest du die Merksätze für den Weg zur Wahrheit.
Beachte die Zehn Gebote, und du gelangst immer mehr auf den Weg der Bergpredigt, in welchem der Weg zur Wahrheit grundlegend ausgeführt ist.
Der Weg zu Wahrheit ist der Weg zum Herzen Gottes, zu dem ewigen Leben, das selbstlose Liebe ist.
Die Bergpredigt ist der Weg in das Reich Gottes, in die Gesetze für das Friedensreich Jesu Christi.
Vertiefst du dich in sie und erfüllst du sie, dann gelangst du zur göttlichen Weisheit.

Erkennet:
Keiner soll nach der Gerechtigkeit hungern oder dürsten.
Vollziehe den ersten Schritt zum Reiche der Liebe, indem du zuerst zu dir selbst gerecht bist.
Übe dich im positiven Leben und Denken, und du wirst ganz allmählich ein gerechter Mensch werden.

Dann bringst du die Gerechtigkeit Gottes in diese Welt, und du vertrittst diese auch, weil du den Willen Gottes erfüllst, aus Seiner Liebe und Weisheit.

Erkennet:
Die Zeit ist nahe, in der geschieht, was offenbart ist.
Der Löwe wird beim Lamme liegen, weil die Menschen den Sieg über sich selbst errungen haben – durch Mich, ihren Erlöser. Sie werden eine große Familie in Gott bilden und mit allen Tieren und der ganzen Natur in Einheit leben.

Freuet euch, das Reich Gottes ist nahe herbeigekommen – und mit dem Reiche Gottes auch Ich euer Erlöser und Friedensbringer, der Herrscher des Friedensreiches, des Weltreiches Jesu Christi.«


*»Selig sind die Barmherzigen,*
*denn sie werden Barmherzigkeit erlangen.«*

»Alle Menschen, die sich in der Barmherzigkeit und Güte üben, werden auch Barmherzigkeit erlangen.

Erkennet:
Der Weg zum Herzen Gottes ist der Weg des Einzelnen in der Gemeinschaft mit Gleichgesinnten.
Denn Gott ist Einheit, und Einheit in Gott ist Gemeinschaft in und mit Gott und mit den Nächsten.
Wer die ersten Schritte auf dem Wege zur Vollendung getan hat, der wird das Gebot der Einheit erfüllen:
Einer für alle, Christus – und alle für Einen, Christus.
Die Bergpredigt ist der Evolutionsweg hin zum Inneren Leben.
All jene, die auf diesem Entfaltungsweg hin zum Herzen Gottes vorangeschritten sind, helfen wieder denen, die erst am Beginn des Weges stehen.
In und über allen leuchtet der Christus, der Ich Bin.«

*»Selig sind, die reinen Herzen sind,*
*denn sie werden Gott schauen.«*

»Das reine Herz ist die reine Seele, die sich wieder zum absoluten Geistwesen emporgeschwungen hat durch Mich,
den Christus im Vater-Mutter-Gott.
Die reinen Seelen, die wieder zum Wesen der Himmel wurden, sind dann wieder das Ebenbild des ewigen Vaters und
schauen den Ewigen wieder von Angesicht zu Angesicht.

Wer wieder zum Gesetz der Liebe und des Lebens geworden ist, der schaut den ewigen Vater von Angesicht zu Angesicht und steht mit Ihm in ständiger, bewusster Kommunikation.
Er schaut auch das Gesetz Gottes, das Leben aus Gott, als
Ganzes, weil er selbst das Leben und die Liebe ist und sich
darin bewegt.«

*»Selig sind die Friedensstifter,*
*denn sie werden Kinder Gottes heißen.«*

»Selig sind, die Frieden halten. Sie werden auch den wahren Frieden auf diese Erde bringen, weil sie in sich selbst
friedfertig geworden sind.
Sie sind bewusst die Kinder Gottes.«

*»Selig sind, die um der gerechten Sache willen*
*Verfolgung leiden, denn ihrer ist das Reich Gottes.«*

»Erkennet: Wer Mir nachfolgte, wurde von den Weltlingen
nicht geachtet, weil auch Ich als Jesus von ihnen missachtet wurde. Zu allen Zeiten mussten Menschen die in die
wahre Nachfolge des Nazareners traten, viel erdulden und
erleiden.

Göttliche Weisheit (1)(2)

# Die Weherufe

Christus selbst erklärt, berichtigt und vertieft Seine Worte:

>*Wehe euch, die ihr reich seid!*
*Denn ihr habt in diesem Leben*
*euren Trost empfangen.*«

»Menschen, die ihren Reichtum als ihr Eigentum ansehen, sind arm im Geiste.
Vielen der an irdischen Gütern Reichen, wurde für ihr Erdenleben die geistige Aufgabe in die Wiege gelegt, ein Vorbild für jene Reichen zu sein, die mit verstockten, unnachgiebigen Herzen sich an ihren Reichtum binden und deren einziges Denken und Trachten es ist, diesen für sich selbst zu vermehren.

Ein Mensch, der an irdischen Gütern reich ist und erkannt hat, dass sein Reichtum eine Gabe ist, die er nur dazu von Gott empfangen hat, dass er sie in das große Ganze für das Wohl aller einbringt und sie dort rechtmäßig für alle verwaltet – der verwirklicht das Gesetz der Gleichheit, Freiheit, Einheit und Brüderlichkeit.

Auf diese Weise wird allmählich ein Gleichgewicht, ein gehobener Mittelstand hergestellt für alle, die bereit sind, das Gesetz „Bete und arbeite" selbstlos zu erfüllen.

So erwächst ganz allmählich das wahre Menschentum, eine Gemeinschaft, deren Glieder keinen auf die Person bezogenen irdischen Reichtum sammeln, sondern alles als Gemeinbesitz betrachten, der ihnen von Gott gegeben ist.

Wenn der Reiche Geld und Gut als sein Eigen betrachtet und in der Welt, seines Reichtums wegen angesehen ist, wird er – als Wirkung auf seine Ursachen – in den nächsten

Erdenleben in armen Ländern leben und dort um das Brot betteln, das er einst als Reicher Armen versagt hat.

Wehe euch, ihr Reichen, die ihr euer Geld und Gut euer Eigen nennt und eure Nächsten dafür arbeiten lasst, dass euer Vermögen sich vermehrt!

Der Dämonenstaat will, dass der Unterschied von arm und reich herrscht. Durch diese Unterschiede entstehen Macht und Unterwürfigkeit, Neid und Hass. Daraus ergeben sich Streit und Kriege.

Wer Geld und Güter als sein Eigen betrachtet und für sich hortet, anstatt diese materiellen Energien fließen zu lassen, der ist nach dem Gesetze des Lebens ein Dieb.

Alles ist Energie: Wer sie bindet durch „Mein und Mir", handelt gegen das Gesetz, das fließende Energie ist.«

*»Wehe euch, die ihr satt seid,*
*denn ihr werdet hungern.«*

»Der reiche, satte Mensch, der allein „seine" Scheunen füllt, ist im Herzen leer. Er kennt nur das Mein und Dein.
Die vom Materiellen geblendete Seele hungert unbewusst nach Licht, weil sie lichtarm ist.

Zwanghaft versucht sie dies mit äußeren Dingen auszugleichen wie mit irdischem Reichtum, Habgier, mit Völlerei, Trunksucht oder anderen Begierden und Genüssen. Sie ist unersättlich.
Ein solcher Mensch wird einst hungern und darben, bis er begreift:

Alles ist das Sein; alles gehört Gott und allen Menschen, die sich bemühen, Gottes Werke zu tun; die selbstlose Liebe und das Gesetz des Lebens für die Erde „Bete und arbeite" zu erfüllen.«

*»Wehe euch, die ihr jetzt lacht,*
*denn ihr werdet trauern und weinen.«*

»Wer über seine Nächsten lacht und spottet, der wird einst sehr traurig sein und über sich selbst weinen – weil er jene verkannt hat, über die er sich lustig gemacht und die er verspottet hat.

Er wird erkennen müssen, dass er letztlich sich selbst verlacht, verhöhnt und verspottet hat. Denn wer über seinen Nächsten richtet und urteilt, ihn verlacht, verhöhnt und verspottet, der richtet, verurteilt, verlacht, verhöhnt und verspottet Mich, den Christus.

Erkennet:
Wer sich am Geringsten meiner Brüder versündigt, der versündigt sich am Gesetze des Lebens und wird darunter zu leiden haben. Zugleich hat er sich an jene gebunden, die er missachtet hat.
Daher sehet euch vor und übt Selbstkontrolle.

Nicht was durch den Mund eingeht, verunreinigt eure Seele, sondern was von eurem Mund ausgeht, das belastet die Seele und den Menschen.«

Göttliche Weisheit (1)(2)

# Die Bergpredigt

Christus erklärt, berichtigt und vertieft Seine Worte:

## Ihr seid das Salz der Erde
## Ihr seid das Licht der Welt

»Die Gerechten sind das Salz der Erde. Sie werden immer wieder auf Missstände in dieser Welt aufmerksam machen und den Finger auf die Wunde der Sünde legen.«

»Ich, Christus, bin das Licht der Welt. An Meinem Lichte entzünden sich in der gewaltigen Zeitenwende immer mehr Herzen. Die Menschen erkannten die ewige Wahrheit in Meinem Worte. Immer mehr Menschen gingen den Inneren Weg und nahmen das Geschenk des Lebens an, die Lehren und Lektionen aus der ewigen Wahrheit, um Gott, dem ewigen Sein, näher zu kommen.
Viele Männer und Frauen wurden Meine Getreuen, denn sie erfüllten Gottes Willen. Sie verbrüderten sich in Meinem Geiste und wurden die Pioniere für die Neue Zeit, die das Fundament des Reiches Gottes auf Erden gründeten und auf diesem aufzubauen begannen.«

## Vergib und bitte um Vergebung
## Versöhne dich mit deinem Nächsten

»Hütet euch vor eurer eigenen Zunge! Denn was von eurem Munde an Ungesetzmäßigem ausgeht, kann eurem Nächsten und euch selbst einen weit größeren Schaden zufügen als eure Gedanken, die ihr rechtzeitig, bevor sie zur Wirkung kommen, erkennt und Mir, dem Christus in euch, übergeben habt.

Gedanken seht und hört ihr nicht – und doch sind sie da. Sie schwingen in die Atmosphäre, und wer Gleiches oder Ähnliches denkt, den können sie beeinflussen.

So ihr sie rechtzeitig Mir übergebt, so sind sie aufgehoben – es sei denn, die Seele eures Nächsten hat sie schon in sich registriert. Dann werdet ihr so geführt, dass ihr diesem Menschen, über den ihr negativ gedacht habt, Gutes tun könnt.«

»Werde schnellsten einig mit deinem Widersacher, solange du noch mit ihm auf dem Wege bist. Das heißt: Lass die Sünde, die du an deinem Nächsten begangen hast, nicht anstehen! Bereinige sie so rasch wie möglich, denn noch ist er mit dir auf dem Lebensweg im Erdendasein.

Ist seine Seele von der Erde gegangen, dann musst du unter Umständen warten, bis wieder eine Begegnung stattfinden kann und du ihn um Vergebung bitten kannst.

Erkennet: Der Richter ist das Gesetz von Saat und Ernte. Wird dieses wirksam, dann wird der Mensch so lange nicht herauskommen, bis er „den letzten Pfennig" bezahlt hat – bis also alles gesühnt ist, was er verursacht und nicht rechtzeitig bereut hat.

Nutzt deshalb die Chance, euren Nächsten um Vergebung zu bitten und ihm zu vergeben, solange ihr mit ihm noch auf dem Weg über die Erde wandert.«

Erkennet: Bevor ein Schicksal über den Menschen hereinbricht, wird er vom Geiste des Lebens, der auch das Leben der Seele ist, und auch vom Schutzgeist oder durch Menschen ermahnt. Die Ermahnungen aus dem Geiste sind feinste Empfindungen, die aus der Seele strömen oder die der Schutzgeist über die Empfindungs- oder Gedankenwelt des Menschen einfließen lässt.

Sie ermahnen den Menschen, umzudenken oder zu bereinigen, was er verursacht hat.«

# Liebet eure Feinde,
## tut Gutes denen, die euch hassen

*»Ihr habt gehört, dass gesagt ist:*
*Du sollst deinen Nächsten lieben und deinen Feind hassen.*
*Ich aber sage euch, die ihr hört:*
*Liebet eure Feinde, tut Gutes denen, die euch hassen.«*

Kap. 25, 13

Christus erklärt, berichtigt und vertieft Seine Worte:

»Das Gebot des Lebens lautet:
„Liebet eure Feinde, tut Gutes denen, die euch hassen."

Jeder Mensch sollte in jedem Mitmenschen seinen Nächsten, seinen Bruder und seine Schwester, sehen.
Auch in den scheinbaren Feinden sollt ihr eure Nächsten erkennen und euch bemühen, sie selbstlos zu lieben.

Der scheinbare Feind kann dir sogar ein guter Spiegel zur Selbsterkenntnis sein, dann, wenn du dich wegen der Feindseligkeit – die viele Gesichter haben kann – erregst; denn wenn euch etwas an eurem Nächsten erregt, liegt Gleiches oder Ähnliches in euch selber vor.

Kannst du jedoch deinem Nächsten, der dich beschuldigt und angeklagt hat, ohne größere Erregung vergeben, dann liegt bei dir keine Entsprechung vor; du hast also nicht Gleiches oder Ähnliches in dir und deshalb hierfür keine Resonanz in deiner Seele.

Es ist möglich, dass du das, wessen du beschuldigt wurdest, schon in Vorleben bereinigt oder gesühnt hast – oder auch noch nie in deiner Seele aufgebaut hast.
Es lag dann nur in der Seele dessen, der gegen dich gedacht, gesprochen und dich beschuldigt hat.
Wenn also in dir keine Erregung anklingt, kein Echo aus deiner Seele kommt, dann warst du für ihn der Spiegel.

Ob er in diesen Spiegel für sein menschliches Ich schaut oder nicht – das überlasse Gott und ihm, Seinem Kind.

Erkennet: Allein schon durch deinen Anblick regte sich sein Gewissen und spiegelte ihm zu, dass er einst über dich z.B. gegensätzlich gedacht und gesprochen hat.
Nun hat er die Möglichkeit, das zu bereinigen.
Tut er dies, indem er bereut und fortan nicht mehr Gleiches oder Ähnliches denkt oder tut, dann ist es in seiner Seele behoben, also umgewandelt. Dann erst wird er dich mit den Augen des Inneren Lichtes sehen.
Ein Zeichen dafür, dass sich in einer Seele Gegensätzliches zum Positiven gewandelt hat, ist das Wohlwollen und Verständnis dem Nächsten gegenüber.«

»Wir sollten unseren Feinden gegenüber dankbar sein, denn unbewusst sind sie Werkzeuge und Mitarbeiter der göttlichen Ordnung und dienen schließlich unserer Läuterung und Erleuchtung.
Feinde sind auf unserem Weg zum Reiche Gottes viel nützlicher als manche Freunde.
Freunde schmeicheln, der Feind, der uns härteste Kritik entgegenstellt, bringt uns letzten Endes zum Nachdenken.
Wohl dem, der auf der Hut ist und dies rechtzeitig erkennt.

Haben wir gelernt, unsere Feinde zu lieben und können denen Gutes tun, die uns hassen, dann haben wir zur inneren Größe gefunden.
Durch alle Hindernisse und Schwierigkeiten wächst die Widerstandskraft unserer Seele.

Wenn auf uns viele Widerwärtigkeiten zukommen, so sollten wir trotz allem frohgemut sein und auf dem heiligen Pfad nach innen, zur Wahrheit, freudig fortschreiten.«

Göttliche Weisheit (1)(2)(8)

# Segnet, die euch fluchen, und betet für die, die euch aus Bosheit missbrauchen

*»Segnet, die euch fluchen, und betet für die,*
*die euch aus Bosheit missbrauchen.«*

Kap. 25, 14

Christus erklärt, berichtigt und vertieft Seine Worte:

»Wer diese Gebote hält, der ist gegenüber seinen Mitmenschen gerecht und wird durch sein Leben in Gott viele Menschen zum Leben in Gott führen.

Gott straft und züchtigt Seine Kinder nicht.
Gott ist der Geber des Lebens, weil Er selbst das Leben ist.
Aus dem ewigen Gesetz des Lebens gab Gott den Menschen den freien Willen zur freien Entscheidung für oder gegen Ihn. Wer für Ihn ist, der hält die ewigen Gesetze der Liebe und des Lebens und wird auch vom ewigen Gesetz die Gaben der Liebe und des Lebens empfangen.

Wer gegen das ewige Gesetz der Liebe empfindet, denkt und handelt, der empfängt das, was er gesät, also empfunden, gedacht, gesprochen und getan hat.
Jeder empfängt also, was er selbst gesät hat.
Daraus erkennt ihr, dass Gott nicht in den Willen des Menschen eingreift. Er ist Geber, Helfer, Mahner, Führer und Beschützer jener, die sich bemühen, Seinen Willen zu tun, weil sie sich Ihm zuwenden.
Wer sich von Ihm abwendet, indem er sein eigenes, menschliches Gesetz schafft, der wird auch von seinem eigenen, menschlichen „Ichgesetz" gesteuert werden.

Gott greift nicht in das Gesetz von Saat und Ernte ein.

Gott kommt Seinen Kindern auf mannigfache Art und Weise entgegen, und die, die Ihn von Herzen bitten und erfüllen, was Ich, Christus in Gott, Meinem Vater, ihnen geboten habe – einander selbstlos zu lieben –, die sind in Gott, und Gott wirkt durch sie.«

# Nimm deinen Nächsten
# in deinem Herzen an und auf

Christus erklärt, berichtigt und vertieft Seine Worte:

»Nimm deinen Nächsten in deinem Herzen an und auf, auch dann, wenn er dich nicht liebt, auch dann, wenn er dir nicht beisteht und dich missachtet, indem er dir den Gruß verwehrt.

Liebe du ihn!

Stehe du ihm selbstlos bei, und grüße du ihn – und sei es nur in Gedanken, wenn er mit Worten nicht gegrüßt werden möchte. Auch ein Herzensgruß, der in Gedanken gegeben wird, geht in seine Seele ein und bringt zur rechten Zeit gute Früchte.

Achtet darauf, dass ihr euch wie die Sonne verhaltet, die gibt – ob der Mensch sie sehen oder nicht sehen möchte, ob er sich Regen oder Sturm wünscht, ob er nach Kälte oder nach Wärme verlangt.

Gebt die selbstlose Liebe, wie die Sonne der Erde gibt, und achtet alle Menschen, alles Sein.
Dann werdet ihr den Lohn im Himmel empfangen.

Redet nicht den Menschen nach dem Munde.
Macht keine Unterschiede wie die Menschen, die sich nur zu jenen gesellen und nur mit denen sind, die ihr Denken und Tun teilen und die Andersdenkende und Andershandelnde verurteilen.«

»Dein Nächster ist ein Teil von dir.
Ist dir dein Nächster nah, dann bist du Gott nah.
Ist dir dein Nächster fern, dann bist du Gott fern.
In jedem Augenblick bestimmst du selbst,
wie nah oder fern dir Gott ist.«

Göttliche Weisheit (1)(2)(10)

# Binde dich nicht an Menschen oder Dinge Verstricke dich nicht in Besitzen-, Sein- und Habenwollen

*»Und wenn du etwas wie dein Leben begehrst,
aber es führt dich von der Wahrheit ab, lasse ab davon.«*

Kap. 25, 16

Christus erklärt, berichtigt und vertieft Seine Worte:

»Was der Mensch für sich persönlich begehrt, ist auf den Menschen, auf sein niederes Ich, bezogen.
Alles dies ist Bindung.
Bindung heißt gebunden sein an Menschen und Dinge.
Wer sich an Menschen und Dinge bindet, wer also an etwas gebunden ist, der verringert den Fluss der göttlichen Energien.
Wenn du einen Menschen allein deiner Vorteile wegen an dich bindest, dann verfolgst du mit deinem Eigenwillen Interessen, die dich vom Leben in Mir, dem Christus abbringen.
Damit verlässt du das unpersönliche, selbstlose Leben, verstrickst dich in Besitzen-, Sein- und Habenwollen und verarmst in deinem Inneren an geistigem Leben.
Wenn du nicht rechtzeitig vom Besitzen-, Sein- und Habenwollen ablässt, wirst du einst alles verlieren.

Wenn du dich in den Wirkungen – etwa durch den Verlust deines Hab und Gutes oder in der Krankheit oder in der Not und im Leid – nicht selbst erkennst und dann auch nicht bereust und wiedergutmachst, wirst du als Seele und als Mensch in der Finsternis wandeln, weil du nur auf dich, auf dein persönliches Wohl, bedacht warst.
Deshalb erkenne dich jeden Tag aufs Neue, und verwirkliche täglich die Gesetze Gottes und lasse davon ab, etwas für dein persönliches Ich zu begehren.

Bleibe wahrhaftig – und so dem Gesetze Gottes treu.

Dann wirst du in das Leben, das dein wahres Sein ist, eingehen – und du wirst reich sein in dir, weil du in dir den Himmel erschlossen hast.

Wer kein Gefäß der Wahrheit ist, in den kann auch die Wahrheit, die unpersönlich ist, nicht einfließen.

Ein solcher Mensch ist nur auf sich selbst bezogen und sammelt nur für sich selbst.

Dieses Verhalten führt dazu, dass er sich von Gottes ewig fließender Kraft abwendet und ein „Tümpelleben" führt.

In den Tümpel fließt nur Gegensätzliches ein und wenig ab.

Das bedeutet, dass er das am eigenen Leib spüren wird, was er in seinem Tümpel angesammelt hat.

Die ewige Wahrheit fließt hingegen in dem Menschen und durch den Menschen, der ein Gefäß der Wahrheit ist.

Er empfängt von Gott und gibt aus Gott und wird somit zum Quell des Lebens für viele.

Die kosmische Lebensenergie, der Quell allen Seins, fließt durch alle Seinsformen und durch jene Menschen und Seelen, die sich Gott zugewandt haben, also zum Gefäß Gottes geworden sind.

Erkennet:

Die ewig strömende Kraft fließt nur durch den Menschen und die Seele, die nicht für eigensüchtige Zwecke sammeln, sondern selbstlos geben.

Nur durch den selbstlos Gebenden fließt unaufhörlich der Strom Gottes!

Kann Gott durch den Menschen ungehindert hindurchströmen, dann lebt der Mensch in der Wahrheit, in Gott, in dem Leben, das ewig währt.

Nur solche Menschen geben aus Mir, dem Leben, weil sie in Mir, dem Leben und der Wahrheit, stehen.«

Göttliche Weisheit (1)(2)

# Seid also vollkommen, wie euer Vater im Himmel vollkommen ist

*»Seid also vollkommen,*
*wie euer Vater im Himmel vollkommen ist.«*

Kap. 25, 17-18

Christus erklärt, berichtigt und vertieft Seine Worte:

»Alles, was an Ungöttlichem von dir ausgeht – wie gegensätzliche Gedanken, Worte und Taten –, kann nicht nur deinem Nächsten Pein und Kummer bereiten, sondern auch dir selbst. Denn was der Mensch sät, das wird er ernten.

Deine Samen können jedoch Flugsamen sein – wie die Samen verschiedener Blumenarten, die vom Wind nach der Blütezeit fortgetragen werden und dort Wurzeln fassen, wo sie sich festhalten können.

So können auch deine Gedanken, Worte und Taten wie Flugsamen in den Seelenacker deines Nächsten fallen und aufgehen, wenn sie dort gleiche oder ähnliche Bedingungen vorfinden.

Dir ist geboten, deinen Nächsten selbstlos zu lieben und ihm zu dienen und zu helfen – und nicht, durch dein Verhalten ihm Pein und Kummer zu bereiten.

Musst du also Pein und Kummer erdulden, dann gib nicht deinem Nächsten die Schuld an deinem Zustand.
Du selbst bist der Urheber – und nicht dein Nächster.

Deine Pein und dein Kummer sind das Saatgut in deiner Seele, das aufgegangen ist – und sich in oder an deinem Leib als Ernte zeigt.

Allein Ich, Christus, dein Erlöser, kann dich davon frei machen – und nur dann, wenn du bereust und Gleiches oder Ähnliches nicht mehr tust.
Dann ist die Last von deiner Seele genommen, und es wird dir besser ergehen.

Erkennet:
Wer seine Pein und seinen Kummer als seine eigene Saat erkennt und sein Leid annimmt, der zeigt wahre innere Größe.

Dies ist ein Zeichen geistigen Wachstums; das geistige Wachstum führt allmählich in die Vollkommenheit.

Das reine Wesen ist vollkommen; es ist das Ebenbild des Vater-Mutter-Gottes.
Es lebt in Gott, und Gott lebt durch das reine Wesen.

Selig, die reinen Herzens sind, denn sie werden Gott schauen – weil sie wieder Ebenbilder des himmlischen Vater geworden sind. Aus einem reinen, gottergebenen Herzen entströmen Sanftmut und Demut.«

Göttliche Weisheit (1)(2)

# Gehe den Weg nach Innen – Kontrolliere deine Gedanken und werde selbstlos

*»Wenn du Almosen gibst, so lass deine linke Hand nicht wissen, was deine rechte Hand tut, damit deine Almosen im Verborgenen bleibe; und der Eine, der ins Verborgene sieht, wird es dir öffentlich anerkennen.«*

(Kap. 26, 1-2)

»Die gelebte Bergpredigt ist der Innere Weg zum Herzen Gottes. Was der Mensch nicht selbstlos tut, das tut er für sich selbst.

Die Selbstlosigkeit ist Gottesliebe.
Der Eigennutz ist Menschenliebe.

Wer seinem Nächsten nur dann Gutes tut, wenn dieser ihm dafür dankt und seine guten Taten rühmt, der hat es nicht für seinen Nächsten getan, sondern für sich selbst.

Die Selbstlosigkeit wächst und reift nur in dem Menschen, der die ersten Schritte zum Königreich des Inneren getan, also verwirklicht, hat.

Die ersten Schritte dahin sind die Kontrolle der Gedanken:

Setze an die Stelle ichbezogener, negativer, grüblerischer oder leidenschaftlicher Gedanken positive, hilfreiche, freudige, edle Gedanken und Gedanken an das Gute im Menschen und in allem, was dir begegnet. Dann wirst du allmählich deine Sinne unter Kontrolle bekommen.

Du wirst dann auch von deinem Nächsten nichts mehr begehren und nichts mehr von ihm erwarten.
Du wirst im weiteren Verlauf des Inneren Weges nur noch Positives und Wesentliches reden.
Dadurch bekommst du dein menschliches Ich unter Kontrolle, weil du in dir zu ruhen gelernt hast.

Dann lichtet sich deine Seele immer mehr, und du findest in allem, was auf dich zukommt, das Gute, das du sodann auch in rechter Weise an- und auszusprechen vermagst.
Hast du dies gelernt, dann wirst du auch das Gegensätzliche gesetzmäßig ansprechen.
Auf diese Weise erwachen in dir Aufrichtigkeit und Ehrlichkeit, und du hältst dabei Gott in allem die Treue.
Dieser geistige Evolutionsprozess zur Selbstlosigkeit ist der Innere Weg zum Herzen Gottes.

Alles, was du aus Selbstlosigkeit tust, bringt dir mannigfache Früchte.

Wenn also deine Empfindungen ohne Erwartungen sind und deine Gedanken edel und gut, dann ist in deinen Worten und deinen Taten die Kraft aus Gott.

Diese Kraft ist Meine Lebensenergie.

Sie geht in die Seele deines Nächsten ein und bewirkt, dass dein Nächster ebenfalls selbstlos wird.

Denn was von deiner lichten Seele ausgeht, das geht – früher oder später, je nach dem, wann sich der Nächste dafür öffnet – auch in die Seele und in das Gemüt deines Nächsten ein.

Erkennet:
Alle guten, selbstlosen Werke werden rechtzeitig offenbar, auf dass es jene erkennen, die es sehen sollen, um ebenfalls selbstlos zu werden, indem auch sie das Leben in Mir annehmen und anstreben – und das tun, was Ich ihnen geboten habe; sich untereinander selbstlos zu lieben, wie Ich, der Christus sie liebe.«

Göttliche Weisheit (1)(2)

# Lerne rechtes Beten

*»Und wenn ihr gemeinsam betet, gebraucht keine leeren Wiederholungen wie die Heiden, denn diese meinen, sie werden erhöht, wenn sie viele Worte machen. Darum sollt ihr es ihnen nicht gleichtun; denn euer Vater im Himmel weiß, was ihr bedürfet, bevor ihr bittet.«*

Kap. 26, 5

Christus erklärt, berichtigt und vertieft Seine Worte:

»Wenn du betest, dann ziehe dich in eine stille Kammer zurück und versenke dich in dein Inneres, denn in dir wohnt des Vaters Geist, dessen Tempel du bist.

Wenn deine Gebete nicht selbstlos aus dem Herzen strömen, dann wäre es besser, du würdest nicht beten und dir zuerst deine Gedanken und menschlichen Wünsche bewusst machen und sie allmählich Mir übergeben – auf das die selbstlose Liebe, die in dir ist, auch in dir wächst und du von Herzen zu beten vermagst. Dann werden deine Gebete allmählich beseelt und durchdrungen sein von der Liebe zu Gott und zu deinem Nächsten.

Nur der Mensch, der aus dem Gesetz der Wahrheit wenig verwirklicht hat, gebraucht im Gebet und im täglichen Leben viele Worte und leere, unbeseelte Wiederholungen.«

»Wort für Wort vorgegebene Gebete, die nur nachgesprochen werden, haben wenig Kraft, denn sie kommen aus dem Verstand und nicht aus dem Herzen.
Nur so dahingesprochene Worte sind unbeseelt.
Sie erreichen nicht Gott im Innersten des Menschen, da der Mensch sie nicht mit dem Leben aus Gott beseelt hat.
Wer betet, sich jedoch anders verhält, als er im Gebet spricht, der fällt in weitere Belastungen.«

# Das Vaterunser

*»Darum sollet ihr, wenn ihr beisammen seit so beten: Unser Vater, der Du bist im Himmel, geheiligt sei Dein Name. Dein Reich komme. Dein Wille geschehe auf Erden wie im Himmel. Unser tägliches Brot gib uns Tag für Tag und die Frucht des lebendigen Weinstockes. Und wie Du uns vergibst unsere Sünden, so mögen auch wir vergeben die Sünden anderer. Verlasse uns nicht in der Versuchung. Erlöse uns vom Bösen. Denn Dein ist das Reich und die Kraft und die Herrlichkeit in alle Ewigkeit. Amen«*

Kap. 26, 5-6

Christus erklärt, berichtigt und vertieft Seine Worte:

»Als Jesus von Nazareth lehrte Ich das Gemeinschaftsgebet, das Vaterunser, in Meiner Muttersprache, also mit anderen Worten und so auch mit anderen Inhalten, als es in späteren Zeiten und anderen Sprachen gebetet wurde.

Die Worte als solche sind unwesentlich.
Wichtig ist, dass der Mensch verwirklicht, was er betet!
Dann ist jedes Wort, das aus seinem Munde kommt, beseelt mit Liebe, Kraft und Weisheit.

Ihr sollt nicht dem Buchstaben nach beten oder danach trachten, das Vaterunser, das Ich die Meinen gelehrt habe, wortgetreu zu beten.
Wesentlich ist, dass die Worte eurer Gebete mit der Liebe zum Ewigen und zu euren Nächsten beseelt sind.

Menschen, die von der ewigen Wahrheit, der Liebe und Weisheit Gottes, erfüllt sind, werden wieder anders beten als jene, die nur beten, weil es ihnen so gelehrt wurde oder weil sie einer Konfession angehören, in welcher die Gebete entsprechend dem Bewusstsein der Konfession gesprochen werden.

Menschen auf dem Weg zu ihrem göttlichen Ursprung beten frei, das heißt mit selbstgewählten Worten, die von Liebe und Kraft beseelt sind.

Menschen, die in Meinem Geiste leben, die von Gottes Liebe und Weisheit durchdrungen sind, die also Gottes Gesetze im täglichen Leben verwirklichen, werden vor allem Gott für ihr Leben und für alles danken, Ihn loben und preisen und Ihm mehr und mehr ihr Leben weihen – in Empfindungen, Gedanken, Worten und Werken –, weil sie Leben aus Seinem Leben geworden sind.

Wer Gottes Wille erfüllt, lebt immer mehr in der Anbetung Gottes.
Solche Menschen halten nicht nur die Gesetze Gottes, sondern sind weitgehend zum Gesetz der Liebe und Weisheit geworden.

Im heranreifenden Friedensreich Jesu Christi, in dem Ich der Herrscher und das Leben Bin, werden die Menschen das Gesetz Gottes mehr und mehr halten.

Viele von ihnen sind zum Gesetz geworden – und so zum Gottmenschen, die das Leben, Gott, in allem verkörpern, was sie denken, reden und tun.

Ihre Gebete sind das Leben in Mir, die Erfüllung des ewigen Gesetzes.
Mit ihrem Leben, welches das Gesetz Gottes ist, danken sie Gott für das Leben.

Der Dank an Gott ist also das Leben in Gott.

Ihr Leben, das ein einziger Dank ist, strömt in das Friedensreich hinein.
Sie leben in Mir, dem Christus, und Ich lebe durch sie; und zusammen leben wir im Vater-Mutter-Gott, und der Vater lebt durch uns von Ewigkeit zu Ewigkeit.«

# Finde zur Wahrheit in dir

»Wer vom Gesetz der Wahrheit und des Lebens viel spricht, also viele Worte darum macht, der kann sie nicht mit Kraft und Leben erfüllen, weil er selbst nicht vom Gesetz Gottes erfüllt ist.
Solche Worte sind ichbezogene und deshalb lieblose Worte, auch wenn sie so gewählt sind, als seien sie von der Liebe getragen.

Unbeseeltes Reden gelangt nicht in das Innerste der Seele deines Nächsten und hat dadurch auch kein Echo in dem Menschen, der Gottes Liebe in und durch sich walten lässt.

Wer unbeseelt über das Gesetz der Wahrheit und des Lebens spricht, das er jedoch nicht verwirklicht, regt bei einem Menschen, der dies hört und der ebenfalls noch nach außen orientiert ist, nur zu Diskussionen an.

Erkennet:
Wer über geistige Gesetzmäßigkeiten diskutiert, der kennt die Gesetze Gottes nicht.
Jeder der diskutieren will, ist überzeugt, dass er es besser weiß als sein Nächster und will sich dies selbst bestätigen.
Wer diskutiert, gibt nur Zeugnis von sich selbst, nämlich, dass er nichts weiß und unsicher ist. Deshalb diskutiert er.

Wer zur Wahrheit gefunden hat, der diskutiert nicht über die Wahrheit, auch nicht über das, was Glaube ist.
Das Wort „Glaube" enthält auch Nichtwissen.
Was der Mensch letztlich nicht weiß oder nicht beweisen kann, das glaubt er.

Wer an die Wahrheit glaubt, der hat die ewige Wahrheit noch nicht gefunden.
Er bewegt sich auch noch nicht im Strom der ewigen Wahrheit. Glaube ist also noch Blindheit.

Wer jedoch zur Ewigen Wahrheit gefunden hat, der muss nicht mehr an die Wahrheit glauben – er weiß die Wahrheit, weil er sich im Strom der Wahrheit bewegt.
Das ist der wahre weise Mensch, der in sich den Schatz, die Wahrheit, gehoben hat.

Wahre Weise ruhen in sich.
Das ist innere Sicherheit und Festigkeit.
Sie diskutieren nicht über den Glauben, weil sie vom Glauben zur Weisheit, die Wahrheit ist, gefunden haben.

Wer also nur an Gott glaubt, ohne die Tiefe der ewigen Wahrheit, das ewige Gesetz, zu kennen, macht viele Worte um seinen Glauben.

Erkennet:
Je tiefer der Mensch in die göttliche Wahrheit eintaucht, umso weniger Worte gebraucht er auch im Gebet.
Seine Gebete sind kurz, doch kraftvoll, weil das Wort gelebte Kraft ausstrahlt.«

Göttliche Weisheit (1)(2)

# Vergib deinen Nächsten und tue den ersten Schritt zum inneren Leben hin

*»Denn so ihr Menschen ihre Schuld vergebt,
so wird euch euer himmlischer Vater auch vergeben.«*

Kap. 26, 7

Christus erklärt, berichtigt und vertieft Seine Worte:

»Das Gebot, zu vergeben und um Vergebung zu bitten, hat solange Gültigkeit, bis alles gesühnt und bereinigt ist, was nicht den ewigen Gesetzen entspricht.

Das Gebot, zu vergeben und um Vergebung zu bitten, gehört zum Gesetz von Saat und Ernte.

Es ist dann aufgehoben, wenn alles Menschliche abgegolten und jede Seele zum reinen, makellosen Geistwesen geworden ist. Bis dahin also gilt das Gebot:
Vergebt, und ihr werden Vergebung erlangen.

Deshalb achtet darauf, was von eurem Munde ausgeht, und achtet auf eure Taten, ob sie dem ewigen Gesetze entsprechen, also selbstlos sind!
Sehr rasch ist etwas Gegensätzliches ausgesprochen oder getan – doch lange kann es dauern, bis es vergeben ist.

Wenn ihr um Vergebung gebeten habt und euer Nächster noch nicht bereit ist, euch zu vergeben, dann wird sich Gottes Gnade in euch verstärken, euch einhüllen und tragen – Er wird jedoch nicht von euch nehmen, was noch nicht bereinigt ist.

Gottes Barmherzigkeit wird sich dann auch in eurem Nächsten verstärken und ihn unter Beachtung seines freien Willens so führen, dass er seine Fehler rascher erkennt, bereut und euch vergibt.

Gott ist allgegenwärtig.

So ist Er auch im Gesetz von Saat und Ernte wirksam. Auch in allem Negativen ist das Positive, Gott, das ewige Gesetz.

Deshalb kann auch im Negativen das Göttliche wirken – dann, wenn der Mensch von Herzen um Vergebung bittet, vergibt und nicht mehr sündigt.

Der Mensch muss jedoch den ersten Schritt hin zum Inneren Leben tun.«

Göttliche Weisheit (1)(2)

# Klagt und trauert nicht über eure Toten
# Alle Seelen stehen in der Hand Gottes

*»... Ebenso solltet ihr tun, wenn ihr klagt um die Toten und trauert, denn euer Verlust ist ihr Gewinn. ... Denn alle Seelen stehen in der Hand Gottes, und alle jene, welche Gutes getan haben, werden ruhen mit ihren Vorfahren im Schoße des Ewigen.«*

Kap. 26, 10

Christus erklärt, berichtigt und vertieft Seine Worte:

»Wer die Toten beklagt, ist noch fern vom ewigen Leben, weil er den Tod als Ende des Lebens sieht. Er hat die Auferstehung in Mir, dem Christus, noch nicht erlangt.
Er zählt zu den geistig Toten.

Klagt nicht über eure Toten! Denn wer den Verlust eines Menschen beklagt, der denkt nicht an den Gewinn der Seele, die – sofern sie in Mir, dem Christus, gelebt hat – in höhere Bewusstseinsbereiche des Lebens eingeht.
Denn wenn ihr Leben im Erdendasein in Gott war, so wird es auch in einer anderen Daseinsform in Gott sein.

Erkennet:
Das Zeitliche, das Leben im Körper, ist nicht das Leben der Seele.
Die Seele hat nur einen kurzen Lebensabschnitt Fleisch angenommen, um im Zeitlichen das zu bereinigen und zu tilgen, was sie sich in verschiedenen Erdenkleidern auferlegt hat.

Die Erde ist nur als Durchgangsstation zu sehen, auf der die Seelen im Erdenkleid in Kürze das bereinigen, was sie jenseits der Bewusstseinsschleier – auch Nebelwände genannt – nicht so rasch bewältigen können.

Wenn eine Seele ihr irdisches Kleid verlässt, so beweint der Mensch nur das Kleid der Seele und denkt dabei nicht an die Seele, die dem Kleide entschlüpft ist.

Eine lichte Seele wird nach Ablegen ihres irdischen Körpers von lichten, für den Menschen unsichtbaren Wesen in jene Bewusstseinsebene geleitet, die dem Denken und Leben des Menschen entspricht, in dem diese Seele einverleibt war.

Erkennet:
Jede Seele, die den Körper verlassen hat, zieht es noch einige Zeit hin zu den Menschen, mit denen sie als Mensch zusammengelebt hat.
Muss sie erfahren, dass ihre ehemaligen irdischen Anverwandten ihre Hülle betrauern, so ist das für die Seele sehr schmerzlich.

Die noch erdnahe Seele erkennt sehr wohl, weshalb ihre Anverwandten nur ihre menschliche Hülle beklagen und warum sie als Seele von den Trauernden nicht beachtet wird.

Eine Seele, die das erkennen muss, empfindet dabei den ersten tiefen Seelenschmerz nach dem Ablegen des physischen Leibes; denn sie erfährt, weshalb der Mensch trauert und nicht ihrer in Liebe und Verbundenheit gedenkt.

Sie schaut dabei so manchen eigennützigen Gedanken ihrer ehemaligen irdischen Anverwandten.
Sie kann sich ihnen nicht bemerkbar machen, weil sie von ihnen nicht wahrgenommen wird.

Was sie sagt, hört der Mensch nicht, und was sie schaut, sieht er nicht. Die Seele jedoch nimmt vieles wahr.

Ich rege euch zum Nachdenken an:
Klagt ihr, wenn sich die Schlange häutet, wenn sie ihre Haut zurücklässt und weiterkriecht?

Ähnlich ist es mit der Seele.

Sie verlässt ihren verweslichen Leib, ihre Hülle, und wandert weiter. Ihr trauert also um den Verlust der Hülle und gedenkt nicht der Seele!

Wer der Seele gedenkt, der dankt Gott, der die Seele in Seinen Schoß zurückrief, sofern diese im Erdenkleid das Leben in Gott genützt hat und dadurch Ihm näher kam.

Denkt daran, dass für eine lichte Seele das Ablegen des Leibes ein Gewinn ist.
Und: So ihr nur vor den Menschen um den Verlust des Menschen trauert, heuchelt ihr ihnen etwas vor. In Wirklichkeit gedenkt ihr weder des Menschen noch der Seele.

Ihr denkt nur an euch selbst. Die Seele, die das registriert, erkennt, dass sie nicht selbstlos geliebt wurde, dass sie unter Umständen nur zum Eigennutz ihrer Nächsten da war.

Viele Seelen müssen erkennen, dass sie im Erdenkleid von ihren irdischen Anverwandten und Bekannten gelebt wurden.

Das heißt, dass sie als Mensch sich selbst nicht entfalten und ihre Wesensmerkmale nicht leben konnten, weil sie den Willen derer tun mussten, die von ihnen das verlangt haben, was zu ihrem eigenen Vorteil war.

Viele dieser Seelen schauen, was sie in ihrem Erdendasein versäumt haben, und kehren auch deshalb wieder in das irdische Dasein zurück.

Sie gehen wieder durch die Bewusstseinsschleier zur Erde und halten sich als Seele wieder unter jenen auf, die durch sie gelebt haben.
Wieder andere suchen auf der Erde das zu leben, was sie als Menschen nicht entfalten konnten.

Solange Menschen an Menschen oder Dinge – wie Besitz, Reichtum und Macht – gebunden sind, kehren ihre Seelen wieder zur Erde zurück und schlüpfen wieder in neue Erdenkleider.

Der Mensch möge nicht nur auf seinen Körper schauen, sondern vor allem auf das einverleibte Wesen in ihm und sich bemühen, den Willen Gottes zu tun, und sich nicht den menschlichen Willen von Zweiten oder Dritten aufdrängen lassen.

Erkennet:
Auch wenn ihr sagt: „Ich tue den Willen meines Nächsten, um den äußeren Frieden zu wahren", so hindert ihr eure Seele und auch die Seele eures Nächsten, die Aufgaben zu erfüllen, die eure Seelen mit ins Erdendasein gebracht haben: Sich zu reinigen und sich von der Last der Sünde zu befreien, die eventuell noch aus Vorinkarnationen mit in diese Einverleibung gebracht wurde.

Wer sich von seinen Mitmenschen gängeln lässt, wer also tut, was andere sagen, obwohl er erkennt, dass dies nicht sein Weg ist, der wird gelebt und lebt an seinem eigentlichen Erdendasein vorbei.

Er nützt nicht die Tage; er wird benützt von jenen, denen er hörig ist, und kennt deshalb nicht seinen Weg als Mensch über diese Erde.

Wer seine Mitmenschen bindet, indem er ihnen seinen Willen aufzwingt, ist mit einem Vampir zu vergleichen, der die Energien seiner Mitmenschen aufsaugt.

Er kennt sich selbst nicht und bindet sich gleichzeitig an seine Opfer – und umgekehrt bindet sich auch das Opfer, das sich aussaugen lässt, an ihn.

In einem der Leben, entweder im Erdenkleid oder als Seelen in den jenseitigen Bereichen, werden beide wieder zusammengeführt – und das so oft und so lange, bis einer dem anderen vergeben hat.

Wenn sich zwei aneinander binden – einerlei, ob einer gebunden hat oder sich binden ließ –, so haben sich beide belastet.
Und beide müssen miteinander bereinigen, damit zwischen ihnen die Liebe und Einheit wieder hergestellt werden können.

Keiner kann sagen:
„Ich wusste nichts von den Gesetzen des Lebens."

Ich sage euch: Mose hat euch die Auszüge aus den ewigen Gesetzen gebracht, die Zehn Gebote.
Und so ihr diese haltet, werdet ihr euch nicht aneinander binden, sondern miteinander in Frieden leben.

Erkennet:
Einzig die Liebe und die Einheit untereinander zeigen Seelen und Menschen die Wege zu dem höheren Leben.

Gott, der ewig Gütige, reicht jeder Seele und jedem Menschen Seine Hand.
Wer sie ergreift, der nützt sein irdisches Leben.

Er schätzt die Tage und vermag sie auch nach den Geboten zu leben, indem er das bereinigt, was ihm der Tag zeigt.

Er wird einst als Seele mit all jenen in Gott wandeln und in Gott ruhen, die ihr Erdendasein ebenfalls genützt haben, indem sie Tag für Tag das erkannt und mit Mir, dem Christus, bewältigt haben, was der Tag ihnen gebracht und gezeigt hat – Freude und Leid.

Und so ihr nicht euretwegen um die sterbliche Hülle trauert, die euer Nächster abgelegt hat, sondern im Geiste euch freut, dass die Seele im Erdenkleid ihr geistiges Leben erkannt und sich darauf vorbereitet hat, so werdet ihr über Mich, den Christus, für euren Nächsten freudig zum Vater beten.

Ihr werdet der Seele, die nun näher bei Gott ist, Kräfte der Liebe senden, auf dass sie weiter wandelt zu höheren Ebenen, um sich mehr und mehr mit Gott zu einen.

Die Seele spürt Freude und Leid ihrer Anverwandten.

Die Seelen, die in Mir, dem Christus, entschlafen sind, fühlen sich verbunden über Mich, den Christus, mit allen, die noch im Erdenkleid wandeln.

Die Freude der Seele darüber, dass ihre Anverwandten ihrer in Liebe gedenken, erfüllt sie mit Kraft.

Erkennet:
Selbstlose, liebende Gebete spenden der wandernden Seele Kraft und Stärke auf ihrem Weg hin zum Göttlichen.

In euren selbstlosen Gebeten spürt sie die Verbundenheit und empfängt vermehrt Kraft.

Dadurch wird sie das noch an ihr haftende Menschliche rascher ablegen und damit frei werden für Den, der die Freiheit und Liebe ist – Gott, das Leben.

Der Lohn aus Gott ist groß für jede Seele, die sich ernsthaft bemüht, Gottes Willen zu erfüllen.«

Göttliche Weisheit (1)(2)

# Wo euer Schatz ist,
# dort ist auch euer Herz

*»Ihr sollt auch nicht für euch Schätze sammeln auf Erden, die die Motten und der Rost fressen und die Diebe ausgraben und stehlen. Sammelt euch aber Schätze im Himmel, wo sie weder Motten noch Rost fressen und wo die Diebe nicht nachgraben noch stehlen. Denn wo euer Schatz ist, da ist auch euer Herz.«*

*»Niemand kann zwei Herren dienen.«*

*»Ihr könnt nicht zugleich Gott Dienen und dem Mammon.«*

Kap. 26, 12-14

Christus erklärt, berichtigt und vertieft Seine Worte:

»Nur der Mensch sammelt auf Erden Schätze, der nicht an Gott, an Seine Liebe, Weisheit und Güte glaubt.
Viele Menschen geben vor, an Gott zu glauben; an ihren Werken jedoch werdet ihr sie erkennen!

Viele Menschen sprechen von der Liebe und den Werken Gottes – allein an ihrem Tun werdet ihr sie erkennen.

Viele Menschen sprechen von dem inneren Reich und von dem inneren Reichtum, und doch schaffen sie für sich persönlich in die Scheuern und sammeln für sich persönlich die irdischen Reichtümer, um von den Menschen angesehen zu sein.

Wer nur auf sein persönliches Wohl bedacht ist, erspürt noch nicht den Greifvogel, der schon seine Schwingen erhoben hat, um das Nest zu zerstören und den Reichtum zu entwenden, den der Reiche, der Nestbauer, sein persönliches Eigentum nennt.

Wer jedoch zuerst nach dem Reiche Gottes trachtet, der sammelt innere Werte, innere Schätze.
Er wird auch im Zeitlichen alles empfangen, was er benötigt, und darüber hinaus.

Wer im Inneren reich ist, wird im Äußeren nicht darben. Doch wer im Äußeren reich ist und den Reichtum hortet, wird einst darben.
Wer Schätze auf Erden sammelt, dem werden sie genommen, damit er sich auf den Schatz des Inneren besinnt und in das Leben, in den inneren Reichtum, einzugehen vermag.

So lange wird es der Seele an göttlichem Lichte mangeln, bis sie zuerst nach dem Reiche Gottes trachtet. Und solange es noch auf Erden möglich ist, wird die lichtarme Seele sich wieder in einen lichtarmen Körper eingebären und eventuell in Armut unter den Armen leben.
Die Erkenntnis wird kommen, dass der Schatz, der Reichtum, einzig in Gott ist.

Wessen Herz bei Gott ist, der wird reich an inneren Werten sein und eingehen in das Reich des Friedens.

Ich, Christus, gebe euch einen Maßstab, auf dass ihr erkennt, wo ihr steht – entweder im Licht oder im Schatten: „Denn wo euer Schatz ist, dort ist auch euer Herz", dort wird einst eure Seele sein.

Beachtet: Wer diese Worte liest und in der Wende steht von der alten zur Neuen Zeit, der sollte sich beeilen, dass er noch sein geistiges Leben findet!
Denn wenn die Neue Zeit, die Zeit des Christus, auf der ganzen Erde offenbar ist und das Innere Leben gelebt wird, gibt es keine Einverleibungen mehr für jene, die nach äußeren Werten trachten.

Hat das Friedensreich Jesu Christi weitere Evolutionsschritte getan, dann wird es weder arm noch reich geben.

Alle Menschen sind dann reich in Meinem Geiste, da sie das innere Reich erschlossen haben.
Entsprechend werden sie auch auf der neuen Erde leben, unter einem anderen Himmel.

Daher seid bereit, Gott zu dienen und aus Liebe zu Gott auch euren Mitmenschen.

Erkennet:
Keiner kann zwei Herren dienen, Gott und dem Mammon.
Einzig die selbstlose Liebe eint alle Menschen und Völker.

Der Mensch auf Erden und die Seele in den Stätten der Reinigung – beide werden einst zur Entscheidung geführt:
Gott oder dem Mammon zu dienen, für Gott oder gegen Gott zu sein. Es gibt nichts dazwischen:
Entweder für Gott – oder für das Satanische.«

»Ich bin die Wahrheit und das Leben. Der äußere Reichtum verhärtet die Seele und macht sie arm.

Das Leben in materiellem Reichtum ist nicht das Leben in Mir – es ist nur äußerer Schein; es betrifft die Hülle der Seele und nicht das wahre Sein. Menschen deren Reichtum nur das Hab und Gut dieser Welt, das Äußere, ist, trennen sich von der Einheit mit ihren Nächsten. Dadurch trennen sie sich zugleich von Gott und verarmen in ihren Seelen.

Wer sich von seinem Nächsten trennt, der trennt sich von Gott, weil im Nächsten Gottes Liebe wirkt.
Nur der ist wahrhaft reich, der seine Nächsten reich zu machen vermag, durch Werke der selbstlosen Liebe.

Er bleibt in der Einheit mit seinem Nächsten und ist damit auch in der Einheit mit Gott; denn Gott ist in jedem, und jeder ist ein Teil von Gott.«

Göttliche Weisheit (1)(2)

# Trachtet zuerst nach dem Reiche Gottes und nach Seiner Gerechtigkeit

*»Darum sage Ich euch: Sorget nicht für euer Leben, was ihr essen und trinken werdet, auch nicht für euren Leib, was ihr anziehen werdet. Ist nicht das Leben mehr denn die Nahrung und der Leib mehr denn die Kleidung?*
*Und was nützet es einem Menschen, wenn der die ganze Welt gewänne, aber sein Leben verliere?*

*Sehet die Vögel in der Luft: Sie säen nicht und ernten nicht, noch sammeln sie in Scheunen; und euer himmlischer Vater nährt sie doch.*
*Seid ihr denn nicht viel besser behütet denn sie?*

*Wer ist aber unter euch, der seiner Länge eine Elle zusetzen könnte, wenn er das wollte? Und warum sorget ihr so sehr um eure Kleidung? Sehet die Lilien auf dem Felde, wie sie wachsen; sie arbeiten nicht und spinnen auch nicht.*
*Und doch, sage Ich euch, Salomo in all seiner Pracht und Herrlichkeit war nicht so geschmückt wie sie.*

*Darum sollt ihr nicht besorgt sein und fragen:*
*Was werden wir essen? Was werden wir trinken? Oder: Womit werden wir uns kleiden? Denn euer himmlischer Vater weiß, dass ihr das alles braucht.*
*Trachtet zuerst nach dem Reiche Gottes und nach Seiner Gerechtigkeit, so wird euch dies alles dazufallen.«*

Kap. 26, 15-18

Christus erklärt, berichtigt und vertieft Seine Worte:

*»Wer sich um sein persönliches Leben, um sein Wohl, Sorgen macht – was er z.B. morgen essen und trinken oder womit er sich bekleiden soll –, der ist ein schlechter Planer; denn er denkt dabei nur an sich selbst, an sein eigenes Wohl und an seinen Besitz.*

Damit plant er auch zugleich sein Weh und Ach mit ein.
Wer hingegen den Willen Gottes erfüllt, ist ein guter Planer.
Er wird sowohl die Tage als auch die Zukunft planen.
Doch er weiß, dass seine Planung nur eine Vorgabe ist, die in Gottes Hand ruht.
Er legt seinen Plan in Gottes Hand, arbeitet mit Gottes Kräften und lässt sich im Tagesgeschehen von Gott führen.
Denn er weiß: Gott ist der allwissende Geist und der Reichtum seiner Seele.

Wer sich Gott anvertraut, sein Tagewerk in Gottes Licht stellt und das Gesetz „Bete und arbeite" erfüllt, der wird den gerechten Lohn empfangen.
Er wird alles besitzen, was er benötigt.

Wenn Gott, der Ewige, die Natur schmückt und die Lilien des Feldes kleidet, um wieviel mehr wird Er Sein Kind ernähren und kleiden, das Seinen Willen erfüllt!

Sorgt also nicht für morgen, sondern plant und übergebt euren Plan in den Willen Gottes – und Gott, der euren Plan kennt, wird euch das erfüllen, was für euch gut ist.

Plant jeden Tag, und plant gut! Räumt euch auch Zeit für besinnliche Stunden ein, in denen ihr zur inneren Ruhe findet und euer Leben und eure Planung immer wieder überdenken könnt.
Eine sorgfältige Tagesplanung, die in den Willen Gottes gelegt wurde, wird Gott auch mit Seinem Willen durchdringen.

Wer seinen Plan so ausführt, braucht sich nicht um morgen zu sorgen.
Sein Glaube an die Führung Gottes sind die positiven Gedanken; aus ihnen ergeben sich positive Worte und gesetzmäßiges Handeln.

Positive Gedanken, Worte und Handlungen sind die besten Werkzeuge, denn in ihnen wirkt Gottes Wille.

Das heißt, in jedem positiven Gedanken, in jedem selbstlosen Wort, in jeder selbstlosen Geste und Tat wirkt Gottes Wille, Sein Geist.
Gott wird dem guten Planer alles geben, was er benötigt, und darüber hinaus.

Nur der sorgt sich um morgen, der sich nicht Gott anvertraut, der die Tage verstreichen lässt und sie nicht nützt.

Wer in den Tag hineinlebt und dann seinem Nächsten die Schuld gibt, wenn ihm manches misslingt, wenn er krank ist, wenn er Hunger hat, wenn er das Notwendige des täglichen Lebens nicht erwerben kann – der ist kein guter Planer.
Er ist ein ängstlicher, ichbezogener Mensch, der das herbeizieht, was er nicht möchte und wovor er Angst hat.

Wer nicht mit Gottes Hilfe die Stunden, Tage und Monate plant und seine Planung und sich selbst in den Willen Gottes stellt, den kann Gott nicht führen.

Nur wer sein Tagewerk Gott anvertraut und gewissenhaft das Gebot „Bete und arbeite" erfüllt, der kann von Gott geführt werden, der ist von Ihm erfüllt – der ist gefüllt von Liebe, Weisheit und Kraft.
Das heißt, sein Gefäß, sein Leben, ist erfüllt von Vertrauen und Glauben an Gott.

Menschen im Geiste Gottes werden nicht darben.
Sie sind gute Planer, sind stark im Glauben und arbeiten mit den Kräften des Geistes.

Nur der Ängstliche ist auf sich, auf sein kleines Ich, bedacht. Er sorgt sich um morgen, weil er nicht in Gott gefestigt ist und nicht an Gottes Weisheit und Liebe glaubt.
Damit öffnet er unbewusst die Scheune für Diebe, die kommen und stehlen.

Was er für sich persönlich erobert und gehortet hat, wird er verlieren.

Aus Gottes Hand empfangen die Menschen Nahrung, Obdach und Kleidung.
Wer sein Leben, sein Denken und seine Arbeit in Gottes Hand legt, der braucht sich nicht um morgen zu sorgen.
Er wird besitzen, was er heute, morgen und in Zukunft benötigt – und darüber hinaus.

Wer im Inneren Reich lebt, der wird auch im Äußeren nicht darben. Wer jedoch im Inneren arm ist, der wird im Äußeren darben.

Wenn er heute im Äußeren lebt und weltlichen Reichtum für sich mehrt und für sich persönlich behält, so ist er im Inneren arm, und wird in einem anderen Erdenkleide darben, also arm sein.

Daher trachtet zuerst nach dem Reiche Gottes und nach Seiner Gerechtigkeit, dann wird euch alles von Gott gegeben, was ihr benötigt – und darüber hinaus.

Rechtes Beten und Arbeiten heißt, für sich und für das Gemeinwohl arbeiten.

Der Mensch soll nicht nur an sich denken und nur arbeiten, um für sich allein Gewinn zu erlangen, sich damit zu schmücken und zu zeigen.

Erkennet:
Alles Sein ist in Gottes Obhut. Tiere, Bäume, Pflanzen und Steine sind in Gottes Obhut. Sie stehen im Evolutionsleben, das vom ewigen Schöpfergott gelenkt ist.
Die Schöpferkraft, das Ewige Sein, schenkt den Naturreichen das, was sie benötigen.
Die Gaben des Lebens strömen den Lebensformen in dem Maße zu, wie diese geistig entfaltet sind.

Die Kinder Gottes tragen in sich den Mikrokosmos aus dem Makrokosmos und stehen so mit der ganzen Unendlichkeit in Kommunikation.
Wie arm ist doch der Mensch, der sich um das Morgen sorgt!
Er zeigt selbst, dass er das Gestern noch nicht bewältigt hat, da er nicht im Heute, im Jetzt, also in Gott, zu leben vermag.

Erkennet:
Dem Menschen, der unbegrenzt denkt und lebt, dient die Unendlichkeit.

Menschen im Geiste der Liebe sind nicht auf sich bezogen, sondern all-bewusst.
Sie stehen in beständiger Kommunikation mit den Gotteskräften in allem Sein. Was sie tun, tun sie von innen heraus mit der Kraft der Liebe.

Sie planen und wirken nach dem Gebot „Bete und Arbeite" und vergeuden nicht den Tag.
Sie wissen um die Kostbarkeit des Tages, der Stunden und Minuten und nützen die Zeit.

Wer wahrhaftig lebt, der sorgt sich nicht um morgen; er empfängt schon heute das, was er morgen besitzt.
Denn wer in Gott lebt, wird heute und morgen nicht darben.
Wer jedoch ängstlich bleibt und seine Habe an sich zieht, der wird morgen arm sein.

Wer sich jedoch als kosmisches Wesen sieht, das uneingeschränkt Gottes Willen erfüllt, der erlangt Weisheit und Kraft.

Wer mit Liebe und Weisheit erfüllt ist, dessen Leben ist von der Kraft Gottes durchdrungen.

Ihm wird es an nichts mangeln.

Wer sich jedoch um morgen sorgt und die Zukunft düster sieht, der zieht das Übel an; er wird jeden Tag seine Last haben.

Denkt also nicht ängstlich an morgen! Plant mit Gottes Kraft – und lasst den Ewigen durch euch wirken.
Dann sind eure Gedanken positive Magneten, die wieder Positives und Aufbauendes anziehen.
Denn Gedanken, Worte und Taten sind Magneten.
Entsprechend ihrer Art ziehen sie wieder Gleiches oder Ähnliches an.«

»Wenn der Mensch bewusst zum Kinde Gottes geworden ist, dann dient ihm die Kraft Gottes durch alle Lebensformen, durch den Stein, das Holz, das Feuer und Wasser, durch Blumen, Gräser, Pflanzen und Tiere.

Alle Gestirne dienen dem, der in Mir, dem Geiste der Wahrheit, lebt. Wenn die Schöpferkraft das Geschöpf zu durchdringen vermag, weil seine Seele licht- und kraftvoll ist, dann ist es wieder bewusst das Kind, der Sohn oder die Tochter der Unendlichkeit und hat das Erbe, die All-Kraft, wieder angetreten.

Jeder Erdentag ist ein Geschenk an den Menschen, damit er sich darin erkennt und findet.
Die Naturreiche bieten sich dem Menschen an.
Feuer und Wasser dienen ihm und auch die Gestirne bei Tag und bei Nacht.

Erkennet, wie reich der Tag für jeden Einzelnen ist! Jeder Mensch ist reich, der den inneren Reichtum erschließt.«

Göttliche Weisheit (1)(2)

# Richtet nicht über euren Nächsten

*»Richtet nicht, auf dass ihr nicht gerichtet werdet. Denn mit welcherlei Gericht ihr richtet, werdet ihr gerichtet werden; und mit welcherlei Maß ihr messet, wird euch wieder gemessen werden. Und wie ihr anderen tut, so wird euch getan werden.«*

Kap. 27, 1

Christus erklärt, berichtigt und vertieft Seine Worte:

»Ihr habt gelesen: Gedanken, Worte und Handlungen sind Magneten.
Wer seinen Nächsten in Gedanken und mit Worten richtet und verurteilt, der wird also Gleiches oder Ähnliches an sich selbst erfahren.

Erkennet:
Eure negativen Gedanken, Worte und Handlungen sind eure eigenen Richter.

Mit welcherlei Maß ihr messet – ob in Gedanken oder in Worten und Handlungen –, so werdet ihr selbst gemessen werden.

So, wie ihr euren Nächsten abwertet, um euch selbst aufzuwerten, werdet ihr gewertet werden:
Ihr werdet euren Wert erfahren und erleiden.

Wie ihr eurem Nächsten im Denken, Reden und Tun begegnet, so wird es euch einst selbst ergehen.«

Göttliche Weisheit (1)(2)

# Erkenne den Balken in deinem Auge
## Beginne bei dir selbst

*»Was siehst du den Splitter in deines Bruders Auge und wirst des Balkens in deinem Auge nicht gewahr? Oder wie darfst du zu deinem Bruder sagen: Ich will dir den Splitter aus deinem Auge ziehen? Und siehe, ein Balken ist in deinem Auge. Du Heuchler, ziehe zuerst den Balken aus deinem eigenen Auge, dann erst siehst du klar, um den Splitter aus deines Bruders Auge ziehen zu können.«*

Kap. 27, 2

Christus erklärt, berichtigt und vertieft Seine Worte:

»Nur der Mensch spricht beständig über den Splitter im Auge seines Nächsten, der des Balkens im eigenen Auge nicht gewahr wird. Nur der befleißigt sich, den Splitter aus dem Auge seines Bruders herausziehen zu wollen, der sein eigenes Denken und Leben nicht kennt.

Wer sich nicht kennt und nicht den Balken – die Sünden der Seele, die sich in seinen eigenen Augen widerspiegeln –, der hat keinen Blick für die Wahrheit. Sein Auge ist getrübt von der Sünde. Er sieht dann im Nächsten nur das, was auch er selbst noch ist: Einen Sünder.

Wer über seine Mitmenschen negativ spricht, sie abwertet und ihnen Übles nachsagt, der kennt seine eigenen Fehler nicht.

Wer sich über seine Mitmenschen erregt und diese lächerlich macht, zeigt, wer er wahrlich ist.
Deshalb ist jeder ein Heuchler, der abfällig über die Fehler seines Bruders spricht – und dabei den Balken im eigenen Auge nicht bemerkt.
Wer zuerst seine eigenen Fehler ablegt, der ist auch fähig, seinem Nächsten zu helfen.«

# Seid gute Vorbilder in eurem Glauben und keine Missionierenden

*»Ihr sollt das, was heilig ist, nicht den Hunden geben, noch eure Perlen vor die Säue werfen, auf dass sie diese nicht zertreten mit ihren Füßen und nicht sich umkehren und euch zerreißen.«*

Kap. 27, 3

Christus erklärt, berichtigt und vertieft Seine Worte:

»Es entspricht nicht dem ewigen Gesetz des freien Willens, dass ihr mit den Worten der Wahrheit von Ort zu Ort, von Haus zu Haus zieht, eure Überredungs- und Überzeugungskünste anwendet und jeden, dessen ihr habhaft werdet, missioniert.

Denn das würde bedeuten, dass ihr die Wahrheit nicht heiligt und es so macht, wie es bildhaft geschrieben steht: „Ihr soll das, was heilig ist, nicht den Hunden geben, noch eure Perlen vor die Säue werfen."

Ihr sollt also das Wort Gottes eurem Nächsten nicht aufdrängen.

Wer glaubt, dass sein Nächster das glauben und annehmen müsse, von dem er glaubt, überzeugt zu sein, der hat selbst noch Zweifel und stellt seinen eigenen Glauben in Frage.

Missionieren heißt überzeugen wollen.

Wer überzeugen möchte, der ist in seinem Inneren selbst nicht von dem überzeugt, was er anpreist.

Seid jedoch gute Vorbilder in eurem Glauben und keine Missionierenden.

Ihr könnt euer Glaubensgut anbieten und jedem freistellen, ob er daran glauben oder nicht glauben möchte, ob er es mit euch halten möchte oder nicht.

Die Freiheit in Gott ist ein Aspekt des ewigen Gesetzes.

Wenn euer Nächster aus freiem Willen zu euch kommt und euch nach eurem Glauben fragt, so macht er den ersten Schritt auf euch zu; und wer im Glauben steht, der wird daraufhin auf seinen Nächsten zugehen und ihm antworten.

Wer mit seinem Nächsten in einer göttlichen Verbindung steht, der wird ihn nicht an seinen Glauben binden – sondern ihm nur so viel mitteilen, wie er selbst erkannt und verwirklicht hat.

Nur derjenige will seinen Nächsten an seinen Glauben binden, der wenig selbstlose Liebe entfaltet hat.

Daher hütet euch vor den Übereifrigen, die euch zu ihrem Glauben überreden wollen.

Bietet die ewige Wahrheit an in Wort und Schrift – und lebt selbst danach; dann werden auf euch die zukommen, die das Leben in sich erkannt haben.«

Göttliche Weisheit (1)(2)

# Das Reich Gottes ist inwendig in euch
## Kehre ein in dein Inneres

*»Bittet, so wird euch gegeben werden; suchet, so werdet ihr finden. Klopfet an, so wird euch aufgetan; denn jeder, der da bittet, wird empfangen, und der da sucht, wird finden, und denen, die da anklopfen, wird aufgetan.«*

Kap. 27, 4

Christus erklärt, berichtigt und vertieft Seine Worte:

»Nur der Mensch bittet, sucht und klopft an der Pforte zum Inneren Leben an, der noch nicht sein Inneres, das Königreich der Liebe, betreten hat.

Das Reich Gottes ist inwendig in der Seele eines jeden Menschen.

Der erste Schritt auf dem Pfad zum Inneren Leben, auf dem Weg zur Pforte des Heils, ist die Bitte an Gott um Hilfe und Beistand.
Der nächste Schritt ist die Suche nach Gottes Liebe und Gerechtigkeit.

Der Wanderer findet das Leben, Gottes Liebe und Gerechtigkeit, in den Geboten des Lebens, die Wegweiser sind auf dem Weg nach Innen.

Ein weiterer Schritt ist das Anklopfen im eigenen Herzenskämmerlein, an der inneren Pforte.
Diese Pforte zum Herzen Gottes öffnet sich nur dem, der ehrlich gebetet, gesucht und angeklopft hat.

Dem Verstandesmenschen, der nur nach äußeren Werten und Idealen trachtet, öffnet sich nicht die innere Pforte. Auch die Zweifler werden nicht empfangen.

Wer also bittet, sucht und anklopft, der muss es aus Liebe zu Gott tun und nicht, um Gottes Liebe zu prüfen.

Erkennet:
Wer nur prüfen möchte, ob Gottes Liebe tatsächlich existiert, der wird sehr rasch selbst auf den Prüfstein kommen.

Wer in Gott lebt, dem steht die Herzenspforte offen.
Er braucht nicht mehr zu bitten – er hat bereits empfangen; denn Gott kennt Seine Kinder.

Wer in das Herz Gottes eingekehrt ist, der hat in seiner Seele schon empfangen.
Das heißt, der Reichtum aus Gott leuchtet verstärkt in seiner Seele und strahlt durch ihn, den Menschen.

Wer in sein Inneres eingekehrt ist, der braucht nicht mehr zu suchen – er ist im Königreich des Inneren zu Hause.

Und wer bewusst Wohnung in Ihm genommen hat, der braucht nicht mehr anzuklopfen; er ist bereits eingekehrt und lebt in Gott und Gott durch ihn.

Nur jene werden bitten, suchen und anklopfen, die noch draußen stehen und noch nicht wissen, dass sie tief in ihrer Seele das tragen, was sie wahrhaft reich macht:
Gottes Liebe und Weisheit.«

Göttliche Weisheit (1)(2)

# Was ihr dem Geringsten eurer Brüder antut, das tut ihr Mir an, und euch selbst

*»Was auch immer ihr wollt, dass euch die Menschen tun sollen, das tut ihnen ebenso, und was ihr nicht wollt, dass sie euch tun, das tut auch ihr ihnen nicht; denn dies ist das Gesetz und die Propheten.«*               Kap. 27, 6

Christus erklärt, berichtigt und vertieft Seine Worte:

»Erkennet: Ihr sollt nicht von euren Mitmenschen das verlangen, was zu geben ihr selbst nicht gewillt seid.
Wenn ihr von eurem Nächsten etwas erwartet, das er für euch tun soll, so stellt euch die Frage:
Weshalb tut ihr es nicht selbst?
Wer von seinem Nächsten z.B. Geld und Gut erwartet, damit er selbst in seiner Bequemlichkeit nicht arbeiten muss, oder wer von seinem Nächsten Treue erwartet und selbst nicht treu ist, oder wer von seinem Nächsten an- und aufgenommen werden möchte, selbst jedoch seine Mitmenschen weder an- noch aufnimmt – der ist selbstsüchtig und arm im Geiste.

Was immer du von deinem Nächsten verlangst, das besitzt du selbst nicht im Herzen.

Es ist ungesetzmäßig, aus Erwartungshaltung seine Mitmenschen zu Handlungen, Aussagen oder Verhaltensweisen zu zwingen, zu denen sie von sich selbst aus nicht bereit wären.
Hast du in deinen Wünschen an deinen Nächsten deine Erwartungshaltung erkannt, so kehre rasch um und leiste du zuerst selbst, was du von deinem Nächsten verlangst.
Jeder Zwang ist ein Druck, der wieder Zwang und Gegendruck erzeugt. Durch ein solches erpresserisches Verhalten gegenüber deinen Mitmenschen bindest du dich an sie und machst sowohl dich als auch den, der sich erpressen ließ, zum Sklaven der niederen Natur.

Solche Zwangsmethoden wie: „Ich erwarte von dir, und du erwartest von mir – jeder gibt dem anderen, was dieser verlangt" führen zu Bindung.

Was gebunden ist, hat keinen Platz im Himmel.

Beide, die aneinander gebunden sind, werden einander einst wieder begegnen, entweder im feinstofflichen Leben oder in weiteren Einverleibungen.

Diese Form von Bindung gilt nicht am Arbeitsplatz. Hast du dich im Berufsleben freiwillig in einen Arbeitsbereich eingeordnet und der Verantwortliche gibt dir Aufgaben, die du im Rahmen deiner Tätigkeit durchführen sollst, so hast du hierzu schon mit deinem Eintritt in den Betrieb ja gesagt.

Du hast dich freiwillig in deinen Arbeitsbereich und in das Arbeitsteam eingeordnet, um zu tun, was dir aufgetragen wird. Wenn du also einen Arbeitsplatz wählst, dann sollst du auch ausführen, was dir gemäß deinem selbstgewählten Arbeitsbereich aufgetragen wird.

„Was ihr nicht wollt, dass die Menschen euch tun, das tut auch ihnen nicht" bedeutet:
Wenn ihr nicht verlacht und verspottet werden wollt oder nicht bestohlen und belogen werden wollt oder nicht um Hab und Gut gebracht werden wollt oder nicht gegängelt werden wollt oder nicht eures freien Willens beraubt werden wollt oder nicht geschlagen und beschimpft werden wollt, so tut dies auch nicht euren Mitmenschen.

Denn was ihr dem Geringsten eurer Brüder antut, das tut ihr Mir an – und euch selbst.

Was ihr nicht wollt, dass man euch tu, das fügt auch keinem eurer Nächsten zu – denn alles, was von euch ausgeht, kommt wieder auf euch zurück.
Deshalb prüft eure Gedanken und hütet eure Zunge!«

Göttliche Weisheit (1)(2)

# Reinige deinen Tempel
# Widerstehe der Versuchung
# Entscheide dich für Gott

*»Gehet ein durch die enge Pforte. Denn schmal ist der Pfad und eng ist die Pforte, die zum Leben führen, und wenige sind ihrer, die sie finden. Doch weit ist die Pforte und breit der Weg, der ins Verderben führt, und ihrer sind viele, die darauf wandeln.«* Kap. 27, 7

Christus erklärt, berichtigt und vertieft Seine Worte:

»„Schmal ist der Pfad und eng ist die Pforte, die zum Leben führt" bedeutet: In jedem, der sich bemüht, den schmalen Weg zum Leben zu wandeln, meldet sich der Finsterling und zeigt ihm – wie Mir als Jesus von Nazareth – die Schätze und Annehmlichkeiten dieser Welt.

Täglich gilt es aufs Neue, dem Satanischen zu widerstehen und ihm zu widersagen.
Wer nicht wachsam ist, der wird ihm hörig.

Erkennet:
Jeder, der die ersten Schritte hin zum Leben vollzieht, fühlt sich zuerst eingeengt und eingeschränkt, bis er sich endgültig entschieden hat.
Denn was er bisher an Menschlichem gedacht und getan hat, das soll er nun lassen.

Die Ersten Schritte gehen in das Ungewisse – sie heißen Glauben und Vertrauen.

Bis die ersten Schritte getan sind, ist der Pfad zum Leben schmal und eng. Die ersten Hürden, die auf dem Wege zum Herzen Gottes genommen werden sollten, heißen:

Denke um, und unterlasse die alten, menschlichen Gewohnheiten!
Bereue, vergib, bitte um Vergebung, und sündige nicht mehr!
Das bedeutet für jeden einzelnen eigene Anstrengung und Umstellung alles dessen, was bei ihm bisher üblich war.

Wer jedoch mit Meiner Kraft durchsteht, der wird den schmalen Pfad verlassen und dann auf die große Lichtstraße in das Reich des Inneren gelangen, auf der er mit den Wanderern in das Licht, dem Tor zur Absolutheit zustrebt, dem Leben in Gott.

Jeden Tag wird der Mensch geprüft: für oder wider Gott.

Wer sich gegen Mich entscheidet, indem er alle menschlichen Annehmlichkeiten behält und all das, was ihn menschlich macht, der wird auf der breiten, dunklen Straße nicht in Versuchung geführt werden, da er sich dem Versucher verschrieben hat.

Auf dieser Straße ins Verderben wandeln gar viele.

Sie werden nicht geprüft wie jene, die den schmalen Pfad zum Leben gehen.

Wer sich dem Versucher verschrieben hat, der sagt damit auch uneingeschränkt zu dem ja, was er auf Grund seiner Saat zu ernten hat.«

»Richte deine Antenne auf Gott aus, um von Gott aus dem Göttlichen zu empfangen.
Das heißt also: Reinige deinen Tempel. Dann richten sich deine Gehirnzellen, deine Sinne, deine Empfindungen und Gedanken auf Gott aus. Dann wirst du ganz allmählich in dir wohnen, und du wirst in dir dein Zuhause haben.«

Göttliche Weisheit (1)(2)(5)

# Hütet euch vor den falschen Propheten
# An ihren Früchten sollt ihr sie erkennen

*»Hütet euch vor den falschen Propheten, die in Schafsklei-*
*dern zu euch kommen, inwendig aber reißende Wölfe sind.*
*An ihren Früchten sollt ihr sie erkennen.«*

Kap. 27, 8

Christus erklärt, berichtigt und vertieft Seine Worte:

»Am Ende der materialistischen Tage, der „Raff- und Gier-
zeit", werden viele falsche Propheten auftreten.
Sie werden viel über die Liebe Gottes reden – und doch sind
ihre Werke Menschenwerke.
Nicht der ist ein echter Prophet und ein geistig Weiser, der
von der Liebe Gottes spricht, sondern allein der, dessen
Werke gut sind.

Die Gabe zu prüfen hat jedoch nur derjenige, der zuerst
seine eigene Gesinnung prüft: Ob er selbst wahrhaft an das
Evangelium der selbstlosen Liebe glaubt und auch den Sinn
des Evangeliums erfüllt – und das was er selbst schon aus
selbstloser Liebe an seinem Nächsten verwirklicht hat.

Ihr könnt erst dann eure Mitmenschen erkennen und die
Unterschiede von Gut, weniger Gut und Schlecht erspüren,
wenn ihr einige Grade geistiger Reife erlangt habt.

Wer seine Nächsten noch verurteilt und über sie negativ
denkt und spricht, der kann seine Mitmenschen noch nicht
prüfen. Ihm mangelt es an der Unterscheidungsgabe.
Er urteilt nur – und prüft nicht.
Wenn ihr selbst noch eine schlechte Frucht seid, wie könnt
ihr die guten Früchte erkennen?

Wer Gottes Gesetze nicht verwirklicht, dem fehlt es also an
der Unterscheidungsgabe, was gut, weniger gut und
schlecht ist.

Wer seinen Nächsten prüfen möchte, der prüfe also zuerst sich selbst, ob er die Gabe der Unterscheidung besitzt zwischen gerecht und ungerecht.

Sehr rasch kann eine gute Frucht verworfen werden und die schlechte bejaht: Dann, wenn die faule Frucht sich mit viel Reden hervortat und mit viel scheinbar überzeugenden Worten und Gesten wirkt.

Erkennet:
Gleiches zieht zu Gleichem. Wer selbst noch eine faule Frucht ist, dem sind die faulen Früchte näher als die guten. Wer jedoch selbstlos ist, der ist eine gute Frucht, dem ist auch das Gute, das Selbstlose, nahe.

Wer selbstlos ist, der hat auch die Unterscheidungsgabe zwischen den guten, den weniger guten und den schlechten Früchten.
Wer also die guten von den schlechten Früchten unterscheiden möchte, der muss zuerst selbst eine gute Frucht sein. Nur die gute Frucht kann die schlechte erkennen.

Die schlechte Frucht sucht immer wieder ihre gleichgesinnten schlechten Früchte, um gegen die guten vorzugehen. Die schlechten Früchte verurteilen, verwerfen, richten und binden.
Die gute Frucht kennt die schlechte Frucht, doch die schlechte Frucht erkennt nicht die gute Frucht.
Die gute Frucht schaut einzig auf das Gute, die schlechte Frucht einzig auf das Schlechte.
Entsprechend denkt, spricht und handelt der Mensch.

Die guten, reifen Früchte haben Verständnis, sind wohlwollend und tolerant und ihrem Nächsten gegenüber gütig.
Sie sprechen wohl die Missstände an, doch sie bewahren ihre Nächsten in ihrem Herzen.
Das bedeutet: Sie urteilen, verurteilen und richten nicht mehr.«

Göttliche Weisheit (1)(2)

# Erfülle den Willen Gottes
## Tue selbstlose Werke der Liebe

*»Es werden nicht alle, die zu Mir sagen: Herr! Herr! in das Himmelreich kommen, sondern die den Willen tun Meines Vaters, der im Himmel ist.«*

Kap, 27, 10

Christus erklärt, berichtigt und vertieft Seine Worte:

»Wer nur Meinen Namen anruft und nicht den Willen Meines Vaters erfüllt, der ist trotz seiner scheinbar geistig wirkungsvollen Reden und seiner scheinbar verbindlichen Worte arm im Geiste und wird nicht in das Himmelsreich eingehen.
Wer jedoch selbstlose Taten vollbringt, ohne Lohn und Anerkennung zu erwarten, der ist es, der den Willen Meines Vaters tut; denn so, wie er handelt, so denkt und spricht er auch.

Selbstlose Taten entstehen einzig aus gotterfüllten Empfindungen und Gedanken.
Sind die Gedanken des Menschen unlauter, dann sind auch seine Worte schal und seine Taten ichbezogen.

Erkennet:
Wer selbstlose Werke der Liebe tut und für sein irdisches Brot arbeitet, der wird im Himmel den gerechten Lohn empfangen.
Das geistige Brot ist die geistige Nahrung der Seele.
Das Brot für den Leib soll nach dem Gesetz von „Bete und arbeite" verdient werden.

Das geistige Brot kommt von den Himmeln und wird denen gereicht, die das Gesetz der Liebe und des Lebens wahren und auch das Gebot „Bete und arbeite" erfüllen.

Die irdische Speise schenkt Gott den Menschen durch die Erde. Die Früchte der Erde bedürfen der Zubereitung durch der Hände Arbeit. So ist der Arbeiter seines Lohnes wert.

Erkennt den Unterschied zwischen Brot für die Seele und Brot für den irdischen Leib!

Wohl entströmen beide einer Quelle, jedoch ist das eine geistig und wird der Seele gereicht, und das andere ist verdichteter Stoff, Materie, und wird dem physischen Körper gegeben.

Was der große Geist, Gott, den Menschen für ihren physischen Körper schenkt, bedarf menschlicher Arbeit; z.B. muss gesät, bestellt, geerntet und aufbereitet werden. Dafür soll der Mensch auch vom Menschen entlohnt werden.

In das Reich Gottes wird nur der aufgenommen werden, der alles aus Liebe zu Gott und den Menschen tut.«

Göttliche Weisheit (1)(2)

# Baue auf den Felsen – Christus
# Lerne alles auf Mich zu setzen

*»Darum, wer diese Meine Worte hört und sie befolgt, den vergleiche Ich mit einem klugen Mann, der sein Haus fest auf einem Felsen baute. Und ein Regen fiel und die Fluten kamen und die Winde bliesen um dieses Haus: Und es fiel nicht ein; denn es war auf einen Felsen gegründet.*
*Und es geschah, dass Jesus diese Rede vollendet hatte, erstaunte das Volk über Seine Lehre. Denn Er sprach Kopf und Herz an, wenn Er lehrte und redete nicht wie die Schriftgelehrten, die nur von Amtes wegen lehrten.«*

Kap. 27, 11-13

Christus erklärt, berichtigt und vertieft Seine Worte:

»Wer Meine Worte hört und befolgt, der entwickelt sein geistiges Leben.
Er gründet sein Leben auf Mich, den Felsen. Dann wird er auch jeglichen Stürmen und Fluten standhalten.

Nach diesem Erdenleben wird seine Seele bewusst in das geistige Leben eingehen und dort kein Fremdling sein, weil der Mensch schon auf Erden im Reiche des Inneren gelebt hat.

Der Prophetische Geist ist das Feuer in dem Propheten und in allen Erleuchteten.
Gott sprach und spricht durch sie nicht wie jene, „die nur von Amtes wegen lehrten".

Die Propheten und Erleuchteten sprachen und sprechen aus der Vollmacht des Ewigen, des redenden Gottes, ob es die Menschen wahrhaben möchten oder nicht.

Es steht geschrieben: „Er sprach Kopf und Herz an."
Was der Intellekt, der Kopf, aufnimmt, das wird von den „Kopfdenkern" beredet und diskutiert.
Trotz allem fällt so manch kleiner Same in ihr Herz.

Wer das Wort des Lebens mit dem Herzen aufnimmt, der bewegt es auch in seinem Herzen und bringt die gute Saat, das Leben, sofort zum Keimen.

Wer jedoch das Wort Gottes nur mit dem Intellekt erfassen will, der wird später – vielleicht erst nach einigen Schicksalsschlägen – erkennen müssen, was er durch seine Zweifel und durch seinen Verstandesdünkel abgelehnt hat.

Er muss erkennen, dass der Same, das Wort Gottes, das aus dem Füllhorn des Lebens durch Propheten und Erleuchtete gegeben wurde, ihm viel erspart hätte.«

Göttliche Weisheit (1)(2)

# KAPITEL VI

# Der Weg zur Gesundheit, innerer Sicherheit und Innerer Führung

# Der Weg zur Gesundheit

Ein Ziel dieses Buches ist, aufzuzeigen, wo und wie die Gesetze des Lebens zum Tragen kommen, damit wir gesund, glücklich und frei leben können.
Die Erfüllung dieser Gesetze ist auch der Weg zur wahren Gesundheit.

Unser Körper – das Fahrzeug der Seele – besteht aus ca. 100 Billionen Körperzellen und besitzt die Fähigkeit, aufgrund der ihm innewohnenden Selbstheilungskräfte, Gesundheit und Wohlbefinden zu erlangen.

Krankheit entsteht dann, wenn wir die Grundordnung der Körperzellen und Organe durch ungesunde Ernährung und Lebensweise, sowie negative krankmachende Gedankenmuster stören.

Immer mehr Menschen auf der ganzen Erde entwickeln sich zu „Zombies" oder lebenden Toten, d.h. sie vegetieren und bleiben geistig blind, stumm und taub für das wahre Leben. Sie sind gefühllos, grausam und ihr Hauptnahrungsmittel ist Fleisch.

Ein rein materialistisches Leben führen macht blind, unfrei, müde, krank; bringt Stress und innere Unruhe; macht depressiv, ängstlich und dement.

Die Innere Führung ist dann blockiert.

Krankheiten kommen nicht per Zufall auf uns zu. Wir Menschen leiden und werden krank, weil wir die Gesetzmäßigkeiten des Lebens nicht beachten und ständig mit unseren Gedanken, Worten und Taten gegen das Gesetz Gottes – die Liebe – verstoßen.

Um das Leben zu meistern, müssen wir die Gesetzmäßigkeiten des Lebens kennen.

# Welches sind Gesetzmäßigkeiten des Lebens?

Wir sind inkarnierte Geistwesen in einem materiellen Körper und es gibt kosmische Gesetze, die unser Leben als Mensch in der Materie und als Seele im Jenseits, bestimmen:

- Die Gedanken und Worte sind Energien:
  Keine Energie geht verloren.
  Wir sollen auf unsere Gedanken, Worte und Taten achten.

- Was wir senden und tun kommt auf uns zurück.
- Das Gesetz der Resonanz – Gleiches zieht Gleiches an.

- Wir sollen Tieren und Natur keinen Schaden oder Leid zufügen – Kein Tier essen.

- Die Gesetze des Lebens – die Gottes Gesetze – befinden sich in den Zehn Geboten und in der Bergpredigt.
  Je mehr wir danach leben, desto gesünder sind wir.

- Das Gesetz von Ursache und Wirkung – Das Kausal-Gesetz.

- Wir haben eine unsterbliche Seele. Wir sind Wesen der Liebe, gefallene Engel, in einem materiellen Körper.
  Wir sind nicht von dieser Welt.

- Reinkarnation: Wir leben nicht nur einmal.
  Wir sollen anstreben, aus dem Rad der Wiedergeburt herauszufinden.

- Sinn des Lebens ist, wieder diese selbstlose Liebe zu entfalten, uns zu verfeinern und veredeln, die geistige Evolution anzustreben: Zurück zu Gott und zu unserer Heimat, die Himmlischen Bereiche.

Den meisten Menschen sind alle geistigen Gesetzmäßigkeiten, sowie die Reinkarnation und das Gesetz von Ursache und Wirkung unbekannt. Sie denken, wir leben nur einmal.

Ohne die „Lehre der Reinkarnation" kann man die Zehn Gebote und die Bergpredigt Jesu nicht verstehen. Auch nicht den Sinn unseres Lebens und was mit uns nach dem Tod geschieht.

Wenn wir die Gesetze des Lebens ignorieren, dann betrachten wir alles, was auf uns zukommt, als Zufall, Laune der Natur, genetisch bedingt oder als Geheimnisse Gottes.

Wenige Menschen sehen einen Zusammenhang zwischen Ernährung, Lebensstil, Gedankenwelt und ihren Krankheiten und Schicksalsschlägen.

Viele Zivilisationskrankheiten lassen sich vorbeugen und sogar erfolgreich therapieren, wenn man aufhört Tiere zu essen, Veganer wird und den Frischkostanteil in der Ernährung erhöht.

Als Arzt beobachte ich, dass die meisten Krankheiten einen seelischen Anteil haben und ihre Ursachen negative Gedankenmuster und Fehlhaltungen sind.

Das Gefangensein im Gehirn durch materialistisches Denken, Wünsche, Sorgen, Probleme, Feindseligkeit und Negativität, macht uns Menschen auf Dauer krank und energiearm.

Ich bin zu dem Ergebnis gekommen, dass, wenn wir Menschen gesund, glücklich und frei werden wollen, sollten wir die Gedankenkontrolle erlernen, uns mit dem Sinn des Lebens beschäftigen und den Weg zurück zur Natur und zu Gott – der Innere Weg – beschreiten.

Deswegen zeige ich in einem anderen Buch, »Nutze die Gedankenkraft – Eine Bereicherung für Dein Leben«, viele Hilfen für den Inneren Weg auf, wie z.B. Methoden der Gedankenkontrolle, frei werden von Angst, das Erlernen ruhiger zu werden, die lebendige innige Beziehung zu Gott uvm.
Denn das alles ist eine wichtige Basis für die Gesundheit.

Einer der ersten Schritte auf dem Weg der geistigen Evolution ist, aus der Unwissenheit oder geistigen Ignoranz, aus dem Ego-Kerker herauszufinden, damit die Weisheit der Seele sich entfalten kann.

Die Innere Weisheit hat nichts mit Intellekt, Verstandesdenken oder viel Wissen sammeln zu tun.
Rein intellektuelles Denken macht blind für die Wahrheit und blockiert die Weisheit der Seele.

Die Innere Weisheit wächst, wenn wir immer mehr nach dem Gesetz Gottes leben, unsere Ego-Aspekte abbauen und die Beziehung zu Gott und zu Christus zu einer innigen lebendigen Kommunikation oder zum Dialog wird.

### FAZIT

»Der Weg zur Gesundheit befindet sich in der Erfüllung des Gesetzes der selbstlosen Liebe oder Gottes Gesetz.«

»Das Gesetz Gottes, das in den Zehn Geboten und der Bergpredigt enthalten ist, gibt uns Menschen Lebenshinweise, deren Erfüllung der Weg zu Gesundheit, Glück, Freiheit, Vervollkommnung und innerer Sicherheit sind.«

# Die innere Sicherheit

Die Welt wird immer stressiger, unruhiger und chaotischer. Die Menschen leiden an Angst vor Finanzkrisen, Wirtschafs-Crash, Armut, Schicksalsschlägen, unheilbaren Krankheiten, Krebs, Demenz, ein Pflegefall zu werden, Gentechnologie, Klimawandel, Naturkatastrophen, Flüchtlingskrisen, Dieben, sexuellen Übergriffen, Bürgerkriegen und Drittem Weltkrieg.

## Frei werden von Angst

Angst ist ein Komplex mit diversen Wurzeln. Ängste hat jeder ab und zu, mehr oder weniger. Wenn sie stark ausgeprägt sind und unser Leben total beeinträchtigen, muss man sie analysieren, bearbeiten und umwandeln.
Die Kindheit prägt uns sehr stark und wir übernehmen oft Verhaltensmuster, Fehlhaltungen und Ängste der Eltern.
In so einem Fall hilft es wachsam zu sein, sie zu erkennen und sich nicht „infizieren" lassen.
Oft ist Angst ein Zeichen von Selbstbezogenheit:
Ich denke zu sehr an mich, ich bin zu sehr materiebezogen, ich identifiziere mich zu sehr mit meinem Körper und habe starke Bindungen an Menschen oder Gegenstände.

>»Je mehr wir an uns denken,
>desto mehr Ängste verspüren wir.«

Vergangenheit, Erinnerungen und traumatische Erlebnisse aus Vorinkarnationen sowie die Art, wie wir damals gestorben sind, können in uns Ängste auslösen, z.B. Angst vor Wasser, wenn wir ertrunken sind uvm.
Angst hat eine **Lernaufgabe** an uns und ist oft die Folge egozentrischer Verhaltensmuster: Wenn wir andere Menschen richten und urteilen, schlecht über sie sprechen; ihnen Leid, Schmerz, Schaden zufügen, stehlen, betrügen; wenn wir unehrlich sind, Geheimnisse haben; Eifersucht, den Partner betrogen haben uvm.

Oft drückt sich die Angst in Form von Schuldgefühlen und schlechtem Gewissen aus. Angst ist mit Fehlhaltungen und negativen Gedankenmustern verbunden, wie Seitensprung, Feindseligkeit, Groll, Hass und Rache.

In unserer Seele haben wir negative Magneten – Schatten – geschaffen: Wir haben Angst, dass auf uns zukommt, was wir anderen angetan haben.

Wenn man Fleisch und Fisch isst, dann gibt man den Auftrag zum Töten und schafft Ursachen, die auf uns zukommen werden. Wenn man Tiere jagt, dann hat man Angst gejagt zu werden. An Fleisch und Fisch klebt die Schwingung von Angst, Hoffnungslosigkeit, Leid und Schmerz der Tiere. Deswegen leiden immer mehr Menschen an Depressionen, Angstzuständen und Panik-Attacken.

> »Je weniger wir uns im Gesetz von Ursache und Wirkung bewegen, desto weniger Ängste werden wir haben.«

**Frei werden von Angst** geht durch **innere Arbeit**, Selbstanalyse, Selbstbeobachtung, Achtsamkeit: Wir sind bestrebt nichts Negatives zu senden, wir achten, dass das, was wir in Gedanken, Gefühlen, Worten und Handlungen senden, dem Gesetz der selbstlosen Liebe entspricht.
Wir lernen, uns nicht nur als Mensch, sondern als inkarniertes Geistwesen in einem materiellen Körper zu sehen.
Wir verfeinern und veredeln uns, wir entfalten innere Werte und einen edlen Charakter.
So kommen wir raus aus dem Rad der Wiedergeburt und aus dem Gesetz von Ursache und Wirkung.

Angst ist oft ein Zeichen, dass wir die geistigen Gesetze des Lebens ignorieren oder dagegen verstoßen. Auch, dass wir fern von Gott leben, nicht an Ihn und Seine Führung glauben oder unsere Beziehung zu Ihm noch zu schwach ist.

Die tägliche Hingabe an Gott – der Schöpferkraft – und eine innige lebendige Beziehung zu Ihm, sind eine große Hilfe, um frei zu werden von Angst.

# Wie finden wir die innere Sicherheit
# in unsicheren Zeiten?

Es beunruhigt uns, wenn wir die aktuellen Nachrichten lesen, hören oder anschauen mit Skandalen, Wirtschaftskrise, Pannen der Bankensysteme oder Nahrungsmittelhersteller, multiresistenten Bakterien, Abgas-Skandal, Flüchtlingskrise, kaltem Krieg, Aufrüstung, Terrorismus, militärische Auseinandersetzungen uvm.
Die Erde reinigt sich und kommt in eine höhere Schwingung und es findet eine Erneuerung statt. Alte Strukturen, die der göttlichen Ordnung und Liebe nicht entsprechen, brechen zusammen oder erneuern sich.

Wir brauchen uns nicht intensiv mit den Nachrichten zu beschäftigen, sonst zieht es uns runter.
Wir sollten sie mit einem gewissen Abstand und Zurückhaltung aus der geistigen Perspektive betrachten, ohne davon innerlich betroffen zu sein.

Wir sollten uns darüber nicht so viele Gedanken oder Sorgen machen, denn das müssen wir nicht.
Was wir in den Nachrichten sehen, ist die Folge des Gesetzes von Ursache und Wirkung.

Wir gehören nicht zu dieser materialistischen Welt. Wir sollten uns aus den Verstrickungen der Materie befreien, aus dem Gesetz von Saat und Ernte herausfinden.
Kein Mensch kann uns Geborgenheit geben, wahre Liebe, nicht einmal Sicherheit.

Sicherheit werden wir nie im Äußeren finden, egal ob in Menschen, Hab und Gut, gefülltem Bank-Konto, Geld-Anlagen, gepanzertem Fahrzeug, dem Tragen einer Waffe, oder durch ein einbrecher- und diebstahlsicheres Haus mit Videoüberwachung und Alarmanlage.

Die Welt bietet uns keinen Halt und keine Sicherheit mehr.

**FAZIT**: Eine Neue Zeit hat begonnen, es entsteht allmählich ein neues Menschentum. Jeder kann Vorbild, Pionier und Lichtpunkt in dieser Welt werden.

Schutz, Rettung und **wahre Sicherheit** finden nur in uns, wenn wir den Weg der Vervollkommnung, den Weg nach Innen, beschreiten und uns zu Gottmenschen entwickeln.

Das geht durch ein spirituelles Leben, in dem wir mehr und mehr die Zehn Gebote und die Bergpredigt – das Gesetz der Liebe – verkörpern und so die Innere Führung erlangen.

>»Es wird sehr turbulent in dieser Welt sein.
>Schaut lieber nach Innen und nach Oben.«

**Sicherheit durch Waffen? oder „Du sollst nicht töten"**

Viele bereiten sich auf die Zukunft vor, in dem sie sich Waffen zulegen, um sich selbst zu schützen und zu verteidigen. Wer eine Waffe – Kampfmesser, Pistole, Gewehr, Armbrust – besitzt, hat ein Gefühl der Sicherheit, es ist jedoch nur eine Scheinsicherheit. Zudem ist die Gefahr groß, dass man sie benutzt und jemanden wirklich verletzt oder sogar tötet.

Sich selber oder anderen Menschen das Leben zu nehmen, auch bei Selbstverteidigung, das alles ist ein Verstoß gegen das kosmische Gesetz der Liebe; auch das mutwillige Töten und verzehren von Tieren.

Wenn wir Menschen oder Tiere töten oder den Auftrag zum Töten geben, belasten wir unsere Seele und schaffen Ursachen, die zur Wirkung auf uns kommen werden.

Es gibt keine Zufälle! Was wir erleiden, haben wir selber verursacht, in diesem oder in einem Vorleben, denn wir leben nicht nur einmal.

Wir sollten bestrebt sein, keine körperliche Gewalt anzuwenden. Denn Gewalt zieht Gewalt an.
Alles was wir anderen antun, kommt auf uns zurück.

Deswegen ist es gefährlich, lange Zeit Aggressionen, Wut, Groll und Rachegefühle zu hegen.

Wer Feindseligkeit und Hass gegen andere hegt, schafft einen Magneten, der das Gleiche anziehen wird.

Das Töten von Menschen ist in den Medien zum Alltag geworden und dies prägt die Gehirne jeder Altersgruppe.

Unser Gehirn hat „Spiegelneuronen", die bewirken, dass wir Menschen eine Neigung zum Nachahmen haben.
Kinder neigen dazu, das Gleiche zu tun, was sie bei Eltern und im Umfeld wahrnehmen.

In Internet-Videos, Computer-Spielen, Fernsehen und im Kino wird oft gezeigt, dass Konflikte nur mit Waffen und Gewalt zu lösen sind. Wenn man zu viele Horror-, Action-Filme, Krimis mit Brutalität, Intrigen, Grausamkeit, Gewalt und Verbrechen anschaut, programmiert man das Gehirn und die Körperzellen für Angst und Gewaltreaktionen.

Auch romantische Liebesfilme und Bücher beeinflussen uns negativ, in dem sie uns für das Energie-Saugen von Menschen und für die Sexual- und bindende Liebe programmieren.

# Was hilft bei gefährlichen Situationen?

Wir werden in eine Zeit kommen, in der wir keine Sicherheit mehr im Äußeren finden können. Wo können wir sie finden?

### 1) **Die innere Sicherheit – Hilfen im ÄUSSEREN**

Als Erstes intuitiv sein und sobald wir etwas erahnen, fliehen. Weglaufen ist kein Zeichen von Feigheit oder Schwäche, sondern von Vernunft.

Eine Hilfe ist, schon vorher Körperkondition zu gewinnen und die Beine durch Sport, wie Joggen, Radfahren oder Wandern zu trainieren.

# Die Macht der Worte!

Ein lautes klar gerufenes Wort oder einen Satz, eine Frage, die unseren Gegner zum Nachdenken bringt, kann ihn bremsen, ohne dass wir ihn berühren.
Das Gleiche kann man auch mit einer Trillerpfeife bewirken, indem man sie ein- oder mehrmals laut ertönen lässt.

In so einer Situation sollte man spontan eigene Ideen entwickeln und erfinderisch sein, z.B. das Wort „Polizei" mehrmals laut rufen. Am besten keine beleidigenden Kommentare oder Schimpfworte, denn das kann beim Gegner Aggressivität gegen uns auslösen.

Im Notfall, wenn nichts anders geht, kann man Judo-Handgriffe oder Selbstverteidigungstechniken anwenden, die den Gegner aufhalten, ohne ihn zu verletzen oder körperliches Leiden zuzufügen, z.B. den Körper zurückdrängen, die Hände oder Arme festhalten.
Dabei sollte man selbst frei sein von Aggressionen und dem Wunsch, den Feind zu besiegen.

»Ein wahrer Held ist nicht der,
der seine Feinde mit Gewalt und Waffen besiegt,
sondern, der es schafft, dass sein Feind sein Freund wird.«

Man sollte immer bestrebt sein, Konflikte friedlich zu lösen!

Mahatma Gandhi, mit seinem gewaltlosen Widerstand, hat uns gezeigt, dass innere Stärke nichts mit Muskelkraft zu tun hat.

»Toleranz und Respekt vor anderen Meinungen
beweist echte Stärke und besorgt dir viele Freunde.«

Aus dem Buch „Kraft der Natur" von Erwin Corpataux

Was uns **innere Stärke** gibt, sind unsere positiven Gedanken und die inneren Werte, Verständnis, Toleranz, Klarheit, Güte, Friedfertigkeit, Ehrlichkeit, Reinheit, Liebe, Edelmut, die wir entwickelt haben, sowie die Hingabe und stetige Verbindung mit Gott oder Christus.

## 2) Die innere Sicherheit – Hilfen im INNEREN

- So wenig wie möglich im Kausal-Gesetz von Ursache und Wirkung leben ist ein guter Schutz. Stattdessen leben wir mehr und mehr nach den Zehn Geboten und der Bergpredigt. Wir achten, dass unsere Gedanken, Worte und Handlungen, immer mehr dem Gesetz der Liebe entsprechen, also göttlich sind.

- Gott oder Christus um Schutz bitten.

- Segnen oder „Liebe senden": Mit dem Herzchakra, dem 4. Bewusstseinszentrum oder Christuszentrum, z.B. beim Ausatmen uns vorstellen, dass ein Wärmestrahl von uns zu den Angreifern oder Feinden fließt.

- Die Einheit üben: Sich mit der Umgebung, Menschen, Tieren, Pflanzen, Steinen, Natur, Kosmos und Schöpferkraft mit einer tiefen, langen und bewussten Atmung verbinden.

- Sich mit seinen scheinbaren Feinden mit der Wiederholung von Affirmationen oder Bewusstseinsstützen in Liebe, von Herz zu Herz, verbinden: „Gott in mir, Gott in meinem Nächsten", „Christus in mir, Christus in meinem Nächsten", „Mein Nächster ist ein Kind-Gottes".

- Je mehr wir die Kommunikation und Verbindung mit Gott und Christus pflegen, desto schärfer werden die Intuition und die Innere Führung.

- Wir üben im „Christus-Bewusstsein" zu leben: Ein Leben nach dem Gesetz Gottes und im Christus-Energiefeld, bildet eine Ausstrahlung und eine positive Aura um uns, die uns in gefährlichen Situationen schützen kann.

Wenn wir lernen in uns zu ruhen – in der Dauer-Verbindung mit Gott und Christus – und entsprechend danach leben, dann werden wir in brenzligen Situationen, die richtigen Impulse erhalten.

Wenn wir nach den obengenannten Hinweisen leben, dann entfalten wir die innere Weisheit und Intuition, was auch die Innere Führung bringt.

## Friedfertigkeit – Schutz von innen

Wahre Sicherheit finden wir nur in uns, durch die Entfaltung innerer Werte, wie Güte, Toleranz, Verständnis, Wohlwollen, in der Erfüllung der Botschaft der Liebe von Jesus von Nazareth.

Letzten Endes erkennen wir, dass die Geborgenheit und Sicherheit einzig in Gott liegen, der über allem steht, was in unserer Welt geschieht.

Gott zuzuwandern, uns Ihm hinzugeben, ist letztlich der Sinn unseres Erdendaseins. Und so finden wir zur wahren Sicherheit.

Viele reden über die Neue Zeit und ein neues Bewusstsein. Jedoch Bewusstseinserweiterung und innere Sicherheit werden nicht von selbst geschehen, sie müssen in uns erarbeitet werden.

## Schutz durch ein Leben nach dem Gesetz der Liebe

> »Innere Sicherheit bedeutet
> das Gesetz der Liebe zu leben.«

Wenn wir bestrebt sind, in dem Bewusstsein „Liebe – Einheit – Dankbarkeit" zu leben und die entsprechenden Gedanken pflegen, strahlen wir diese aus.
Unsere Aura wird so zu unserem Schutzschild.
So schaffen wir eine Schutzzone um uns.

Die Liebe wird in dieser Welt oft falsch verstanden.

Die Vorstellungen der Liebe haben ein breites Spektrum:
Von der rein selbstsüchtigen Liebe bis hin zur vollkommen selbstlosen Liebe.
Meistens lieben wir mal selbstsüchtig, dann wieder selbstlos – oder vermischen beides.

Romantische Liebe, leidenschaftliche oder Sexualliebe, Mutterliebe, sind oft egoistische oder bindende Liebe.

Selbstsüchtige Liebe basiert meistens auf der Grundhaltung von Personen, die ausschließlich auf Energie ziehen, auf ihren eigenen Genuss und Befriedigung oder auf das Nehmen, statt auf das Geben bedacht sind.

Das Ego kann viele Varianten der Selbstbezogenheit haben. Wenn wir die Ichbezogenheit nicht abbauen, dann leiden wir an Sorgen, Ängsten, Liebeskummer, Eifersucht, Schmerz, Krankheiten und ziehen Schicksalsschläge an.

Um die selbstlose Liebe zu entfalten sollten wir zuerst unsere egozentrischen Verhaltensmuster, selbstsüchtige Wünsche und Vorstellungen abbauen.

Ein wichtiger Aspekt des Lebenssinnes ist es, diese Ego-Aspekte zu erkennen, abbauen und umzuwandeln. Denn alles, was gegen die selbstlose Liebe verstößt, belastet unsere Seele.

**Was bedeutet wahre Liebe?**

Liebe ist eine besondere Art der Zuneigung, eine positive Energie, ein Energiefluss.
Das Ziel sollte sein, die bedingungslose, selbstlose Liebe in uns zu entfalten.

Liebe hat als Begriff ein breites Spektrum von Qualitäten:

Achtsamkeit, Respekt, Toleranz, Verständnis, Gerechtigkeit, Geduld, Feinfühligkeit, Güte, Mitgefühl, Herzlichkeit, Ehrlichkeit, Großzügigkeit, Demut, Bescheidenheit, Treue, Freiheit, Frieden, Friedfertigkeit, Feindesliebe, Vergebung, Einheit, Veganismus, Naturschutz.

Je mehr wir diese Qualitäten der Liebe oder inneren Werte entfalten, desto gesünder, freier, reicher und glücklicher werden wir.

# Innere Sicherheit
## durch eine
## innige lebendige Beziehung zu Gott

Eine innige lebendige Beziehung zu Gott und Christus zu trainieren, erlebe ich als die beste Methode, die Sicherheit und Innere Führung zu erlangen.

Der Fokus unserer Gedanken ist auf Gott und Christus gerichtet, auf einen Dauer-Dialog mit einem unsichtbaren Freund oder Vater. Man kann direkter mit Ihm sprechen, mit gesprochenen Worten aus dem Herzen:

Danke Vater - Danke Christus - Ich beginne den Tag mit Dir - Ich gebe mich Dir hin - Dein Wille geschieht - Ich vertraue mich Dir ganz an - Wirke Du durch mich - Ich liebe Dich.

Diesen innigen Dialog aus dem Herzen kann man während des Tages immer wieder aufnehmen, in Gedanken, gesprochenen Worten, in Schrift- oder Brieform, Tagebuch oder im Computer.

Unser Gehirn - die Antenne für das Göttliche - braucht ein Ziel, einen Fokus, auf den die Gedanken ausgerichtet werden: Wenn wir oft mit Christus oder mit Gott sprechen und eine innige lebendige Beziehung aufbauen, ist es wie ein tägliches „Gehirn-Training" sowie die beste Methode der Gedankenkontrolle.

Das hilft uns nicht nur unsere Gedanken zu kontrollieren und ruhiger zu werden, sondern bewirkt eine Bewusstseinserweiterung, die uns Ausgeglichenheit, Entspannung, Stressabbau, Freiheit, Glück, Gesundheit, Klarheit, Stärke, Sicherheit und Innere Führung schenkt.

# Liebe deine Feinde
# Tue Gutes denen, die dich hassen

Die Feinde zu lieben ist für uns inkarnierte Menschen eine der schwierigsten Themen der Bergpredigt.
Ich zeige jetzt Strategien und praktische Hilfen, die ich selbst getestet habe, und die mir sehr geholfen haben:

## 1) **Sende nur Positives**

Jedesmal, wenn wir Schwierigkeiten mit jemand haben, Gedankenkontrolle üben, und nichts Negatives senden.
Versuchen, nicht emotional oder verletzend zu reagieren.
Wir sollten uns angewöhnen nichts Negatives, in Gedanken oder Worten zu senden.
Annehmen, dass unser Nächster eine andere Meinung hat.
Wir üben, Konflikte friedlich zu lösen.

So entfalten wir einen edlen Charakter:

> „Was du nicht willst, das man dir tu,
> das füge keinem anderen zu."

„Ein Held ist nicht der, der seinen scheinbaren Feind in einem Streit besiegt, sondern der, der es schafft, dass sein „Feind" zu seinem Freund wird."

> „Der wahre Weise streitet nicht."

## 2) **Bleibe bei dir!**

Ich empfehle, nicht zulassen, dass unser Gehirn stundenlang um negative Gefühle und Gedanken kreist, sondern so schnell wie möglich schriftlich den Konflikt bearbeiten, mit Tagebuch oder PC.
Sonst verlieren wir viel Energie. Außerdem, was wir senden, kommt auf uns zurück und kann uns krank machen, z.B. Kopfschmerzen oder es passieren uns Unfälle.

### 3) Feinde verhelfen dir zur Selbsterkenntnis

Unsere scheinbaren Feinde regen uns durch ihr Verhalten zum Nachdenken und zur Selbsterkenntnis an.
Sie sind unbewusst Werkzeuge und Mitarbeiter der göttlichen Ordnung und dienen schließlich unserer Läuterung.
Wenn wir es schaffen, bei Schwierigkeiten positiv zu reagieren, unseren scheinbaren Feinden zu vergeben und sie zu lieben, wächst in unserer Seele die Widerstandskraft und wir finden zu innerer Größe.

### 4) Dein Nächster ist dein Spiegel

Feinde sind oft ein Spiegel zur Selbsterkenntnis. Hier ist das Gesetz der „Entsprechung" oder „Resonanz" aktiv, das sagt: Was uns an anderen stört, ärgert, erregt oder wenn wir scharf kritisieren, das haben wir selbst."
Und umgekehrt: Wenn wir innerlich frei sind, dann erregen wir uns nicht mehr.

Ärger deutet auf Aspekte unseres Egos – Selbsterkenntnis und innere Arbeit helfen uns, davon frei zu werden.

Es gibt mehrere Möglichkeiten des Gesetzes der Resonanz: Oft haben wir nicht die gleichen, sondern ähnliche Aspekte in einer subtileren Art oder Variante. Z.B. wenn uns stört, dass Menschen unehrlich sind, bedeutet, wir sind irgendwo auch unehrlich oder wir haben Geheimnisse.
Hinter Kritik kann sich etwas anderes verbergen: Wenn wir andere schlecht machen, ist es oft, weil sie etwas besitzen, was wir nicht haben.
Da versteckt sich Neid, z.B. wenn man attraktive, erfolgreiche oder reiche Menschen kritisiert. Durch Kritik werten wir ab und wir fühlen uns besser. Es sind trennende Gedanken.

### 5) Es gibt keine Zufälle!

Es gibt keine Ungerechtigkeit, alles hat seinen Sinn.
Nach dem Gesetz von „Ursache und Wirkung" kann uns nichts geschehen, an dem wir unschuldig wären.

## 6) **Wir sind nicht nur Opfer, sondern auch Täter**

Je nach dem, was für Schatten in unserer Seele liegen, ziehen wir magnetisch Abwertung, Beleidigung, Mobbing, Diebstahl, Betrug, Gewalt oder eine schlimme Kindheit an.

Oft sehen wir uns als Opfer, in Wirklichkeit sind wir bzw. waren wir aber die Täter in einer oder mehreren Vorinkarnationen. Mir hat folgendes geholfen:

- Schicksalsschläge und was uns geschieht, dankbar anzunehmen und mit „innerer Arbeit" aktiv bleiben.
- Reflexion über die Botschaft oder Lernaufgabe.
- Um Verzeihung bitten: Bei Momenten der Besinnung, Meditation, Verinnerlichung oder während eines Spaziergangs in der Natur, über Gott, die Seelen von Menschen, denen wir in Vorinkarnationen Schaden zugefügt haben, um Verzeihung bitten.

## 7) **Feinde helfen dir eine Seelenschuld oder Karma abzutragen**

Für den Reifeprozess der Seele kann Negatives, das auf uns zukommt, ein Segen sein. Durch das Abtragen einer Seelenschuld wird unsere Seele freier.

Krankheiten, finanzielle Not, Unfälle und Schicksalsschläge sind ein Hilferuf der Seele und des Körpers, ein Hinweis, uns selbst zu ändern. Sie bringen uns zum Nachdenken, öffnen uns die Augen für das Wesentliche im Leben, und können helfen, Gott näher zu kommen und unserem Leben eine neue bessere Richtung zu geben.

Wichtig ist, dass wir als Ziel haben nicht mehr im Kausal-Gesetz zu leben und uns noch mehr mit anderen Menschen verstricken, sondern aus dem Rad der Wiedergeburt herausfinden und den Weg der Geistigen Evolution oder den „Inneren Weg" beschreiten.

## 8) **Ziel: Jesus von Nazareth nachzufolgen und Ihn als Vorbild haben**

Sich fragen:

Wie hätte Jesus von Nazareth in dieser Situation reagiert?
Oder Christus direkt fragen:
Wie hast Du es damals geschafft, Deine Feinde zu lieben?

Wir werden in den nächsten Stunden oder Tagen Impulse von Christus bekommen, die uns den Weg zeigen.

## 9) **Pflege niemals Rache**

Wir sollten bestrebt sein,

- Nicht Gleiches mit Gleichem zu vergelten.
- Wir können aufklären, jedoch wir sollten niemals zurück-schlagen.
- Nicht klagen oder schlecht über andere sprechen.
- Wir danken für jede Situation, auch wenn sie schwer zu ertragen ist.

## 10) **Überlegen: Was ist die Botschaft oder Lernaufgabe für mich?**

Wenn wir Probleme mit anderen Menschen haben, hilft es, sich nicht als Opfer zu sehen, sondern sich fragen:

Was soll ich daraus lernen?

Welches ist meine Lernaufgabe?

Es wirkt sehr befreiend, die Themen, die uns belasten, schriftlich mit dem Tagebuch zu bearbeiten. So bekommen wir unseren Kopf frei, sowie mehr innere Ruhe und Klarheit.

Ich empfehle diese innere Arbeit nicht allein zu machen, sondern Gott und Christus einzubeziehen, Ihnen Fragen stellen und um Ihre Führung bitten.

## 11) Finde und bejahe das Positive in deinem Nächsten

Jeder Mensch besitzt positive Eigenschaften, auch unser schlimmster Feind. Wir können eine Liste schreiben und bewahren: Auch wenn sie am Anfang nur eine positive Eigenschaft unseres Feindes beinhaltet. Wir können es mit unserem Partner üben. Die Liste oft lesen, insbesondere in Momenten von Streit oder Spannungen.

## 12) Abstand für einige Zeit

Wenn man im Streit im engen Kreis der Familie oder Arbeitskollegen lebt, dann helfen Momente des Abstandes oder Distanz, z.B. in der Partnerschaft in getrennten Zimmern schlafen oder sich einen Rückzugsort schaffen. Denn ständig im Spannungsfeld leben, verhindert die Entspannung, Erholung, klares Denken oder Selbsterkenntnis.

## 13) Immer die Einheit mit deinen Nächsten anstreben

Auch wenn im Moment die Situation für uns schwierig ist und wir stark wegen Spannungen mit anderen Menschen leiden, sollten wir trotzdem die Versöhnung anstreben und als Ziel, die Einheit mit dem Nächsten immer bejahen.
Wenn wir das Vergeben allein nicht schaffen, dürfen wir Gott in uns – die Kraft der Liebe –, um Hilfe und Beistand bitten.

## 14) Wiederholung von Affirmationen

Hier geht es um die „beseelte Wiederholung" von Sätzen, positive Programmierung, für unsere Gehirnzellen. Dann bilden sich neue Synapsen, die, wie Magneten oder ein positives Energiefeld, die negativen Gedanken neutralisieren:
„Mein Nächster ist ein Kind Gottes"
„Gott in mir, Gott in meinen Nächsten"
„Christus in mir, Christus in meinen Nächsten"
„Ich vergebe"

## 15) Gott hilft – Übergib Ihm, was dich belastet

„Wenn nichts mehr hilft, dann hilft nur Gott", sagt ein altes Sprichwort.

Wenn wir nicht weiter kommen, können wir durch einen Dialog mit Gott, in Gedanken, Worten oder schriftlich um Hilfe und Führung bitten.

Wenn die Antwort nicht sofort kommt, die Bitte mehrere Tage oder Wochen wiederholen. Hartnäckig und wachsam sein für die Antwort: Auf Tagesimpulse und Zufälle achten.

Etwas, was mir sehr geholfen hat ist, alles was belastet, Ängste, Sorgen, Probleme, wiederholt Ihm zu übergeben. Und um Seine Führung bitten.

## 16) Die scheinbaren Feinde helfen dir

Solche Situationen sind unangenehm für uns, jedoch beinhalten viel Positives.
Wir werden dadurch geschliffen, wie ein Diamant.
Irgendwann werden wir merken, dass unsere scheinbaren Feinde es sind, die uns am meisten geholfen haben.

Wir können, was wir gelernt und entfaltet haben aufschreiben:

Du lernst konkret zu sprechen - bei dir zu bleiben ohne anzugreifen.
Du lernst, in dir zu ruhen.
Du lernst, souverän und mit Weisheit zu sprechen und zu reagieren.
Du lernst, unpersönlich zu sprechen.
Du lernst, gelassen zu bleiben, wenn der andere dich angreift.
Du lernst, mit klaren Fragen dich zu verteidigen.
Du lernst, Menschen zu lieben, die dich ungerecht kritisieren oder behandeln.
Du lernst, die scheinbaren Feinde zu lieben.

Du lernst das Vergeben, wenn du angegriffen wirst.
Du lernst, deinen Nächsten im Herzen zu tragen, egal wie er sich benimmt.
Du lernst, nicht zu richten und zu urteilen.

Du lernst, Gott in deinem Nächsten zu sehen.
Du lernst, keinen Groll zu haben oder nachtragend zu sein.
Du entwickelst viele positive Eigenschaften und einen edlen Charakter.

Du verkörperst immer mehr die Zehn Gebote und die Bergpredigt.

Die Liebe, die du entfaltest und ausstrahlst, macht dich stark.
Du gewinnst an Weisheit und innerer Stärke.
Du hast innere Sicherheit.
Du hast inneren Friede.

Friedfertige Menschen wie du sind wichtig in dieser Welt.
Durch die Liebe, die du entwickelst, kannst du diese Welt zum Positiven verändern.
Christus kann durch dich in dieser Welt wirken.
Gott wirkt durch dich.

# Die Atmung aus der geistigen Sicht

Der Film »Am Anfang war das Licht« von Menschen, die „nichts essen", von „Prana" leben und keine Mangelzustände haben, zeigt uns, dass es vieles gibt, was die moderne Wissenschaft nicht zu deuten vermag.

Meine persönliche Erklärung als Arzt für dieses Phänomen der „Lichtnahrung" ist, dass unser Körper unglaubliche „Recycling-Mechanismen" besitzt und viele Bausteine aus anderen Molekülen produzieren kann. Außerdem, der Mensch besteht nicht allein aus einem physischen Körper.

Durch die Atmung bekommen wir nicht nur Sauerstoff für alle unsere Körperzellen.
Beim Einatmen nehmen wir Mineralien in Ionen-Form auf, z.B. Magnesium, Jod uvm. Auch Stickstoff, aus dem unsere Körperzellen Aminosäuren und Eiweiß bilden.

Wir Menschen werden nicht nur durch Nahrungsmittel mit Lebensenergie versorgt, sondern auch durch eine bewusste Atmung, positive Gedankenwelt, Sonnenlicht, die Kräfte der Natur – Od- oder Ätherkräfte – sowie die Verbindung mit Gott, der Schöpferkraft.

**Durch die Atmung senden und empfangen wir Energien**

Der Atemrhythmus funktioniert automatisch und wird vom Kleinhirn gesteuert. Er wird ständig von unserer Gefühls- und Gedankenwelt beeinflusst sowie von dem, was wir im Unter- und Oberbewusstsein gespeichert haben.

Die meisten Menschen atmen kurz, flach und oberflächlich, weil sie viel Negatives im Unterbewusstsein gespeichert haben oder zu viele negative Gefühle und Gedanken im Kopf bewegen.

Falsches Denken und Verhalten bewirken eine ständige Kurzatmung und so entstehen Energieblockaden im Körper. Durch die oberflächliche Atmung sind Lungen-Kapazität und Sauerstoffversorgung bei vielen Menschen eingeschränkt.

Ein kurzer Atem zeigt die Unruhe des Herzens auf und verbindet uns mit den entsprechenden negativen Gedanken, die sich tagsüber in uns aufbauen und an unserem Energiefeld oder Aura haften.

Beim Einatmen nehmen wir die Gedanken-Energien anderer Menschen aus der Atmosphäre auf, je nach dem, was für eine Resonanz oder Magneten wir in uns geschaffen haben. Wenn wir Ausatmen wird ein Teil unsere Gedankenwelt in die Atmosphäre gesendet. Deshalb sind Achtsamkeit und Gedankenkontrolle für uns Menschen sehr wichtig.

## Sollen wir mit dem Brustkorb oder mit dem Bauch atmen?

Die Bauchatmung wird als richtig angesehen. Jedoch die Lunge befindet sich im Brustkorb: Warum soll es gesund sein mit dem Bauch zu atmen? Was ist richtig, mit der Lunge oder mit dem Darm zu atmen?

Von der Ästhetik her sieht ein Mensch besser aus, wenn sein Bauch flach ist.
Viele möchten attraktiv aussehen und trainieren intensiv, um einen Waschbrettbauch zu erreichen.
Das ist fast unmöglich, wenn der Mensch den ganzen Tag mit dem Bauch atmet.
Bauchatmung kann sogar unser Selbstwertgefühl stören oder vermindern.

Wenn jemand gerne mit dem Bauch atmen will, darf er es weiter tun.

Meine Empfehlung wäre, zuerst mit dem unteren Brustkorb atmen und danach die oberen Lungenflügel zu füllen. Sich angewöhnen, so langsam, tief und lange wie möglich zu atmen: Ein- und Ausatmung sind ungefähr gleich lang. Beim Gehen, drei bis fünf Schritte einatmen, und drei bis fünf Schritte ausatmen. Dabei sich vorstellen, dass die Energie in den ganzen Körper bis zu den Zehenspitzen fließt.

Je langsamer wir atmen, desto ruhiger wird unsere Gedankenwelt und wir können besser unterscheiden, was sind positive und was negative Gedanken.

## Gefahren durch die Anwendung von Atemtechniken

Unkontrollierte Gedanken und Gefühle sind oft ein Hindernis für die Tiefenatmung.

Haben wir eine flache Atmung, dann können wir zwar eine Tiefenatmungs-Technik bewusst durch eine kurzzeitig wirkende Atemübung herbeiführen. Doch was nützt uns diese zwangsweise und kurzzeitige Veränderung unserer Atmung, wenn wir anschließend wieder flach atmen, weil unsere negativen Gefühle, Gedanken und Verhaltensweisen einen ausgewogenen, tiefen Atem verhindern?

Atemtechniken werden meistens eingesetzt zu Heilzwecken oder zur Erlangung meditativer Erfahrungen und sie bergen einige Gefahren. Der Energiefluss durch die sieben Chakras oder Energiezentren der Seele wird dadurch umgelenkt, was zu Krankheiten und psychischen Problemen führen kann. Mit bestimmten Atemtechniken erreicht man nur eine zeitlich begrenzte Heilung des physischen Leibes.

Das Oberbewusstsein der Zellen wird mit Gedanken des Heilwerdens aufgeladen, und so wird ein Karma, eine ausfließende Seelenschuld zurückgedrängt, ohne die der Krankheit zugrunde liegende Seelenschuld zu bereinigen. Außerdem können sich Fremdprogramme in uns einnisten, die uns falsch beeinflussen und bestimmen.

## Vorteile der tiefen Atmung mit dem Brustkorb

Viele Menschen leiden an Angst und es ist die psychische Störung Nr. 1 in den Industrieländern!
Wenn wir frei von Angst werden wollen, hilft am besten, sich anzugewöhnen, den Brustkorb mit einer bewussten, tiefen und langen Atmung zu erweitern.

Das hilft uns die Wirbelsäule aufzurichten und eine aufrechte Körperhaltung zu bewahren, zum Vorteil der Menschen, die an Rückenschmerzen, Angst und Depressionen leiden.

## Die bewusste Atmung als Energiequelle

Wir sind eine „müde Gesellschaft" die täglich Aufputschmittel, wie Kaffee und Energie-Drinks, braucht.

Wir verlieren viel Energie durch „Abfall-Gedanken", negatives Denken und Sprechen, Grübeln über Unwesentliches, Probleme, Sorgen, Streit, starke materielle Wünsche sowie durch Völlerei, Exzesse und ungesunden Lebensstil.

Menschen, die kurz atmen, leiden vermehrt an Müdigkeit und Energiemangel. Viele Menschen sind Opfer ihrer außer Kontrolle geratenen Gefühls- und Gedanken-Welt.

Gedankenkontrolle und tiefe Atmung helfen uns, frei von innerer Unruhe und Stress zu werden.
In meinem Buch »Nutze die Gedankenkraft« zeige ich die besten Methoden der Gedankenkontrolle, denn das ist die Basis für Gesundheit, Entspannung, innere Freiheit und ein bewusstes spirituelles Leben.

Eine tiefe und lange Atmung hilft, dass die Energie in den sieben Chakras oder Bewusstseinszentren der Seele und in den Akupunkturmeridianen besser fließt und energetische Blockaden sich lösen.
Dadurch werden unsere Körperzellen und Organe besser mit Energie versorgt.

Schmerzen verschwinden und wir können sogar besser sehen, wenn wir uns eine tiefe Atmung angewöhnen.

Bei Spaziergängen können wir mit der Atmung die heilenden Energien der Natur – Äther- oder Odkräfte – aufnehmen.

### Segnen oder Liebe senden mit der Atmung

Mit dem Christuszentrum oder 4. Herzchakra können wir Segnen oder Liebe senden: Beim Ausatmen uns öfters vorstellen, dass ein Wärmestrahl von uns zu anderen Menschen und Lebensformen fließt.

### Verbindung mit dem Christus-Energiefeld

Die tiefe Atmung mit dem Brustkorb fokussiert die Aufmerksamkeit auf das 4. Herz-Chakra oder Christuszentrum.

Die Atmung und beseelte Affirmationen helfen uns mehr und mehr im Christusbewusstsein zu leben, z.B. die Sätze:
„Christus in mir, Christus in meinen Gedanken"
„Gott in mir, Gott in meinen Gedanken"

### Verbindung mit Gott

Eine bewusste Atmung hilft uns göttliche Energien zu gewinnen und uns mit Gott bewusst – der Schöpferkraft, dem Leben, der Energie der Liebe zu verbinden.

Mit einer tiefen, langen und bewussten Atmung empfangen wir vermehrt Botschaften oder Impulse aus unserer Seele, unserem **Geistbewusstsein**. So aktivieren wir mehr und mehr die Intuition der Seele und die **Innere Führung**.

Deshalb ist es wichtig, dass wir beginnen, unsere Atmung zu beobachten, so dass es langsam zur Gewohnheit wird, bewusst, tief und lang mit dem ganzen Brustkorb zu atmen.

# FAZIT

Versuchen wir, den ganzen Tag ruhig, langsam und bewusst zu atmen.

Wir werden merken, dass wir einen ruhigeren Körperrhythmus und mehr Gelassenheit bekommen und dass wir unseren Mitmenschen und den Situationen des Tages anders begegnen.

Wir brauchen keine spezielle Atemtechnik (auch nicht Bauchatmung), sondern sich einfach vorstellen, dass unser Atem ohne Hindernisse alle Zellen, Zellverbände, alle Organe, alle Körperteile durchströmt – bis zu den Füßen.

Eine bewusste, lange und tiefe Atmung mit dem Brustkorb ist das natürlichste und effektivste Mittel, um

* unsere Gedanken besser kontrollieren zu können,
* klarer zu denken,
* Stress besser zu bewältigen,
* uns zu zentrieren,
* zu lernen, lösungsorientiert zu denken,
* ruhiger zu werden, inneres Gleichgewicht erreichen,
* den Körper zu entgiften und entschlacken,
* Negativität aus der Seele zu entsorgen,
* die Schultern nach hinten zu bringen und die Körperhaltung zu verbessern,
* besser zu sehen,
* Schmerzen zu lindern,
* das Nervensystem zu entspannen,
* Blockaden zu lösen, Ängste zu überwinden,
* sich positiv zu verändern,
* das Bewusstsein zu erweitern,
* im Christus-Bewusstsein zu leben,
* Liebe zu senden und alles segnen,
* Energie zu gewinnen durch die Verbindung mit Gott, der Schöpferkraft.

# Unsere Gene für ein höheres Bewusstsein programmieren

Ein Irrweg in der modernen Medizin ist die Suche der Krankheitsursachen in Gen-Defekten. Zahlreiche Studien zeigen, dass die Gene allein keine Krankheit auslösen können: Zwillinge mit gleicher genetischer Veranlagung weisen nicht immer denselben Gesundheitszustand oder Krankheiten auf.

Jahrzehntelang glaubte man, die genetische Veranlagung sei einfach Schicksal und es herrschte eine Opfermentalität.

Nach 20-jähriger Untersuchung haben Forscher des Institutes of HeartMath in Kalifornien entdeckt, dass Faktoren wie Liebe, Wertschätzung, Ängstlichkeit und Ärger den DNA-Bauplan eines Menschen beeinflussen. Der DNA von Stammzellen kann durch Magnetfelder, Ernährungsweise, mentalen Zustand und Intention verändert werden.

Der Autor Dawson Church belegt mit 300 wissenschaftlichen Studien in seinem Buch, »Die neue Medizin des Bewusstseins – Wie Sie mit Gedanken und Gefühlen Ihre Gene positiv beeinflussen können«, dass unsere Gene kein Schicksal sind. Im Gegenteil: Jedes einzelne Gen verfügt über „Schalter", wodurch es „an- oder ausgeknipst" werden kann.

Nicht die unveränderlichen Gene bestimmen Aussehen, Persönlichkeit und Krankheitsrisiken, sondern die epigenetischen Schalter, die wir selbst positiv beeinflussen können. Mit unseren Gedanken und Gefühlen wirken wir ständig auf unsere Umwelt, unseren Körper, unsere Gene, ein.

Die Autoren Deepak Chopra und Rudy Tanzi zeigen etwas Ähnliches in ihrem Buch »Super Genes«: „Wir sind nicht einfach die Summe der Gene, mit der wir geboren wurden", „Wir sind der Benutzer und Controller unserer Gene, der Autor der biologischen Geschichte."

# FAZIT

Nach den Gesetzen der Natur, bekommen wir unseren physischen Körper von unseren Eltern mit einer bestimmten genetischen Prägung. Durch karmische Verstrickungen inkarnieren wir in Familien, die magnetisch den Speicherungen unserer Seele entsprechen.

Wir neigen schon zu gleichen Krankheiten wie unsere Vorfahren, aber nur, wenn wir die gleichen Fehler mit unserer Ernährungs-, Denk-, Verhaltens- und Lebensweise machen.

Die Gene sind keine passiven Strukturen, die stereotyp in immer gleicher Weise „funktionieren". Gene sind dynamisch, reagieren auf Ernährungsgewohnheiten, Lebensstil, und vor allem auf das, was wir denken, sprechen und tun.

Die Gene sind mit unserer Seele verbunden und sind gigantische Informationsspeicher, die alles, was wir in dieser und in Vorinkarnationen gedacht, gesprochen und getan haben, speichern. Die Summe dieses Energie-Potentials bestimmt unseren Körperbau, Aussehen, Charakter, Ausstrahlung, Gesundheit, Erfolg und Glück.

»Wir bestimmen täglich jede Sekunde, mit unserem Verhalten, Ernährungsweise, Gedanken, Worten und Handlungen, was wir in unseren Genen speichern.«

»Je mehr wir nach den Inhalten der Zehn Gebote und Bergpredigt leben, desto mehr programmieren wir unsere Gene und Gehirnzellen für ein Göttliches Bewusstsein.«

»Wir verwandeln uns in Gottmenschen, die immer mehr im Christusbewusstsein und in der Inneren Führung leben.«

# Innere Stille
# und Gedankenruhe anstreben

Um die Impulse und Führung von Christus und Gott wahrnehmen zu können, sollten wir innere Stille und Gedankenruhe anstreben und üben.
Es bedeutet nicht, dass wir den ganzen Tag nicht reden,
passiv bleiben und nur meditieren.

Anstatt mit Hektik oder wie getrieben unter Strom leben
und arbeiten lernen wir, mit geistiger Dynamik zu arbeiten.

Frei werden von Stress ist möglich, wenn wir verinnerlicht
leben und üben, nicht mit eigenen Energien zu arbeiten,
sondern, dass wir zulassen, dass Gott durch uns wirkt.

Still werden bedeutet, wenn alle Geräusche unserer Begierden, persönlichen und materiellen Sehnsüchte schweigen
oder immer weniger werden.

Eine weitere Voraussetzung ist, mit unserem Nächsten in
Frieden leben und ihm keine negativen Gedanken senden.

»Gottes Gegenwart spüren wir in der inneren Stille.«

»Gott ist immer in uns, nur wir sind selten zu Hause.«

»Sinn des Lebens, die Unio mystica: Eins werden mit Gott.
Menschen Wille mit Gottes Willen in Einklang bringen.«

Meister Eckhart (1260–1328) Theologe, Philosoph

Wenn wir innere Stille und Gedankenkontrolle erreichen
wollen, um die Innere Führung und Impulse von Christus
und Gott wahrzunehmen, dann sollten wir lernen ruhiger zu
werden und auf Mental-Hygiene achten!

# Auf Mental-Hygiene achten!

Die neue digitale Zeit birgt Gefahren! Die Medien des digitalen Zeitalters bringen uns mehr Wissen, Wohlstand und Hilfen durch die Technik, Elektronik, Autos, Computer uvm. Sie machen unser Leben bequemer, alles läuft viel schneller und trotzdem leiden immer mehr Menschen an Zeitmangel, Unzufriedenheit, innerer Unruhe und Stress.

Der Tanz um das goldene Kalb!

Nicht alles in den digitalen Medien ist schlecht, jedoch der Dämonenstaat verführt uns ständig über die Welt der Sinne, materielle Wünsche und Sexualität: „Ich schenke dir alle Schätze dieser Welt, wenn du niederfällst und mich als Gott und Geber anbetest."

Es ist zu empfehlen, die „Gehirn-Verseuchung" und die Reizüberflutung der Sinne durch Radio, Musik, Handy, Smartphone, Fernsehen, Filme, Videos, Internet, Nachrichten zu selektieren und die Abhängigkeit zu reduzieren.

Der Dämonenstaat und die Seelen aus der Astralwelt sind immer bestrebt, uns „nach außen" zu führen, in Stress und Hektik zu versetzen, uns über die Sinne und Wunschwelt zu verführen, uns Energie zu stehlen, damit wir in eine niedrigere Schwingung oder Bewusstseinsenge fallen.

Ich empfehle, ein inneres Leben führen, sich nicht gehen zu lassen und bewusst Erfahrungen machen, mit allem, was uns diese Welt bietet und womit sie uns verführen will.

Wir erhalten nicht nur Angriffe der Gegenseite, sondern auch viel positive Kraft und Energie von Oben durch Hilfen, Mahnungen und Impulse von unserem Schutzgeist, sowie von Gott und Christus in uns.

Wenn wir uns Seine Führung wünschen, sollten wir uns immer mehr im Christus-Energiefeld – Christusbewusstsein – bewegen und auf Seine Frequenz eingestimmt sein.

# Verfeinerung und Veredelung der Sinne

Das ist ein Prozess, der nicht von heute auf morgen geht. Zu empfehlen ist Achtsamkeit, ein bewusstes Leben, langsam und bewusst essen, statt hastig, sowie die Gedankenkontrolle und das bewusste Sprechen zu üben.

Weiteres siehe Thema „Ordnung im Leben" auf S. 250.

# Gottes Erfahrungen

Zur Inneren Führung und Gotteserfahrungen gelangt man nicht durch auf Angst basierter Frömmigkeit oder durch das Studium der Bibel und Theologie.

Frömmigkeit, Verstandesdenken und enge religiöse Haltung können uns sogar von Gott wegführen und den Zugang zu den **„aktuellen Impulsen"** vom Gottes Geist für unser Leben verschließen.

Wenn wir im täglichen Leben immer öfter im Bewusstsein der Gottesgegenwart und Dankbarkeit leben, werden uns immer mehr Gotteserfahrungen geschenkt, z.B. durch Impulse, Ideen, Erlebnisse, Zufälle, Hilfen, oder Dinge, die uns innere Freude bereiten.

Gotteserfahrungen machen wir, wenn wir, wie Franz von Assisi üben, Gott in uns, in jedem Mensch und in allem zu sehen.

Gotteserfahrungen können wir in der Natur durch schöne Erlebnisse mit Tieren, Bäumen, Blumen und den Elementen, Wasser, Wind, Regen, Schnee und Sonne erfahren.

Auch eine herzliche Begegnung mit einem Menschen, mit dem wir uns innerlich sofort verbunden fühlen, kann eine schöne Gotteserfahrung sein.

Gotteserfahrungen sind nichts Magisches oder Gewaltiges. Es sind feine Begegnungen oder Erfahrungen, in denen wir Gottes Nähe und Seine Führung wahrnehmen.

# KAPITEL VII

# Der Weg der Vervollkommnung

### Der Weg nach Innen

### Der Weg der Geistigen Evolution

### Der Innere Weg zurück zu Gott

# Der Weg der Geistigen Evolution

Jesus sagte schon vor 2000 Jahren: »Ihr sollt vollkommen sein, wie euer Vater im Himmel vollkommen ist.«

Für die Vervollkommnung oder Geistige Evolution ist ein Leben nach den Gesetzen Gottes notwendig, das die Zehn Gebote Gottes und die Bergpredigt Jesu, als Essenz vieler christlicher Religionen, beinhaltet.

Viele Propheten, Mystiker, erleuchtete Frauen und Männer sind diesen Weg gegangen: Teresa von Avila (1515-1582) beschreibt Aspekte dieses Weges in ihren Büchern „Weg der Vollkommenheit" und „Die sieben Wohnungen der Inneren Burg".
Die Seelenburg ist für sie ein mystischer Weg mit sieben Phasen geistigen Wachstums: Die Einübung ins Ich-Sterben – Freiwerden vom Ego –, Demut als ein ständiges Bemühen um Selbsterkenntnis und vor allem die Pflege einer intensiven Freundschaft mit Gott und Christus.
Ethisches Handeln, Nächstenliebe, Einsatz für eine bessere Welt sind für Teresa ein entscheidendes Zeichen dafür, dass, in den mystischen Erfahrungen, Gott am Wirken ist.

Der Innere Weg führt uns – durch die konsequente Arbeit an uns selbst – schrittweise in ein Leben nach den ewigen göttlichen Gesetzen, in ein Leben der Gottes- und Nächstenliebe und schließlich wieder in die Einheit mit dem Göttlichen in uns.
Der Weg der selbstlosen Liebe und somit der Weg zu Gott, führt uns allmählich aus dem Kausalgesetz, dem Gesetz von Ursache und Wirkung heraus, zu Glück, Gesundheit und Freiheit.
Um aus dem Rad der Wiedergeburt heraus zu gelangen, bedarf es der Kenntnis und Erfüllung der sieben göttlichen Wesenheiten: Ordnung, Wille, Weisheit, Ernst, Liebe und göttliche Barmherzigkeit, gleich Sanftmut oder Güte.

Die sieben Wesenheiten oder Eigenschaften entsprechen unseren 7 Chakras oder Bewusstseinszentren der Seele.
Der Innere Weg geht über diese sieben Stufen, die untereinander und ineinander enthalten sind.

Alle sieben Eigenschaften oder Stufen gehören zusammen: Die vierte Stufe, der Ernst, ist die Führung durch Christus, der alle Gesetzes- und Kindschafts-Eigenschaften verbindet.

Der Innere Weg ist nicht ein Weg der Isolation als Eremit in einem Kloster, sondern die gelebte Spiritualität mit individueller Führung durch Tagesimpulse.

Er ist kein Weg, wie z.B. ein Studium an der Universität, wo man die vorgeschriebene Anzahl von Semestern oder Kursen absolviert, viel intellektuelles Wissen sammelt und anschließend die Prüfungen ablegt.

Der Innere Weg ist kein Weg der Kasteiung, sondern ein Weg der bewussten Erfahrungen und der Freude.
Es ist kein Weg für den persönlichen geistigen Erfolg, Ego-Aufwertung, eigene Erleuchtung, sondern für das selbstlose Dienen am Nächsten.
Es ist kein Weg, der uns an Menschen bindet, sondern der uns durch innere Arbeit in die wahre Freiheit führt.

Der Innere Weg beginnt sowohl mit Ordnung im Leben machen als auch das Erkennen und Erfüllen des Willen Gottes. Dies führt uns zur Einheit und Nächstenliebe zu allen Menschen, Tieren und Lebensformen.

Der Innere Weg ist der Weg zurück zu unserem göttlichen Ursprung, zu unserem wahren Selbst, zu Gott.
Er ist für jeden Menschen individuell und geht durch innere Arbeit und positive Veränderungen, über das, was uns täglich gezeigt wird mit der Inneren Führung einher.

Innere Führung geht zusammen mit dem Trainieren des Dauerkontaktes mit Gott und Christus.

# GESETZES-EIGENSCHAFTEN + KINDSCHAFTS-EIGENSCHAFTEN

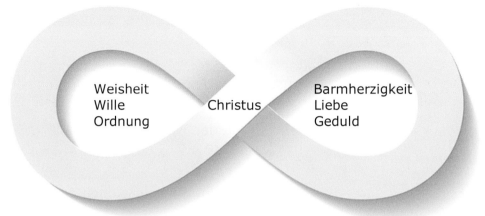

Weisheit
Wille
Ordnung

Christus

Barmherzigkeit
Liebe
Geduld

# DIE 7 BEWUSSTSEINSZENTREN DER SEELE

**ENERGIE-ZENTRUM / ETHISCHE QUALITÄT**

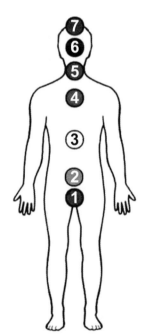

**7** BEWUSSTSEINSZENTRUM DER
BARMHERZIGKEIT / GÜTE / SANFTMUT
oder Kronen-Chakra

**6** BEWUSSTSEINSZENTRUM DER LIEBE
oder Stirn-Chakra

**5** BEWUSSTSEINSZENTRUM DER GEDULD
oder Hals-Chakra

**4** BEWUSSTSEINSZENTRUM DES ERNSTES
CHRISTUSZENTRUM oder Herz-Chakra

**3** BEWUSSTSEINSZENTRUM DER WEISHEIT
oder Solarplexus-Chakra

**2** BEWUSSTSEINSZENTRUM DES WILLENS
oder Sakral-Chakra

**1** BEWUSSTSEINSZENTRUM DER ORDNUNG
oder Wurzel-Chakra

# Der Weg nach Innen
## Der Innere Weg zurück zu Gott

Im Laufe der Geschichte hat Gott und die geistige Welt uns Menschen immer wieder Aspekte des Weges der Vervollkommnung durch viele Religionen, spirituelle Gruppen, Propheten, Mystiker, erleuchtete Frauen und Männer gegeben.
Eigentlich ist der Innere Weg zu Gott in den Zehn Geboten und der Bergpredigt Jesu enthalten, jedoch wenige haben ihn verstanden und beschritten.

Ich habe nachfolgend eine Zusammenfassung gemacht, wie dieser Weg praktisch im täglichen Leben aussieht.

1) Zuerst, die **ENTSCHEIDUNG** für das Göttliche, für Gott:

> „Ich entscheide mich für Dich!"
> „Ich möchte Eins sein mit Dir!

Gott lässt uns immer den freien Willen. Um uns aber zu führen, braucht Er täglich unsere Entscheidung für Ihn und den Weg der Geistigen Evolution, der Verfeinerung und Veredelung.
Durch unsere Entscheidung öffnen wir uns für die Göttlichen Impulse, insbesondere dann, wenn wir den Wunsch pflegen, Eins mit Gott zu sein.

»Unser erwachtes ewiges Bewusstsein möchte, dass wir auf Erden schon weise werden und die Einheit mit Gott, unserem Vater, erlangen.«

»Unser größter Wunsch sollte sein, Gott gefallen zu wollen, Seinen Willen zu erfüllen und wieder göttlich zu werden; rein, edel und gut in Empfindungen, Gedanken, Worten und Handlungen.«

Göttliche Weisheit (8)

2) Schaffe **ORDNUNG** in deinem Leben.
Lasse die Gottes- und Nächstenliebe walten!

Eine wichtige Voraussetzung auf dem Inneren Weg ist, Ordnung im Leben und in den Beziehungen zu anderen Menschen anzustreben, u.a. durch Selbsterkenntnis, Versöhnung, Vergeben und um Vergebung bitten, Wiedergutmachen und das Falsche nicht mehr tun.

Ordnung und Sauberkeit in unseren Räumlichkeiten, Auto Arbeitsplatz und Kleidung hat einen positiven Einfluss auf unsere Gedankenwelt und Gemütszustand. Unordnung und Schmutz bringen negatives Denken und innere Unruhe.

Ordnung im Leben bedeutet insbesondere Vergangenheit abschließen sowie Friede und Einheit anstreben.

Wir lernen, unsere Gedanken zu ordnen, die Rede zu zügeln, die Sinne zu verfeinern und uns mehr und mehr nach Innen zu wenden.

Folgender Text beschreibt die **STUFE DER ORDNUNG**:

»Ordne dein Leben: Überprüfe deine Gedanken und Worte.

Sprich niemals negativ über deinen Nächsten sondern erkenne: Alles, was dein Nächster spricht und vollzieht, betrifft nur Gott und Sein Kind, nicht dich. Durch negatives Denken und Handeln schadest du dir nur selbst, denn was der Mensch sät, wird er auch ernten.

Durch die Praxis der Selbstanalyse wirst du immer weniger deinen Nächsten in Gedanken, Worten und Werken verurteilen, weil du des Balkens in deinem eigenen Auge gewahr wirst.

Über dein Herz und deine Lippen soll nur Gutes kommen! Rede wenig und denke noch weniger!

Sprich nur, wenn es wesentlich ist! Empfinde edel und gut.

Veredle dich! Veredle deshalb, o Mensch, auf jeder der sieben Grundstufen deine fünf Sinne, indem du deine niederen Neigungen und Leidenschaften erkennst und diese zügelst.

So wirst du bald die göttlichen Kräfte verspüren, die dich führen und deine Seele und auch deinen Körper beseelen.«

Göttliche Weisheit (5)

## 3) **GOTTES WILLE**: „Ich möchte Deinen Willen erfüllen!"

Der Wunsch, Gottes Willen zu erfüllen, ist der Motor, der uns zu einem Höheren Leben führt.
Dafür müssen wir unseren Eigenwillen, das persönliche Wollen abbauen, so dass unser Denken und Handeln immer mehr Gottes Willen entspricht.

Dadurch werden wir sensitiver und durchlässiger für die geistigen Kräfte, unser Gewissen reagiert feiner.
Dank Selbsterkenntnis entdecken wir schneller wo unsere Ego-Aspekte und Fehlhaltungen liegen.
Wir gewinnen an Klarheit und innerer Stille.

Folgender Text beschreibt die **STUFE DES WILLENS** auf dem Inneren Weg zu Gott:

»Erkenne, dass der Göttliche Wille den Menschen frei macht. Hat der Mensch gelernt, seine Empfindungen, Gedanken, Worte und Handlungen unter Kontrolle zu bekommen, so möge er auch seinen Willen beachten.

Übe dich, den Göttlichen Willen zu erkennen! Sei bestrebt, jeden Tag um die Führung Gottes zu bitten, und stelle deinen Willen unter den Willen deines himmlischen Vaters.

Überprüfe deine Sprechweise!
Sie sollte harmonisch und ausgewogen sein.
Trenne Unwesentliches von Wesentlichem.

Jede gesetzwidrige Empfindungs- und Handlungsweise führt zu einer Disharmonie. Die dadurch herbeigeführte niedere Schwingungszahl der Seele und des Körpers schafft Ursachen, die ihre Wirkungen nach sich ziehen.
Deshalb, o Mensch, empfinde, denke und sprich göttlich!

Sei bestrebt, den Gotteswillen zu erfüllen, und bitte tagtäglich aufs Neue, dass Er, dich, Sein Kind, führe.

Gott ist allmächtig, vertraue Ihm, dann wirst du wahrlich ein geistig Weiser werden.«

Göttliche Weisheit (5)

4) Die **INNERE WEISHEIT** der Seele entfaltet sich!

Durch den Abbau der Ego-Aspekte, Ordnung im Leben schaffen und der starke Wunsch, Gottes Wille zu erfüllen, entfalten wir allmählich die Weisheit der Seele.

Sie hat nichts zu tun mit Verstandes-Denken, Intellekt oder viel Wissen sammeln, denn gerade das ist oft ein Hindernis für die Erweckung der inneren Weisheit der Seele und die Wahrnehmung von Gottes-Impulsen.

Wenn wir einige Aspekte der inneren Weisheit entfaltet haben, dann können wir unseren Nächsten Hilfen aus dem göttlichen Bewusstsein in uns geben.
Ziel ist, ein Leben der „selbstlosen Tat", denn durch unser gereinigtes Bewusstsein kann Gott immer besser durch uns sprechen und wirken.

Folgender Text beschreibt die **STUFE DER WEISHEIT** auf dem Inneren Weg zu Gott:

»Die Weisheit Gottes ist die Tat, das formende Element. Bitte täglich um die Weisheit.
Wenn du dein Empfinden, Denken, Reden und Handeln und auch deinen Eigenwillen unter der Obhut Gottes weißt, wird dich Gottes Weisheit beflügeln.
Deine Tätigkeit wird dir schneller von der Hand gehen, da du ruhig und in dich gekehrt bist.

Du hast gelernt, dem inneren Treibstoff, dem Wesenskern deiner Seele, die Führung zu überlassen.
Der Treibstoff in dir, die Gotteskraft, vermehrt sich sodann, und du wirst zum Handschuh an der Hand Gottes werden.

Er, die wahre, allwissende Energie deiner Seele und deines physischen Leibes, wird dich so zu führen wissen, dass du in völliger Harmonie und Ruhe täglich mehr zu leisten vermagst, als es deine Mitarbeiter in ihrer Hektik und Stress-Situation jemals vermögen.

Du wirst durch deine Gottesnähe für deine Mitmenschen zum ruhenden, ausstrahlenden Pol werden und ihnen, dank deiner Inneren Führung, mit Rat und Hilfe zur Seite stehen können.

Durch eine beständige Selbstkontrolle hast du gelernt, über den Dingen dieser Welt zu stehen. Zu deinen Mitmenschen jedoch sollst du allezeit freundlich und hilfsbereit sein.
Erhebe dich niemals über deinen Nächsten.
Ein wahrhaft geistig Weiser wird dies unterlassen, da er um den Kampf mit sich selbst weiß.

Auch die innere Kraft, die Kraft der Unendlichkeit, die dich leitet und dir alles zuführt und schenkt, was dir zum Wohle dient, wird dich immer wieder merken und erkennen lassen, dass ein wahrer geistig Weiser dem Nächsten in dem Maße dient, wie sein Bewusstsein entwickelt ist.«

Göttliche Weisheit (5)

## 5) **CHRISTUS** führt uns auf dem Weg nach Innen

Da wenige Menschen, auch Christen, nicht genau wissen, wer Christus ist, und wie Er in der jetzigen Zeit wirkt, habe ich Ihm das zweite Kapitel dieses Buches gewidmet.
Das vierte Chakra in der Herzgegend ist das Bewusstseinszentrum des Ernstes, auch **Christuszentrum** genannt.
Es ist ein großes Zentrum, das zweitgrößte des Körpers.
Dort befindet sich der **Christusfunke**.
Unsere Aufgabe in diesem Leben ist es, den Christusfunken durch ein geistiges Leben zur Flamme zu entfachen. In dem Maße, in dem unser Ego kleiner wird, und die selbstlose Liebe sich entfaltet, kann die Flamme größer werden.
Wir sind nicht allein auf diesem Inneren Weg der geistigen Evolution.
Christus ist ein Geistwesen, unser bester Freund, Führer, Wegbegleiter, Ratgeber, der uns immer zur Seite steht.
Er ist auch unser innerer Arzt und Heiler.

Im **Christusbewusstsein** leben: Er bildet in der jetzigen Zeit ein Christus-Energiefeld, mit dem wir uns, insbesondere mit unseren Gedanken, unserer tiefen Atmung, und Gefühlen der Einheit und Liebe verbinden können. Dann fühlen wir uns wie getragen und können Seine Impulse durch die **Innere Führung** besser wahrnehmen.

## 6) **ERNSTHAFTIGKEIT** aus Liebe zu Gott

Das Wort Ernst hat einen negativen Ton, jedoch auf dem spirituellen Weg nach Innen hat es mit Entschiedenheit, Verständnis und selbstlosem Dienen zu tun.
Es ist eine Haltung und bedeutet auch, mit allem Ernst unsere Ego-Aspekte abzubauen, um frei und rein zu werden. Das Gegenteil wäre Trägheit und das „sich gehen lassen."

Folgender Text beschreibt die **STUFE DES ERNSTES** auf dem Inneren Weg zu Gott:

»Der göttliche Ernst lässt dich deine unlauteren Gewohnheiten erkennen. Durch die innere Stille, die du durch ein hinwendungsvolles Leben gelernt hast, erleben sowohl deine Seele als auch dein physischer Leib den Ernst des Lebens. Auf Grund dieser beständigen Führung durch den inneren Geist, wirst du zum guten Beobachter deiner Umgebung.

Der göttliche Ernst, der sich aus der vierten Grundstufe deines Bewusstseins verströmt, führt dir immer wieder deine eigenen Fehler und Schwächen vor Augen.
Da du eine geistige Reife erlangt hast, wirst du dadurch gesetzmäßig auch die Fehler und Schwächen deiner Mitmenschen erkennen.

Gerade über diese Grundstufe des Ernstes darfst du die Nöte, die Schwächen und auch das Ringen deiner Mitmenschen erleben und schauen.

Durch diese beständige Schulung des Geistes wirst du ein barmherziger Mensch, der allen Menschen, ihren geistigen Erkenntnissen entsprechend, beistehen kann.

Du, als aufwärts strebender Geistmensch fühlst in dir Gesundheit und wachsende geistige Lebensfreude.

Dein kleines menschliches Ich, das dich immer wieder herabziehen möchte, verringert sich mehr und mehr.

An die Seite ichbezogenen Denkens und Strebens treten Selbstlosigkeit, Verständnis, Opferwille und Opfermut.

Dadurch empfangen sowohl deine Seele als auch dein irdischer Leib vermehrt göttliche Kräfte.«

»Auf den Stufen des Ernstes zeigen sich die Früchte der Erfüllung der göttlichen Gesetze durch ein Leben im Geiste Gottes: Der geistig souveräne, klar und geradlinig denkende und handelnde Mensch ist weitgehend frei von Wollen für sich selbst.

So löst er sich aus dem Rad der Wiederverkörperung.

Unser göttlicher Bruder, Christus, selbst führt ihn sodann über sein lichtes Innere in die Vollendung, in das Herz des ewigen Vaters.

Ganz auf das Göttliche, das ewige Ich Bin, ausgerichtet, erfasst er in allem das Wesentliche, sieht das Positive und baut darauf auf; er erkennt das Gesetzmäßige und wendet es an.

Sodann kann das Gesetz, Gott, mehr und mehr durch ihn wirken; er wird zum Miterbauer des Reiches Gottes auf dieser Erde.«

Göttliche Weisheit (5)(7)

## 7) **GEDULD** und **INNERE RUHE** anstreben

Jede Art von Ungeduld zeigt, dass wir zu sehr an uns denken. Dahinter stecken oft Eigenwillen, egoistischer Ehrgeiz, Geltungsbedürfnis, Herrschsucht, sich über den Nächsten stellen, Hochmut, Überheblichkeit. Diese Ego-Aspekte der Ungeduld – gegen die Liebe – sollten wir abbauen.

Folgender Text beschreibt die **STUFE DER GEDULD**:

»Ein auf der geistigen Leiter emporsteigender Mensch hat gelernt, mit sich selbst Geduld zu üben. Diese Geduld und Ruhe wird er auch ausstrahlen und seinem Nächsten zu übertragen wissen.

Durch die vermehrten göttlichen Gaben der Weisheit hat der Aufwärtsstrebende gelernt, über den irdischen Gepflogenheiten zu stehen. Sein Körper gehorcht ihm weitgehend.

Der zu Gott Strebende wird dadurch zum „Empfindungsmenschen", der sogleich eine Situation erfasst.

Das ermöglicht ihm, seinem Mitmenschen zu helfen, die Nöte und Sorgen leichter zu tragen.

Auf den Erkenntnisstufen zum höheren Selbst hat sich der willige Schüler geübt, seinem Nächsten beizustehen und ihn, sofern dieser es wünscht, zu beraten.

Ein geistig strebsamer und wissender Mensch, der darauf bedacht ist, die Gesetzmäßigkeiten Gottes zu erfüllen, wird jedoch seinen Nächsten nicht mit seinem geistigen und weltlichen Wissen bedrängen. Er wird mit ihm reden und seinem Bewusstseinsstand entsprechend auf sein Anliegen eingehen.

Behutsam wird er dem Unwissenden nahe bringen, wo letztlich die Ursachen seiner Plagen und Krankheiten liegen können und wie er diese behandeln oder aufheben kann.

Der geistige Schüler hat an sich selbst all die Zustände seiner Mitmenschen erlebt. Er weiß, wie schwierig und langwierig es oftmals sein kann, bis der Mensch begreift, wie Gottes Allmacht und Liebe wirken können.« Göttliche Weisheit (5)

## 8) Die **NÄCHSTENLIEBE** und die **LIEBE** zu **GOTT**:

„Vater, ich liebe Dich!"

»Liebe Gott, deinen ewigen Vater, über alles,
und deinen Nächsten wie dich selbst!«

Folgender Text beschreibt die **STUFE DER LIEBE**:

»Auf der sechsten Stufe der Liebe erwacht der Mensch sodann zur selbstlosen, göttlichen Liebe, die sich dem Nächsten opfern möchte.

Der strebsame und göttlich Weise erlebt in verstärktem
Maße die Ausgießung der göttlichen Liebe, die ihn zum Trä-
ger des Guten werden lässt.

Die sich allzeit verströmende Gottesliebe wird sich einem
hingebungsvollen Kind in ihrer großen Fülle schenken, so
dass der geistig Weise dem ewig Allmächtigen immer näher
kommt.
Er, der Herr allen Lebens, der Geist Gottes, kann Seinem
aufwärtsstrebenden Kind auch zu irdischem Aufstieg und
Erfolg verhelfen und es auf eine hohe weltliche Stufe stellen, damit es vielen Untergebenen ein leuchtendes Vorbild
sein kann.
Erkenne dies, o Mensch, und werde nicht mehr rückfällig,
indem du durch deine Stellung egoistisch und selbstsüchtig
wirst. Sei allzeit bestrebt, deinen Mitmenschen zu dienen.

Wenn Gott dich auf eine hohe irdische Stufe stellte, weil du
einen geistig hohen Bewusstseinsgrad erlangt hast, dann
wisse, dass du der geringste Diener unter den Deinen und
auch deiner Untergebenen sein solltest.

Achte und schätze deinen Nächsten, gleich welche Arbeit er
auch verrichtet.
Übe dich weiterhin in der Nächstenliebe, und wisse, dass
Gott durch dich an deinem Nächsten, an Seinem Kind, wirken möchte.«

Göttliche Weisheit (5)

»Die Gottes- und Nächstenliebe ist die tiefste Gravur in unserer Seele, denn sie ist das Zentrum unseres geistigen Leibes, das Herz unseres wahren Wesens.

Wer den Inneren Weg zu Gott einige Schritte gewandert ist, musste immer wieder erkennen: Nur die Liebe zu Gott, unserem Vater, und die Sehnsucht nach Reinheit und Geistigkeit lassen uns die Schritte bewusst gehen.«

»Wer Gott, seinen Vater, mehr liebt als diese Welt und mehr als sich selbst, als sein Denken, sein Wollen und Tun, der ist es, der auf dem geistigen Weg vorwärtsschreitet.«

»Um Gott näherzukommen, ist die Liebe das Entscheidende für den Wanderer zum Königreich des Inneren. Die Voraussetzung ist die Liebe zu Gott und zu unserem Nächsten.
Die Liebe zum Ewigen erleichtert unseren Fortschritt.
Ohne Liebe gibt es keinen Erfolg.«

»Solange wir unser Gefäß mit unserem menschlichen Ich nicht entleert haben, können wir Gottes Liebe nicht aufnehmen und können auch Gottes Liebe nicht weitergeben.«

»Nur durch die Liebe, die wir unserem ewigen Vater erweisen, kann die göttliche Weisheit geboren werden und in uns wachsen.«

> »Je größer deine Liebe zu Gott ist, umso reiner sind
> deine Empfindungen, Gedanken und Worte.«

> »Je edler der Mensch empfindet, denkt und spricht,
> umso freier ist er, umso größer ist seine Liebe.«

Göttliche Weisheit (8)(11)(12)

## 9) **DANKBARKEIT** und **VERTRAUEN**:

„Ich danke Dir! Ich vertraue Dir! Ich vertraue mich Dir an!"

»Im Dank liegt Kraft. Im Dank liegt Hilfe. Auch wenn es uns noch so schwer fällt – ein herzlicher Dank verleiht uns Kraft, Hilfe und lässt uns Gottes Nähe spüren.«

»Vertrauen heißt: Ich baue auf Gott. Und wenn ich auf Gott baue, dann muss ich auch meine Ego-Aspekte abbauen, damit ich auf Ihn bauen kann.
Nur auf diese Weise wächst das Vertrauen.«

*Göttliche Weisheit (8)*

## 10) **Innere FREIHEIT**

Zur inneren Freiheit gelangen wir auf dem Inneren Weg durch die Arbeit an uns selbst.
Je freier wir von Ego-Aspekten, Eigenwille, Vorstellungen und Wünschen werden, desto freier sind wir und können besser geführt werden.
Freiheit erlangen wir, wenn wir keine Energie mehr von unseren Nächsten fordern oder stehlen.

»Eine Form des Diebstahls besteht auch darin, dem Nächsten die Energie zu nehmen, indem wir uns – und sei es in Gedanken – so lange mit ihm beschäftigen, bis er auf uns aufmerksam wird und für uns das tut, was wir selbst nicht tun wollen.«

»Mit jedem Anhängen an Menschen, Gut, Geld und Besitz werden wir schwächer. Wir sollten lernen, uns an den Nächsten nicht mehr zu binden, ihm seine Eigenständigkeit zu lassen und selbst eigenständig zu sein, den Nächsten also loszulassen, so dass er sich entfalten kann und auch wir uns entfalten können.
Daraus entwickelt sich die Freiheit.«

*Göttliche Weisheit (8)*

## 11) Eine bewusste **HINGABE** an **GOTT**

Viele Menschen möchten stark im Äußeren werden. Sie wissen nicht, dass eine „bewusste Hingabe an Gott" ist, was uns am meisten innere Stärke schenkt.
Die Hingabe ist eine Lebens-Haltung: Wir können mehrmals am Tag einen Dialog mit Gott oder Christus führen, wie ein Dauer-Gespräch mit einem unsichtbaren Vater oder Freund:

„Vater, ich gebe mich Dir hin." „Vater, ich liebe Dich."
„Ich schenke Dir mein Herz." „Ich schenke Dir mein Gehirn."
„Ich möchte Dein Werkzeug sein." „Wirke Du durch mich."
„Ich möchte Deinen Willen erfüllen." „Bitte, führe mich."

Wenn man es öfters am Tag wiederholt, fühlt man, wie ein warmer Strahl oder ein sanfter Strom durch den Körper oder durch die Wirbelsäule fließt.

Durch die Hingabe spürt man, wie sich plötzlich im Leben vieles ins Positive verändert.
Probleme lösen sich, Ängste und Sorgen verschwinden.
Wir finden zur inneren Sicherheit und Vertrauen.

Wir erleben erstaunliche Zufälle oder Begegnungen mit Menschen, Gleichgesinnten, die uns weiter helfen, oder die dieses innere Leben auch anstreben.

Wir erleben Situationen, die uns bestätigen, „wir sind auf dem richtigen Weg".

Wenn man sich Christus- und Gottes Führung anvertraut, fühlt man sich nicht mehr allein und kennt auch keine Einsamkeit mehr.
Man fühlt immer öfters, dass Sie nahe sind, uns führen, uns lieben und das Beste für uns wollen.

Für die Zukunft, wenn diese materialistische Welt mehr und mehr aus den Fugen gerät, wird es sehr wichtig sein, dass wir schon jetzt lernen, uns von Innen führen zu lassen.

Wahre Sicherheit können wir nur in unserem Inneren finden, durch eine innige Verbindung mit Gott, d.h. das Anstreben eines Lebens im Geiste Gottes oder im Christus-Bewusstsein.

Wir können Ihm Fragen stellen, gesprochen oder schriftlich:
Was ist Dein Wille?
Was ist meine Lebensaufgabe?
Was ist der nächste Schritt in meinem Leben?
Wie kann ich Dir und meinem Nächsten am besten dienen?

Wir können während einer Autofahrt, einer Wanderung oder eines Spaziergangs in der Natur, im Wald, am Strand, mit Ihm kommunizieren.

Wir können Ihm Briefe schreiben, wie einem Vater oder Freund, und mit einfachen Worten erzählen, wie wir uns fühlen, was wir uns wünschen, unsere Probleme und Sorgen Ihm anvertrauen und übergeben, Ihn um Führung bitten.

Wenn wir unser Gehirn als Antenne für diese Kommunikation trainieren, Geduld und Ausdauer haben, dann werden wir merken, dass es immer besser funktioniert. Wir werden unglaublich belohnt mit Glücksgefühlen der Seele und interessanten Begegnungen mit gleichgesinnten Menschen.

## 12) **Übergebe GOTT**, alles was dich belastet!

Viele Menschen tragen eine schwere Last mit sich im Leben, und vergessen es, sie dankbar anzunehmen, und sie einer höheren Macht zu übergeben.

Dabei ist wichtig, zu erlernen, was uns geschieht, aus der geistigen Perspektive zu betrachten und Selbsterkenntnis zu üben: Die Botschaft und Lernaufgabe zu erkennen.

Krankheiten, Unfälle und Schicksalsschläge sind ein Hilferuf der Seele, ein Hinweis oder Bremse, die zur Besinnung und Umkehr in unserem Denken und Tun anregen.
Sie haben eine Botschaft und eine Lernaufgabe an uns.

Sie bringen uns zum Nachdenken, öffnen uns die Augen für das Wesentliche im Leben, und können helfen, Gott und Christus näher zu kommen und unserem Leben eine neue Richtung zu geben.

Übergeben an eine Höhere Macht ist intensiver und viel wirksamer als nur „loslassen": Jederzeit können wir Ego-Aspekte, materielle Wünsche, Ängste, Sorgen, Probleme, Krankheit, und alles was uns bedrückt, Gott oder Christus übergeben und um Seine Hilfe, Antwort und Führung bitten.

## 13) Seine **ANTWORT** und **FÜHRUNG**

Christus und das Göttliche in uns sprechen oft, jedoch wir können nicht immer Seine Stimme direkt und klar in uns wahrnehmen. Führung geht auch über Negatives, z.B. Schicksalsschläge, Unfälle, Krankheit, Probleme, finanzielle Not: So werden wir zur Selbsterkenntnis, aus einer stagnierten Situation heraus geführt, zu einem höheren Leben.

Innere Führung geht auch über Tagesimpulse und Zufälle: Seine Antwort kommt indirekt durch Ideen, Begegnungen und Situationen, die uns den nächsten Schritt weisen, auch dann, wenn wir noch nicht vollkommen sind.

Es sind **Führungsimpulse** in uns, z.B. durch einen Satz in einem Buch oder einer Zeitschrift, der uns urplötzlich ins Auge sticht, durch das plötzliche Anschlagen unseres Gewissens, einem Gespräch mit einem Bekannten, eine Bemerkung unserer Kinder, durch ein Tier, das uns begegnet, einen Traum, einen Gedankenblitz, der plötzlich da ist.

Ein altes Sprichwort sagt: „Gott spricht durch viele Münder." Und es ist wirklich so! Dadurch erleben wir die indirekte Form der Inneren Führung.

Je mehr wir nach den Lebensregeln der Bergpredigt leben und die innige lebendige Beziehung zu Christus und zu Gott pflegen, desto besser erleben wir Seine direkte Innere Führung und das Innere Wort.

## 14) Das **INNERE WORT**

Es sind Impulse aus dem Wesenskern der Seele und jeder von uns darf das Innere Wort anstreben, d.h. das Wort Christus oder Wort Gottes in sich wahrnehmen.
Voraussetzung um das zu erfahren ist, ein geistiges Leben der Reinheit, Verfeinerung und Veredelung zu führen.

Wir können Ihm Fragen stellen, still werden, und auf Seine Impulse in Gedanken und Worten warten.

Was wir bekommen sind Worte oder kurze Sätze, Impulse, Botschaften, Träume, meistens für uns persönlich, nicht, um sie anderen zu erzählen oder uns damit aufzuwerten.

Je reiner unser Bewusstsein wird, desto leichter ist es für Christus und die reine geistige Welt, uns Impulse zu geben. Das ist eine direkte Form der Inneren Führung.

Um vermehrt klare Impulse zu bekommen ist es wichtig, während des Tages, den **Dauerkontakt** mit Christus oder mit Gott zu pflegen.

## 15) **DAUERKONTAKT mit Christus und Gott**

Das unchristliche Verhalten der Christen, die Dogmen, Rituale, Zeremonien, Zwänge, Sexualmoral und Einengungen haben bei vielen Menschen eine Abwehrhaltung gegenüber Christus und der christlichen Sichtweise hervorgerufen.

**Christus der Verkannte?**

Christus ist für viele nur ein Meister oder imaginäre Lichtgestalt und so bleibt für viele der Zugang zu Ihm gesperrt.

Christus war als Jesus inkarniert und Seine Botschaft der Liebe in der Bergpredigt hat Er nicht nur für die Christen gegeben, sondern für Menschen aller Religionen.

Das Geistwesen **Christus** ist ein **Bindeglied** zwischen allen Religionen und Glaubensrichtungen und insbesondere, zwischen den Menschen und Gott.

Christus sagte von sich als Jesus:

»Ich bin der Weg, die Wahrheit und das Leben.«

Das Licht des Christus und die Gotteskraft sind in jedem von uns.
Der Christus-Funke sollte zur Christus-Flamme werden.

Um innere **Christus-Erfahrungen** zu erleben, können wir uns oft Seine Gegenwart vorstellen.
Wir beginnen uns, eine persönliche Beziehung zu Christus und zu Gott zu wünschen und darauf zu vertrauen.
Wir wünschen uns Seine Freundschaft und Seine Führung.

Ein Beispiel: Wenn wir verliebt sind, dann denken wir an die geliebte Person ständig, Tag und Nacht.

So ähnlich können wir uns in Christus und Gott verlieben.

Wir stellen uns vor, dass Sie, der eine oder beide, gegenwärtig sind und ganz nah. Mehrmals am Tag, minütlich oder stündlich, können wir uns bezüglich aller Lebenssituationen und Probleme, seien sie noch so banal, mit diesen allgegenwärtigen Geistwesen verbinden, mit Gott, unserem Vater oder mit Christus unserem Bruder, Freund, inneren Arzt, Helfer, Ratgeber und unsichtbaren Begleiter.

Oft können sie uns nicht erreichen, weil unsere Gehirn-Antenne, mit vielen anderen unwichtigen Dingen beschäftigt ist.

Deswegen ist es wichtig, dass wir stetig unser Gehirn von Ego-Ballast und negativen Einflüsse befreien und die Gehirnareale, die die Antenne für das Göttliche bilden, für diese Verbindung trainieren, ähnlich wie ein Sportler.

Um dieses Gehirn-Training und Klarheit im Kopf zu schaffen hilft, die Themen des Lebens mit Tagebuch zu bearbeiten, täglich „Dialog mit Gott und mit Christus" zu führen auch während eines Spazierganges oder Meditativem Wandern in der Natur: Es ist ein Dialog in Gedanken, mit gesprochenen Worten oder schriftlich im Tagebuch, Brief oder Computer.

Je öfter wir unsere Gehirn-Antenne für diese Verbindung trainieren, desto besser gelingt es uns, klarere Impulse zu erhalten.

Wenn wir trainieren, Gott und Christus mehr und mehr in unser tägliches Leben einzubeziehen, dann wird unsere „Gehirn-Antenne" auf beide eingestimmt und so finden wir schneller zur Inneren Führung.

## 16) Bleibe ein **VORBILD** - Werde zum **Handschuh-Gottes**

Folgender Text zeigt die **STUFE DER BARMHERZIGKEIT**:

»Der ewig herrliche Geist führt dich sodann zur siebten Stufe, der Barmherzigkeit, Sanftmut oder Güte.

Sei ein Samariter! Ein wahrer göttlich Weiser ist bestrebt, unermüdlich an der Hand Gottes zu wandeln und sich nicht aus dem Lichtschein Seiner Herrlichkeit zu begeben.
So kann er niemals in die Irre geführt werden.

Ein bewusst dem Göttlichen zugewandter Mensch, der zum **Handschuh Gottes** geworden ist, erkennt und erfasst das auf ihn Zukommende wesentlich schneller als ein in der Materie Lebender. Er selbst hat auf jeder Gesetzesstufe die Führung des Geistes erlebt.

Dank des Reifegrades, den der Schüler durch die göttliche Hilfe erlangt hat, weil er sich unermüdlich der Selbstkontrolle unterzog und noch unterzieht, weiß er, auf welche Bewusstseinsstufe er sich zu begeben hat, um seinen Nächsten aufzuklären und zu unterweisen.
Auch ist es ihm geboten, so wie Gott, der Herr, ihn führte, ebenfalls zu weisen und zu führen.

Ihm wird die Kraft zur rechten Verhaltensweise gegeben, da ihm Gottes Geist sehr nahe ist. Weise wird er seinen Nächsten zu leiten wissen, ohne ihn zu verletzen, auf das er ein brauchbarer Mensch und Mitarbeiter werde.

O Mensch, erkenne, die 7 Grundstufen sind der Bewusstwerdungsweg deiner Seele und deines menschlichen Seins.

Wenn du diese Stufen begehst, wirst du Gesundheit, innere Freude, Frieden, Harmonie und Selbstlosigkeit erlangen.

Was dir heute noch missglückt, wird dir sodann nach Gottes Willen und Ratschluss glücken.

Wenn der Gottesgeist zu deinem beseelenden Leben geworden ist, wird Er dir nicht nur geistig, sondern auch physisch alles schenken, dessen du bedarfst.

Du kannst durch die Kraft des Heiligen Geistes in die gesegnete Lage kommen, in der du alle materiellen Dinge erlangst. Hüte dich jedoch, diese als dein Eigentum zu betrachten.

Gib von allem, was du empfängst, an deine Nächsten weiter, und bleibe ein **Vorbild** für jene, die dich umgeben, auf dass sie von dir lernen können. Denn Gott stellt dich auf diese Stufe, auf dass du ein leuchtendes Licht in der Finsternis seist.

Der Gottes Geist kennt nur Gesundheit und geistige Lebensfreude. Übe dich auf der Leiter zur Erkenntnis in der Gottes- und Nächstenliebe. Dann wird dir der Geist Gottes alles schenken, was du zu deinem weiteren geistigen und irdischen Fortschritt benötigst.«

Göttliche Weisheit (5)

## 17) Die **INNERE FÜHRUNG**

Die Innere Führung ist sowohl Titel als auch zentrales Thema dieses Buches. Das nachfolgende Kapitel ist dieser Thematik gewidmet.

# Die Innere Führung

Die Innere Führung, durch Gott und Christus in uns, ist ein Geschenk, die wir anstreben sollten.

Christus war nicht nur vor 2000 Jahren als Jesus von Nazareth inkarniert, sondern Er ist ein Geistwesen, das in jeder Zeitepoche, zu jedem Menschen, der es wünscht, spricht und ihn individuell führt.

Viele Mystiker, erleuchtete Frauen und Männer, haben diese Impulse und Führung wahrgenommen und umgesetzt.
Was sie erreicht haben, kann auch jeder von uns!

**Frei werden von jeder äußeren Führung**

Um die Innere Führung zu erlangen, sollte unser Computer-Gehirn frei werden von „Viren", Fehlprogrammierungen, Störfeldern und Fremd-Einflüssen, aus allen alten spirituellen Wegen und Praktiken.

Gott und Christus sind frei und haben keine äußere Religion! Wer die Innere Führung anstrebt, sollte versuchen, sich von jeder Art „äußerer Führung" zu befreien:

1) **Alten Lehren** der Weltreligionen, Institutionen oder religiösen Gemeinschaften, Yoga, Buddhismus, sowie Kommunismus und Atheismus.

2) **Fehlprogrammierung** von Mantras oder das geschriebene Wort der Heiligen Bücher, Traditionen, Zeremonien und Dogmen, wie „ewige Verdammnis" oder einem falschen Bild eines „strafenden Gottes".

3) **Götzen**, die uns massiv steuern z.B. Geld, Macht, Luxus, Besitz, Titel, Schmuck, Sport, Fahrzeuge, Hobbys oder starke Abhängigkeiten, wie Sexualität-, Alkohol-, Nikotin- und Esssucht.

4) **Bindung** an **Menschen**, die wir bewundern, anhimmeln, oder uns stark beeinflussen, bestimmen und manipulieren, wie Partner, Familienangehörige, Gurus, Meister, falschen Propheten oder Menschen mit hellseherischen Fähigkeiten.

Teile der **Wahrheit** und Göttliche Weisheit finden wir in allen spirituellen Lehren wie Yoga, Ayurveda, Hinduismus, Veden, Mazdaismus, Zen, Buddhismus, Konfuzianismus, Qigong, Feng Shui, Tai Chi, Taoismus, Theosophie, Kabbala, Gnostizismus, Anthroposophie, Katholizismus, Protestantismus uvm. Jedoch wenn wir an alten Lehren festhalten, führt es mit der Zeit zu Diskrepanzen und Problemen:

- Einiges in den Lehren steht im Widerspruch mit den neuen aktuellen Impulsen aus der reinen Geistigen Welt.
- Sie führen selten zu einem „Leben im Geiste Gottes" bzw. zum „Christusbewusstsein".
- Viele alte Lehren sehen Jesus nur als Prophet und haben Christus und Sein Wirken nicht erkannt. Sie wissen nicht, dass jeder von uns den Christusfunken in sich trägt.
- Bestimmte Atemtechniken können den Energiefluss der 7 Chakras verstellen, was zu körperlichen, psychischen und seelischen Problemen führen kann.
- Viele Meditationen führen den Menschen nicht zu Gott.
- Nachgesprochene Gebete und Mantras können die freie, lebendige, innige Beziehung, Dialog zu Gott, verhindern.
- Zu sehr an alte spirituelle Lehren klammern, führt zu geistiger Stagnation und zur Bewusstseinsenge, anstatt Bewusstseinserweiterung.
- Jede Art von falscher spiritueller Programmierung wirkt wie ein Computer-Virus, der unser Gehirn beeinflusst.

## Das **Gehirn** – die **Antenne für das Göttliche** – trainieren?

Wer die Innere Führung anstrebt, sollte bei seinem Gehirn, der Fabrik der Gedanken, beginnen. Ähnlich wie ein Radio-Gerät, sollte es auf eine bestimmte Frequenz, eingestimmt werden, denn es hat große Areale, wie eine Antenne, die für die Kommunikation mit dem Göttlichen geplant sind.

Diese Gehirnareale lassen sich trainieren durch ein „inneres Leben" in Achtsamkeit, Selbsterkenntnis, Veredelung der Sinne, Meditation, inniges Gebet oder Dialog, Dankbarkeit, sowie die Liebe in unseren Gedanken, Worten und Taten.

**Meditation** sind Momente der Verinnerlichung in dem wir Gedankenruhe anstreben und uns öfters mit dem Licht, mit Gott, oder Christus-Bewusstsein verbinden.

Diese Momente der Ruhe gelten nicht nur für einen bestimmten Zeitraum der Meditation, sondern für den ganzen Tag, mit offenen Augen, z.B. Momente der Verinnerlichung während der Arbeit, Gesprächen, Autofahrt, Spaziergang.

Viele Menschen machen Meditation, um Entspannung und Ruhe zu finden. Jedoch wahre Entspannung schafft man nur durch Gedankenkontrolle, Achtsamkeit, Selbsterkenntnis, Ego abbauen, innere Arbeit und Ordnung in uns und in unseren Beziehungen zu anderen Mitmenschen.

**Meditation** bedeutet, sich bewusst mit Gott verbinden sowie „bewusstes Leben": Achtsamkeit, bewusst essen, arbeiten, sprechen ... Ja, gegenwärtig leben, wachsam sein, in jeder Situation und über sich selbst.

Wir können unsere Gehirnzellen für die Inhalte der Zehn Gebote und Bergpredigt programmieren in dem wir uns damit beschäftigen und mehr und mehr danach leben.

### Die Frage ist, wozu brauchen wir die Innere Führung?

Die Innere Führung steht über allen bekannten Religionen und spirituellen Lehren. Wenn wir sie entfalten, dann brauchen wir keine dieser äußeren Hilfen mehr:

Wir werden von Innen geführt!

Wer sie erreicht hat, der wird zur Gesundheit, zur Lösung seiner persönlichen Probleme sowie zu seiner Lebensaufgabe geführt.
Für die Zukunft kann sie sogar die Rettung bei Gefahr sein.

Auf dem Weg nach Innen, verstärken sich manchmal die Probleme und Hürden, bis eine Seelenschuld abgetragen ist oder wir etwas gelernt und gemeistert haben.

Die größten Herausforderungen auf diesem Weg sind, das frei werden von Eigenwillen und materiellen Wünschen sowie die Feindesliebe und die Einheit mit unseren Nächsten.

## Und wohin leitet uns die Innere Führung?

Während des Tages werden wir **Führungsimpulse** und **Aufgaben** bekommen, die uns die Botschaft und Lernaufgabe der Situation, und was wir erkennen sollen zeigen, wenn wir wachsam sind und um Führung bitten.

Am Anfang gibt es Momente, in dem wir keine klare Impulse oder Antworten bekommen: Man hat das Gefühl, allein gelassen zu sein oder die Führung funktioniert nicht.

Ich empfehle, dran bleiben, wie ein Sportler, der sich für einen Marathon vorbereitet, immer wieder die Gehirnzellen für diese Kommunikation trainieren.

Je freier wir werden, desto besser funktioniert sie.

Mit diesem eigenen Erfahrungs-Schatz können wir unseren Nächsten besser verstehen, beraten und helfen.

## Vor dem Sieg steht der Kampf!

Der Innere Weg zur Inneren Führung ist ein tägliches Ringen mit Höhen und Tiefen, die ganz normal sind. Wir werden zu Demut, absoluter Hingabe und tiefem Vertrauen geführt.

Das Ziel, der Weg der Vervollkommnung, ist nicht Erfolg für uns im Äußeren oder die Erleuchtung mit hellseherischen Fähigkeiten, sondern ein innerer Erfolg für Gott und unsere Nächsten, d.h. ein gutes Vorbild und Werkzeug zu sein:

„Gott wirkt durch mich" - „Christus wirkt durch mich"

Christus, unser geistiger Bruder, wünscht sich, dass jeder Mensch mit Ihm den Inneren Weg beschreitet und sich von Ihm zur inneren Freiheit führen lässt.

Wir sind nicht von dieser Welt.

Jeder von uns ist gerufen um ein Räderwerk in dem Göttlichen Plan zu sein, um für Gott und andere Menschen, Tiere, Natur und Mutter Erde tätig zu sein.

# Ein Göttlicher Plan

Wer ernsthaft den Weg der Vervollkommnung – Inneren Weg – beschreitet, erlebt immer mehr die Innere Führung.

Was ich in diesem Buch beschrieben habe, sind geistige Werkzeuge, die uns helfen, die Innere Führung zu erlangen.

Der Innere Weg gehört zum Gottes Plan der Erlösung und Rückführung aller Menschen und Seelen. Er hilft uns aus dem Rad der Wiedergeburt heraus, aus dem Kausal Gesetz von Ursache und Wirkung, zurück zu unserem Ursprung als Wesen in Gott. Auf diesem Weg werden wir in unserem täglichen Leben geführt, es ist der Weg der Vervollkommnung.

In der kommenden Zeit der Reinigung der Erde durch Naturkatastrophen und ähnliches, finden wir, durch den Inneren Weg, Schutz und Führung in gefährlichen Situationen.

Wir werden geführt zum Gottes Plan, zu gleichgesinnten Menschen in der Zeit des Aufbaus des Friedensreiches.
Das Friedensreich kommt auf diese Erde, durch Menschen, die den Frieden in sich entfalten.
Viele von uns werden, unauffällig, in der Stille, schon jetzt vorbereitet, vernetzt und zusammengeführt. Was jetzt noch unsichtbar ist, wird irgendwann sichtbar werden.

Dazu einige Worte von Christus selbst:

»In dieser gewaltigen Zeitenwende beginnen die ersten Schritte auf dem Weg zum allmählich werdenden Friedensreich Jesu Christi: Die Urkraft führt immer mehr Menschen auf den Weg nach Innen, zum Reiche Gottes, das inwendig in jedem Menschen ist.
Menschen, die auf dem Wege der Evolution sich dem Christusbewusstsein nähern, finden zurück zur Ur-Sprache der Liebe. Ihnen erschließt sich wieder die Sprache des Alls.
Zu den Meinen in der heutigen Zeit, die den Weg zur wahren Weisheit Gottes anstreben, spreche Ich:

Bleibt wahrhaftig! Denn die Zeit ist angebrochen, in der Ich, Christus, die Menschen, die guten Willens sind, immer mehr mit der göttlichen Liebe und Weisheit durchflute und sie zu echten Gotteswerkzeugen mache.

Der Weg zum Herzen Gottes, den Ich in der Bergpredigt dargelegt und in vielen Offenbarungen erläutert, ergänzt und vertieft habe, ist der Weg zur Liebe und Weisheit Gottes, zum echten Menschentum.

Die Menschheit steht in einer großen Zeitenwende.

Ich, Christus, bereite Mein Kommen im Geiste vor und gebe Meine Botschaft durch Söhne und Töchter Gottes weiter, die im Auftrag Meiner Erlösung stehen, so dass viele zu Mir finden und eins werden.

Ich lehre alle, die auf Mich, den Christus bauen, wieder die Gesetze des Lebens und deren gesetzmäßige Anwendung.

Wer sie verwirklicht, der beginnt in das erfüllte Leben einzutreten, und ist ein Miterbauer des Friedensreiches Jesu Christi, von welchem in den zurückliegenden Zeitepochen Propheten und Erleuchtete gekündet haben.

Auf dem Wege zum Herzen Meines Vaters lehre Ich die Menschen, sich selbst zu erkennen und sich als Wesen aus Gott anzunehmen und in allen Menschen und in allem, was auf sie zukommt, das Gute zu finden.

Wer sein wahres Sein erkennt, der hält das Gebot der Gebote: „Liebet euch selbstlos untereinander, so wie Ich euch als Jesus geliebt habe und als Christus liebe."

Meine Lehre ist das Gesetz des Lebens.
Wer sie verwirklicht, der ist erfüllt vom Geiste des Vaters und lebt in Mir, dem Christus.

Alle die das Gebot der Gebote halten, leben in Mir, und Ich wirke durch sie. Denn durch sie erfülle Ich, was offenbart ist: Das Reich Gottes auf dieser Erde.«

Göttliche Weisheit (2)

# Die Zeit des Christus,
# Meine Zeit ist angebrochen

Christus spricht:

»Die Zeit wird kommen, in der es auch mit der Technik bergab geht, weil sie nicht gesetzmäßig für das Wohl aller Menschen eingesetzt wurde.
Diese große Zeitenwende ist schon angebrochen.
Menschen und Seelen befinden sich im Aufbruch.

Die einen, die mit dem Zeitlichen verschmolzen sind, werden vom Zeitlichen erfasst und bewegt, und die mit dem Geist, Gott, sind, werden mit der Urkraft verschmolzen sein. Auf diese Weise stoßen Licht und Schatten immer mehr aufeinander.

In den Bereichen Kirche, Wirtschaft und Wissenschaft steht das Licht mit der Finsternis im Kampf.
Oftmals scheint es noch so, als würde die Finsternis gegen Mich, den Christus, ihren Siegeszug antreten und Mich, den Geist, in Schranken weisen.
Das ist jedoch nur scheinbar so – nicht in Wirklichkeit.

Die Zeit ist angebrochen, in der Ich, Christus, siegreich hervorgehen werde.
Trotz Kampf, Krieg, atomarer Verseuchung, Verwüstung, Naturkatastrophen und allem, was Erde und Menschen heimsucht, bleibe Ich der Sieger.
Denn Ich bin das Licht der Welt.

Ein tiefes geistiges Ahnen erfasst viele Menschen, die im Kampf mit sich selbst, mit ihrer niederen Natur, stehen.
Sie fühlen, dass sich Großes anzeigt und auch vollziehen wird, denn eine neue Zeit, die Zeit des Geistes braust empor aus dem Gegensätzlichen und wird die Erde und die Welt erneuern.

Die Kräfte der Unendlichkeit treten in den Kampf mit den Gegensatzkräften.
Für viele Menschen wird es eine Neue Zeit geben, die Zeit des echten Menschentums.

Ich, Christus habe die Neue Zeit eingeleitet, und Mein Licht strahlt immer stärker in die Welt und in die Herzen derer, die Mich lieben.
Über sie und durch sie werde Ich alle jene erfassen, die noch weltbezogen sind. Denn alle sollen heimfinden in das Herz ihres und Meines Vaters.

In der Zeit des zunehmenden Christuslichtes wird vielen Kranken Hilfe zuteilwerden. Unterdrückte finden zur Freiheit und Geknechtete werden den Weg zur Befreiung finden.

Meine Zeit ist angebrochen, die Zeit des Christus.
Ich wirke durch die Meinen.

Hilfe und Rettung kommt zu den Kranken, Notleidenden und Hungernden.

Die Verblendeten werden ihr Blendwerk erkennen, und viele werden zu Mir finden, dem Erretter der Seelen und dem Gründer des wahren Menschentums.

Kommet alle zu Mir her, die ihr mühselig und beladen seid!
Nach eurem Glauben will Ich euch dienen, helfen und geben.
In die finstere Nacht wird also Hilfe kommen, das Licht der Welt, Ich, der Christus.
Ich mache die geknechteten Seelen und die verängstigten Menschen frei.

Die Erde wird von der Urkraft umgewandelt, so wie die Seele, von Mir, dem Christus.

Ich mache alles neu, Ich bringe alles in Evolution, hin zum Vater, dem Licht.«

Göttliche Weisheit (9)

# Schlussgedanken

Die Innere Führung steht über allen bekannten Religionen, spirituellen Gruppen und Lehren. Wer sie erlangt, der braucht keine dieser äußeren Hilfen mehr.

Liebe Leserin, lieber Leser, vielleicht fragen sie sich, warum ich mich oft auf die Quelle der Göttlichen Weisheit beziehe.

Die reine Geistige Welt sucht immer wieder neue Wege, um uns Menschen zu erreichen. Dies ist zu allen Zeiten durch das Prophetische Wort geschehen, auch in der jetzigen Zeit. Einige Texte der Christusbotschaften im Buch sind mehrere Jahrzehnte alt, und trotzdem aktuell, denn für die reine Geistige Welt gibt es weder Raum noch Zeit.

In den 80er Jahren hat sich über viele Jahre erneut die reine Geistige Welt durch Gabriele, eine erleuchtete Frau, die Prophetin und Botschafterin Gottes, im Rahmen der christlichen Gemeinschaft Universelles Leben, offenbart.

Die Menschheit hat die tiefsten Belehrungen aus der Göttlichen Weisheit bekommen und es wurde wahr gemacht, was Jesus von Nazareth vor 2000 Jahren Seinen Jüngern versprochen hat:
*„Noch vieles hätte Ich euch zu sagen, aber ihr könnt es jetzt nicht ertragen. Wenn aber jener kommt, der Geist der Wahrheit, wird Er euch in die ganze Wahrheit leiten; denn Er wird nicht von sich selbst reden, sondern was Er hören wird, das wird Er reden, und was zukünftig ist, wird Er euch verkündigen."* Joh. 16,12-13

Leider ist die Verfolgung und Tötung von Andersdenkenden eine altbekannte Tradition der Institutionen Kirche und ihrer Anhänger. Die Sektenbeauftragten der evangelischen und katholischen Kirche haben jahrzehntelang Unwahrheiten verbreitet, um den geistigen Strom urchristlichen Lebens in den Schmutz zu ziehen. Wie bei Katharern, Bogomilen uvm.

Medien und Internet wurden mit gekauften Journalisten, als Waffe verwendet, mit Methoden, die an die frühere Inquisition und Hexenverfolgung erinnern. Einige wenige der Kritikpunkte stimmen, jedoch meine Empfehlung ist, sich von den Lügen, Fehlinformationen und Verleumdungen im Internet nicht anstecken zu lassen. Stattdessen sich lieber auf die „Christus-Botschaft" konzentrieren.

Was ist eigentlich eine Sekte?

Sekte ist eine Bezeichnung für eine Gruppierung oder neue religiöse Bewegung, die sich durch ihre Lehre von vorherrschender Ideologie unterscheidet.
Als Sekte werden oft religiöse Gruppen betrachtet, die sich von der Mutterreligion abgespalten haben.

Eigentlich die größten Sekten sind die katholische und evangelische Kirche, denn sie haben sich vom Judentum abgespalten. Beide sind die, die am meisten Kriege geführt haben, Verbrechen gegen Menschen verübt und gegen das Gesetz der Liebe verstoßen haben. Ihre Geschichte wurde mit Blut geschrieben.

Vor 2000 Jahren wurden auch die ersten Christen als Sekte des Nazareners diskriminiert, beschimpft und verfolgt.

Die christliche Gemeinschaft Universelles Leben ist keine Sekte und war u.a. für den Aufbau des Fundaments des Friedensreiches, vorgesehen.
Leider konnte sich vieles aus diversen Gründen, nicht so entwickeln, wie es ursprünglich geplant war.
Ich habe die „Goldene Zeit" dieser Gemeinschaft erlebt und habe die Gelegenheit gehabt, die reinen Botschaften aus den Himmeln, vom Christus, Gott-Vater und anderen hohen Geistwesen durch das prophetische Wort direkt zu erleben.
Diese reine Lehre ist in Büchern niedergeschrieben und in viele Sprachen übersetzt worden. Auf diese Schätze der Göttlichen Weisheit und des Christus-Gottes-Geist beziehe ich mich in meinem Buch.

Die Botschaften des Christus-Gottes-Geist, die durch das Prophetische Wort vierzig Jahre lang gegeben wurden, sind für mich persönlich die höchste, umfangreichste und reinste Quelle in der Geschichte der Menschheit. Ich bin Gabriele für ihre große Leistung in dieser Zeit sehr dankbar.

Jedoch denke ich, dass wir aus keinem Menschen einen Personenkult machen sollten. Allein Gott und Christus möchte ich die Ehre geben und Ihrer Führung folgen.

Ich gehöre seit 1990 nicht mehr der katholischen Kirche und seit 2007 nicht mehr dem Universellen Leben an.

Je mehr ich die Botschaften aus der Göttlichen Weisheit in meinem Leben anwende, desto besser geht es mir.

Deshalb ist es mir ein Anliegen, mit allen interessierten Lesern durch dieses Buch, das Gesetz Gottes und den Inneren Weg zu teilen.

Wichtig für uns alle ist, die Göttlichen Hilfen, die wir geschenkt bekommen, nicht nur zu lesen, sondern sie in unserem täglichen Leben anzuwenden.

Sehr wenige Menschen, auch Christen, wissen, dass Christus ein Geistwesen ist, mit dem wir uns verbinden können und der uns immer hilft.

Christus hat in allen Zeitepochen durch Mystiker und erleuchtete Männer und Frauen, die mit Ihm in Dauerkontakt gelebt haben, gesprochen.

Und das kann jeder von uns, auch in der jetzige Zeit.

Ich kann nicht beweisen, dass das, was in diesem Buch steht, authentische Christus-Botschaften sind.

Eigentlich können der Papst, Theologen und Priester, die Existenz Gottes oder die Authentizität der Bibel auch nicht beweisen. Alles ist eine Glaubenssache.

Jeder kann die Christus-Impulse und Texte dieses Buches in sich wirken lassen. Die Bestätigung und Antwort wird er in seinem Inneren erfahren.

Christus ist ein hohes Geistwesen, der Gegenwärtig ist, und uns führen und helfen will. Sein Wille ist, dass wir Seinem Ruf folgen, und immer mehr die Bergpredigt und die Zehn Gebote verkörpern: So helfen wir, dass sich ein Energiefeld – Christusbewusstsein – und unsichtbares Netzwerk über die ganze Erde für das Friedensreich bildet.

Die reine Geistige Welt gibt nie auf! Sie sucht immer wieder neue Wege, um immer mehr Herzen zu berühren und sie zum Göttlichen Plan der Erlösung, der Rückführung aller Menschen und Seelen, zu führen. Der neue aktuelle Plan beinhaltet die Innere Führung durch Christus!

Dieses Buch möge ein kleiner Mosaikbaustein auf diesem Plan sein.

Während des Schreibens dieses Buches habe ich sehr oft um Führung gebeten.
Ich sehe mich nicht als Autor, sondern als Verfasser.
Ich möchte nur ein Werkzeug für Gott und Christus sein.

In diesem Buch und vor allem in der Umsetzung des Inhaltes der Christus-Botschaft ist die Lösung für alle Probleme dieser Welt.

Es ist ein Buch für Herzensdenker, Wahrheitssucher, für Menschen aller Religionen und für alle die, die sich für den Aufbau des Friedensreiches einsetzen möchten. Etwas, was in den Herzen von immer mehr Menschen beginnt.

Ich wünsche ihnen viel Freude beim Lesen
und viel Vertrauen in die Innere Führung!

Jordi Campos

# GESETZES-EIGENSCHAFTEN + KINDSCHAFTS-EIGENSCHAFTEN

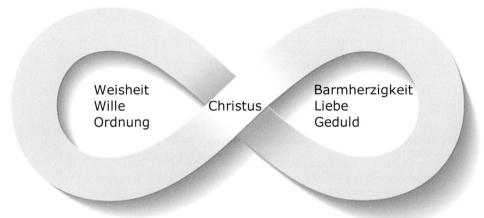

Weisheit
Wille    Christus
Ordnung

Barmherzigkeit
Liebe
Geduld

# DIE 7 BEWUSSTSEINSZENTREN DER SEELE

## ENERGIE-ZENTRUM / ETHISCHE QUALITÄT

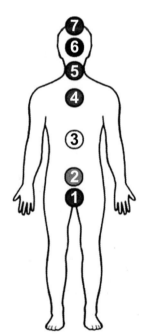

**7** BEWUSSTSEINSZENTRUM DER
BARMHERZIGKEIT / GÜTE / SANFTMUT
oder Kronen-Chakra

**6** BEWUSSTSEINSZENTRUM DER LIEBE
oder Stirn-Chakra

**5** BEWUSSTSEINSZENTRUM DER GEDULD
oder Hals-Chakra

**4** BEWUSSTSEINSZENTRUM DES ERNSTES
CHRISTUSZENTRUM oder Herz-Chakra

**3** BEWUSSTSEINSZENTRUM DER WEISHEIT
oder Solarplexus-Chakra

**2** BEWUSSTSEINSZENTRUM DES WILLENS
oder Sakral-Chakra

**1** BEWUSSTSEINSZENTRUM DER ORDNUNG
oder Wurzel-Chakra

# LITERATUR und REFERENZQUELLEN

»Reinkarnations-Beweise - Geburtsnarben und Muttermale belegen die wiederholten Erdenleben des Menschen«, Ian Stevenson, Verlag Aquamarin, 2011
»Reinkarnation - Der Mensch im Wandel von Tod und Wiedergeburt«, Ian Stevenson, Verlag Aurum, 2013
»Reinkarnation in Europa - Erfahrungsberichte«, Ian Stevenson, Verlag Aquamarin, 2005
»Vor der Wiedergeburt«, Darius Reinehr, DR-Edition Wiesbaden, 2010
»Leben nach dem Tod«, Dr. Raymond A. Moody, Verlag Rowohlt, 12. Auflage 2010
»Revolution in der Medizin - Bruno Gröning - Rehabilitation eines Verkanten«, Dr. med. Mathias Kamp, Verlag BG Freundeskreis, Auflage 2006

»Die Geschichte Jakobus des Jüngeren«, Ingrid Lipowsky, Ryvellus bei Neue Erde, 3. Auflage 2013
»Denn Christus lebt in jedem von euch«, Paul Ferrini, Verlag Aurum, 2003

»Was Jesus wirklich gesagt hat«, Franz Alt, Gütersloher Verlagshaus, 2. Auflage 2015
»Die Bergpredigt – eine Fälschung?«, Günther Schwarz, Ukkam-Verlag 1991
»Das Jesus Evangelium«, Günther Schwarz, Ukkam-Verlag 1993
»Christus: Sein Leben, seine Lehre«, Hans Georg Leiendecker / Thomas Busse, Traumleben Verlag, 2003
»Christus: Sein Wirken heute«, Hans Georg Leiendecker / Thomas Busse, Traumleben Verlag, 2003
»Der Appell des Dalai Lama an die Welt – Ethik ist wichtiger als Religion« Dalai Lama und Franz Alt, RBMH,11. Auflage 2016

## Bücher der GÖTTLICHEN WEISHEIT

(1)   »Das Evangelium Jesu – Was war vor 2000 Jahren?«, Finder/Ouseley, Verlag Das Wort
(2)   »Das ist Mein Wort - A und Ω - Das Evangelium Jesu - Die Christus-Offenbarung, welche die Welt nicht kennt«, Die Göttliche Weisheit, Verlag Das Wort, 1. Auflage 1991
(3)   »Christus enthüllt: Der Dämonenstaat, seine Helfershelfer und seine Opfer«, Die Göttliche Weisheit, Verlag Das Wort, 1990
(4)   »Die Zehn Gebote Gottes«, Die Göttliche Weisheit, Verlag Das Wort, 3. Auflage 2003
(5)   »Erkenne und heile Dich selbst durch die Kraft des Geistes«, Die Göttliche Weisheit, Verlag Das Wort, 11. Auflage 2011
(6)   »Reinkarnation - Eine Gnade des Lebens«, Die Göttliche Weisheit, Verlag Das Wort, 2008
(7)   »GEN-Manipulation - Der gefühllose, willenlose, steuerbare Mensch«, Verlag Das Wort 1993
(8)   »Mit Gott lebt sich´s leichter«, Die Göttliche Weisheit, Verlag Das Wort, 2. Auflage 1988
(9)   »Ursache und Entstehung aller Krankheiten«, Verlag Das Wort, 6. Auflage 2006
(10) »Die großen kosmischen Lehren des Jesus von Nazareth«, Die Göttliche Weisheit, Verlag Das Wort, 1993
(11) »Finde zum UR-LICHT in Dir - Die Handreichung Gottes«, Die Göttliche Weisheit, Verlag Das Wort, 2007
(12) »Die Perlenfischerin«, Die Göttliche Weisheit, Verlag Das Wort, 2003
(13) »Das Christus-Telefon, die Hotline für Bitte und Dank - Freiheit, Freisein in Christus«, Die Göttliche Weisheit, Verlag Das Wort, 2015
(14) »Allein in Partnerschaft und Ehe? Allein im Alter? Leben in der Einheit! Du bist nicht allein, Gott ist mit Dir«, Die Göttliche Weisheit, Verlag Das Wort, 1. Auflage 2004
(15) »Harmonie ist Leben und Gesundheit des Körpers«, Die Göttliche Weisheit, Verlag Das Wort, 2. Auflage 1988
(16) »Du, das Tier - Du, der Mensch Wer hat höhere Werte?«, Die Göttliche Weisheit, 4. Auflage 2007